FRÈRE ÉLIE DE CORTONE

Etude Biographique

PAR LE

Dᵣ ED. LEMPP

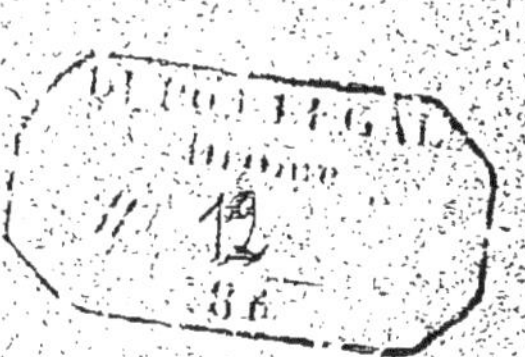

PARIS

LIBRAIRIE FISCHBACHER

(Société anonyme)

33, RUE DE SEINE, 33

1901

COLLECTION D'ÉTUDES ET DE DOCUMENTS

SUR

L'HISTOIRE RELIGIEUSE ET LITTÉRAIRE

du Moyen âge

——

TOME III

COLLECTION

d'études et de documents sur l'histoire religieuse
et littéraire du Moyen âge

★

Chaque volume se vend séparément. Les personnes qui désirent les recevoir au fur et à mesure peuvent s'inscrire à la Librairie Fischbacher qui les leur expédiera directement sans augmentation de prix.

EN VENTE

TOME I : SPECULUM PERFECTIONIS SEU SANCTI FRANCISCI ASSISIENSIS LEGENDA ANTIQUISSIMA, AUCTORE FRATRE LEONE. Nunc primum edidit Paul Sabatier, in-8° de CCXIV et 376 pages............................ 12 »

TOME II : FRATRIS FRANCISCI BARTHOLI DE ASSISIO TRACTATUS DE INDULGENTIA S. MARIÆ DE PORTIUNCULA. Nunc primum integre edidit Paul Sabatier, in-8° de CLXXXIV, x° et 207 pages.................................... 12 »

TOME III. FRÈRE ÉLIE DE CORTONE. Etude biographique par le Dr Ed. Lempp, in-8° de 220 pages... 7 50

EN PRÉPARATION

CHRONICA SEPTEM TRIBULATIONUM, AUCTORE B. ANGELO CLARENO, avec une introduction et des notes, par Felice Tocco

SPECULUM PERFECTIONIS : ADDENDA ET CORRIGENDA (Ce volume ne sera qu'un supplément du Tome I de la collection).

ACTUS S. FRANCISCI ET SOCIORUM EJUS (Ce volume renfermera le texte original latin de l'ouvrage qui traduit partiellement en italien a pris le nom de Fioretti).

FIORETTI DI SAN FRANCESCO, edizione critica.

EN VENTE

VIE DE S. FRANÇOIS D'ASSISE, par Paul Sabatier, 23e tirage, in-8° de CXXVI et 420 pages 7 50

UN NOUVEAU CHAPITRE DE LA VIE DE S. FRANÇOIS (L'INDULGENCE DE LA PORTIONCULE). Brochure in-8° de 24 pages............................ 1 »

DISSERTAZIONE SU RIVO TORTO E SULL' OSPEDALE DEI LEBBROSI DI ASSISI SPESSE VOLTE RICORDATO NELLA VITA DI S. FRANCESCO. Brochure in-4° de 24 pages.. 1 »

VUE D'ASSISE ET DES ENVIRONS

Reproduction lithographique d'une gravure sur cuivre du XVIe siècle

Cette lithographie permet de se rendre compte de l'aspect de la ville au temps de saint François. On y trouve l'indication de plusieurs édifices aujourd'hui disparus. Elle est accompagnée d'une notice.

Soigneusement roulée sur carton, franco pour tous les pays de l'Union postale.. **3** fr.

FRÈRE ÉLIE DE CORTONE

Etude Biographique

PAR LE

D^r ED. LEMPP

PARIS
LIBRAIRIE FISCHBACHER
(Société anonyme)
33, RUE DE SEINE, 33

1901

A M. LE Dr KARL MÜLLER

Professeur à l'Université de Breslau

TÉMOIGNAGE DE CORDIALE RECONNAISSANCE

PRÉFACE

—

C'est M. Paul Sabatier qui m'a engagé à entreprendre cette étude, maintenant rendue possible par la publication de la Chronique des XXIV Généraux dans les Analecta Franciscana (Quaracchi 1897). Si j'avais pu prévoir toutes les difficultés de ce travail, peut-être ne me serais-je pas hasardé à le faire : car sur l'homme qui fut le successeur de François d'Assise et imprima à son œuvre une influence décisive, les données sûres font presque complètement défaut. Pour la première période de sa vie, Thomas de Celano et le Speculum Perfectionis ; pour la seconde, Thomas d'Eccleston et le Speculum Vitæ, donnent des indications et des jugements qui sont souvent diamétralement opposés : il est parfois impossible de trouver aucun point d'appui solide pour pouvoir se prononcer sur des données à la fois si rares, si brèves et, qui plus est, contradictoires. Force m'a donc été dans bien des cas de me borner à mettre sous les yeux du lecteur les difficultés, les contradictions et les lacunes des sources que nous possédons.

Aussi est-ce avec une certaine appréhension que je présente aujourd'hui au public cette étude à laquelle je n'ai pu consacrer que de trop courts loisirs.

Je n'aurais du reste pas pu la mener à bonne fin

si M. Paul Sabatier n'avait pas eu la bonté de mettre à ma disposition ses extraits des livres que je n'aurais pu trouver, et de me faire part du résultat de ses recherches dans quelques manuscrits : aussi suis-je heureux de pouvoir lui en exprimer ici ma sincère reconnaissance. C'est lui aussi qui a insisté pour qu'elle parût en français dans la Collection qu'il a initiée il y a quelques années. Quant aux amis qui ont bien voulu se charger d'en faire la traduction, c'est pour me conformer à leur désir nettement exprimé que je ne puis pas ici les remercier comme je le voudrais.

Je dois aussi une reconnaissance toute particulière à mon cher ami, M. le Dr Karl Müller, professeur à l'Université de Breslau, qui a bien voulu cette fois encore, comme il l'avait fait pour mes précédents travaux, me prêter le concours de ses conseils.

Puisse ce travail que je lui dédie lui rappeler le passé, et un ami qui a toujours été heureux de pouvoir travailler avec lui à l'étude du grand mouvement religieux issu de François d'Assise.

Neckarsulm, octobre 1899.

L'AUTEUR

TABLE DES MATIÈRES

ÉTUDE CRITIQUE DES SOURCES

L'étude de la vie et de l'œuvre d'Elie de Cortone est
une tâche difficile [1], non seulement parce que les sources
sont rares et en grande partie très postérieures, mais
surtout parce que les quelques documents qui nous parlent de lui le font presque toujours avec une haine mélan-
gée d'effroi qui ne permet pas d'espérer un jugement
sain. Nous n'avons de lui aucune biographie contem-
poraine, ce qui n'a rien d'étonnant lorsqu'on pense à
sa triste fin. Tout ce que nous savons nous est raconté
par les légendes de S. François et de ses compagnons, ou
par les chroniques et les diverses autres sources de
l'histoire franciscaine primitive. Celles-ci ont été publiées
dans ces dernières années ; l'étude critique en a été faite
et ces publications ont déjà donné de si beaux résultats
qu'il pourrait paraître inutile d'en reparler. Il ne sera
cependant pas superflu de les passer rapidement en
revue pour examiner surtout quel est leur point de vue
par rapport à Elie.

---

1. Je ne connais que trois ouvrages scientifiques sur Elie : 1° Anonimo Cortonese [F. Venuti], Vita di Fra Elia (1ᵉ éd. 1755), 2ᵉ éd.,
Livorno, 1763, avec d'intéressantes remarques d'un Anonimo Pisano ;
d'après Papini (Etruria Francescana. p. 98), cet anonyme de Pise est
le Conventuel Padre Maestro Felice Antonio Mattei. 2° Ireneo Affò :
Vita di frate Elia (1ᵉ éd. 1783), 2ᵉ éd., Parma, 1819. Pour ces deux
ouvrages nous citons toujours la seconde édition qui est plus complète. 3° Rybka, Elias von Cortona, Inauguraldissertation, Leipzig,
1874. Il faut encore ajouter l'excellente défense d'Elie par Azzoguidi,
not. 26, fol. XLIX-LXXV de son S. Antonii Ulyssiponensis Sermones
in Psalmos [etc.] Bononiæ, 1757.

De la main d'Elie, nous n'avons rien que la lettre par laquelle il annonce à l'ordre la mort de François [1].

Une lettre de François d'Assise à Elie nous a été conservée. C'est bien à lui, sans aucun doute, qu'elle fut adressée, bien que la suscription remplace son nom par un simple N. [2]. Il existe encore deux autres lettres de François à Elie, mais l'une est sûrement apocryphe, et l'autre n'est qu'un fragment de celle dont nous venons de parler [3]. Une autre épître du Saint au général et à tous ses successeurs a dû aussi être adressée à Elie [4], mais il n'y a pas lieu de nous y arrêter car elle ne nous fournit aucune indication utile.

Quant aux Bulles pontificales deux seulement sont adressées nominativement à Elie : celle du 6 juillet 1233, *Per mare magnum* [5], par laquelle l'intercession des frères et leurs prières sont demandées en faveur d'Albert évêque de Magdebourg qui venait de mourir,

---

1. Wadding, Annales Minorum, 2ᵉ éd. Rome, 1739, t. II, 148 ss. et Acta SS. Oct. II, 668 ss..

2. V. Appendice I. Cf. de la Haye, S. Francisci et S. Antonii opera omnia, Paris, 1641, Ep. VIII (réimprimé par Horoy, Bibliotheca Patristica medii ævi, t. VI, Paris, 1880, p. 226). Comp. aussi Barth. Pisanus, Liber Conformitatum, éd. 1510, fol. 136 b ; 138 b ; 142 b.

3. La première (De la Haye, loc. cit. Ep. VII ; Horoy, p. 225) a été retraduite de l'espagnol, et porte en elle-même le cachet des apocryphes. L'autre (De la Haye, Ep. VI, Horoy p. 224) est un fragment de celle que nous avons considérée comme authentique.

Je ne puis pas me ranger à l'opinion récemment émise par Sabatier d'après laquelle ces trois lettres seraient authentiques. V. Collection t. II (Bartholi), p. 116-120.

4. Firmamenta trium Ordinum b. patris nostri Francisci, Paris, 1512, fᵒ 21. Cf. Speculum Perfectionis, éd. Paul Sabatier, Paris, 1898, p. CLXXI.

5. Sbaralea, Bullarium Franciscanum, t. I (Rome, 1759), p. 113, n. 114. La bulle originale existe encore dans les Archives du Sacro Convento d'Assise, nᵒ 19 du I Recueil. Elle porte la suscription : *Dilectis filiis fratri Helix ordinis fratrum Minorum generali ministro et ceteris provincialibus ministris ipsius ordinis ad generale capitulum congregatis.*

et celle du 16 janvier 1238, *Quum secundum consilium*[1], qui renouvelle l'obligation d'une année de noviciat, déjà imposée par Honorius III en 1220. Mais toutes les bulles qui jusqu'en 1239 ont rapport à la construction de l'église d'Assise, le concernent naturellement, comme aussi celles qui, entre 1232 et 1239, sont adressées au général de l'ordre.

Cinq ont été données pour l'église : 1°) 29 avril 1228, *Recolentes qualiter*, qui a pour but de provoquer des offrandes et des contributions en faveur de l'église dont la construction a été décidée par le pape[2].

2°) 22 octobre 1221, *Recolentes qualiter*, qui accepte comme propriété apostolique l'église à bâtir, et la prend sous la protection immédiate du Saint-Siège[3].

3°) 22 avril 1230, *Is qui ecclesiam* déclare la nouvelle église *caput et mater* de tout l'ordre, et lui confère de précieux privilèges[4].

4°) 16 mai 1230, *Mirificans misericordias* promet des indulgences à ceux qui assisteront à la translation du corps de S. François[5].

5°) 16 juin 1230, *Speravimus hactenus* est un blâme sévère à l'adresse des Assisiates qui ont troublé cette cérémonie[6].

Les bulles adressées au ministre général de l'ordre pendant le généralat sont au nombre de huit :

1°) 9 mars 1233, *Ita vobis*[7] renouvelle le privilège, déjà concédé le 26 juillet 1227, qui accordait aux frères des cimetières particuliers.

---

1. Ib. I, p. 231, n. 244.
2. Ib. I, p. 40, n. 21.
3. Ib. I, p. 46, n. 29.
4. Ib. I, p. 60, n. 49.
5. Ib. I, p. 64, n. 52.
6. Ib. I, p. 66, n. 54.
7. Ib. I, p. 99, n. 92.

2°) 10 mars 1233, *Devotionis vestræ*[1] renouvelle le privilège de pouvoir célébrer l'office divin à portes closes même en temps d'interdit, privilège déjà accordé par Honorius III en 1222.

3°) 24 juin 1235, *Quum jam per ejus*[2] dit que les frères ne pourront être assignés même en vertu de pleins pouvoirs pontificaux, à moins que cette bulle ne soit pour ce cas particulier expressément suspendue.

4°) 21 février 1236, *Quum jam*[3] répétition de la précédente.

5°) 25 février 1236, *Quieti vestrae*[4] décide que les frères ne peuvent être forcés d'accepter des commissions.

6°) 13 juillet 1236, *Non solum in favorem*[5] défend qu'avant la fin de leur année de noviciat les frères soient admis à la profession ou empêchés de passer à un autre ordre.

7°) 6 nov. 1236, *Licet olim*[6] renouvelle une ordonnance précédente du 19 mai 1235, d'après laquelle les frères qui avaient passé de l'ordre des Dominicains à celui des frères Mineurs ou vice-versa devaient être renvoyés à leur ancien ordre.

8°) 23 mars 1231, *Quum secundum*[7] renouvelle les ordonnances déjà mentionnées à propos de l'année de noviciat.

Une question qui se pose à présent est celle de savoir jusqu'à quel point les bulles adressées à d'autres frères Mineurs pendant cette même époque de 1232-1239 peuvent ou doivent être attribuées à l'influence d'Elie.

---

1. Ib. I, p. 99, n. 93.
2. Ib. I, p. 167, n. 174.
3. Ib. I, p. 184, n. 189.
4. Ib. I, p. 184, n. 190
5. Ib. I, p. 198, n. 203.
6. Ib. I, p. 206, n. 212.
7. Ib. I, p. 235, n. 251.

Il est probable en effet que les bulles qui sont d'intérêt général pour l'ordre n'ont pas été promulguées sans que le général en eût d'abord été averti ou qu'il les eût désirées ; mais il serait difficile d'affirmer que dès ce moment le général ait été l'intermédiaire obligé entre les frères Mineurs et la curie[1]. Si tel avait été le cas du temps de Jean Parenti, il faudrait, en dépit de tous les témoignages, le considérer comme un partisan de la large observance, car les privilèges accordés pendant son généralat sont nombreux. Nous devrons donc pour chacune des bulles de cette catégorie rechercher d'abord s'il y a des raisons de penser qu'Elie en ait fait ou appuyé la demande.

En fait de documents nous avons à en mentionner encore deux qui se rapportent à la construction de l'église d'Assise : l'acte de donation du terrain du 29 mars 1221[2], et un mémoire sur la fourniture de blocs de pierre du 26 mai 1239[3]. Nous avons aussi deux pièces,

---

1. Les plus anciennes constitutions générales qui nous soient parvenues, celles de Narbonne 1260, disent : *Nullus frater ad curiam domini papæ vadat vel mittat fratrem absque licentiá generalis ministri ; quod si aliter iverint aliqui, statim per procuratores ordinis de curiá expellantur......* Inhibemus districte, quod nullus frater impetret *per se vel per alium litteras a domino papá pro aliquo loco obtinendo sine generalis ministri licentiá speciali* : Archiv für Litteratur und Kirchengeschichte des Mittelalters, VI (1892), 103. Il est vrai que, d'après Salimbene, très peu de constitutions nouvelles furent édictées par ce chapitre : ce sont les constitutions déjà existantes qui y furent reprises et classées. Mais d'autre part Salimbene nous dit que la grande masse de ces règlements fut élaborée par le chapitre de 1239, c'est-à-dire après la chute d'Elie : Monumenta Historica ad provincias Parmensem et Placentinam pertinentia, Parma, 1857, Chronicon Salimbene, p. 410 : *In illo capitulo* [1239] *facta est maxima multitudo constitutionum generalium, sed non erant ordinatæ, quas processu temporis ordinavit frater Bonaventura, generalis minister, et parum addidit de suo.* Comp. Archiv VI, 81.

2. V. Appendice III, document 1.

3. V. Appendice III, document 5.

du 23 janvier 1245[1] et du 7 janvier 1246[2], relatives à un terrain qui fut donné à Elie par la ville de Cortone. Enfin nous avons le procès-verbal que le pénitencier apostolique fr. Valascus dressa du 3 au 6 mai 1253 à propos de l'absolution accordée à Elie avant sa mort[3].

Pour les Légendes et les Chroniques, je puis d'une façon générale admettre les résultats de Sabatier[4] dont les belles recherches ont jeté sur ces questions un jour nouveau, et juste, me semble-t-il.

Nous nous trouvons tout de suite en pleine lutte, et la lutte avait été précisément déchaînée par Elie. Le 11 mai 1227 frère Léon terminait le Speculum Perfectionis :

---

1. V. Appendice III, document 6.
2. V. Appendice III, document 7.
3. V. Appendice III, document 8.
4. Paul Sabatier, Vie de Saint François d'Assise, Paris, 1re éd. 1894, et Speculum Perfectionis seu S. Francisci Assisiensis Legenda antiquissima auctore fratre Leone, nunc primum edidit Paul Sabatier, Paris, 1898. — J'ai lu les objections faites à Sabatier dans la Miscellanea Francescana, t.VII, fascic. 1, (1898) par Faloci Pulignani, et je les trouve en partie fondées ; mais bien qu'elles m'aient amené à penser que le Speculum Perfectionis, tel que nous le possédons, a subi plus d'additions et de remaniements que Sabatier ne l'avait cru, cela ne m'empêche pas d'admettre en somme les résultats de celui-ci : 1°)parce que le Speculum renferme une foule de morceaux dont l'antiquité, l'authenticité et la valeur historique sautent aux yeux. 2°) ces morceaux, dans la rédaction même du Speculum, sont évidemment antérieurs à la Seconde Vie de Celano, et sans doute aussi aux 3 Socii. L'hypothèse qui consiste à faire remonter le Speculum Perfectionis — ou mieux la plus grande partie de celui-ci — jusqu'en 1227, et à l'attribuer à Léon me semble donc toujours la plus vraisemblable. — D'ailleurs on ne peut pas même essayer d'écrire une vie d'Elie sans opter entre les deux principales sources, 1 Celano ou le Spec. Perf.. Elles sont pour les principaux points presque diamétralement opposées, et nous n'avons aucun autre document indépendant qui nous permette de décider d'une manière inattaquable lequel deux récits nous devons suivre. Mais Thomas de Celano en écrivant sa Seconde Vie s'est complètement discrédité au point de vue du caractère ; il faut bien que dans l'une ou l'autre des deux vies il ait quelque peu défiguré la vérité : aussi je me décide pour la conception de Sabatier qui est basée sur le Speculum Perfectionis.

il n'avait pas voulu faire une biographie du fondateur
de l'ordre, mais bien plutôt un écrit de controverse
dirigé contre Elie, et contre les tendances personnifiées
par lui. Le Speculum contribua certainement pour sa
part à amener la décision du chapitre de la Pentecôte
(30 mai 1227) qui nomma général Jean Parenti et non
Elie. Malgré ce caractère polémique, l'œuvre de frère
Léon est une source exceptionnellement sûre, même
pour qui étudie la vie d'Elie. Léon, dès son entrée dans
l'ordre (1210 environ), avait fait partie du petit cercle des
disciples les plus intimes, et depuis que François était
revenu d'Orient, il ne l'avait plus quitté ; il avait été
son secrétaire et son garde-malade infatigable ; plus que
tout autre il pouvait savoir quelles avaient été en
général les vues de François, et, en particulier, quels
avaient été ses rapports avec Elie. Il devait aussi très
bien connaître ce dernier et être au courant de ses
agissements. Toute l'activité d'Elie était si grosse de
conséquences que les regards des frères de l'entourage
immédiat de François étaient attirés vers lui, plus peut-
être qu'ils ne l'eussent eux-mêmes voulu. Mais l'animosité évidente de Léon diminue à peine la valeur de son
témoignage, car il s'en tient toujours à des faits précis,
et la faveur dont Elie jouissait près du nouveau pape,
l'ancien cardinal Hugolin, devait imposer à ses adversaires une certaine retenue. On a du reste, en lisant
l'œuvre de Léon, l'impression que malgré son zèle il ne
se laisse pas entraîner à défigurer des faits qui lui
étaient bien connus[1].

La première légende de Thomas de Celano[2]

---

1. Je renvoie pour tout ceci à Sabatier qui en donne les preuves
les plus détaillées, surtout dans son Introduction au Speculum Perfectionis p. XVII-CLXII, et aussi dans l'Appendice et les notes au
texte.

2. Acta Sanctorum, Oct. t. II, p. 682-723.

avait été regardée jusqu'à présent comme un modèle d'histoire impartiale. Sabatier a montré [1] qu'il n'en est pas ainsi. C'est au contraire la réponse officielle au Speculum Perfectionis de Léon. Thomas de Celano, à partir de 1221, et durant des années, avait séjourné en Allemagne [2]. Quand Grégoire IX le chargea de composer sa légende, il dut forcément rassembler des informations, et se fit sans aucun doute renseigner par Elie. Sa légende qui fut commencée après la canonisation de François (16 juillet 1228), fut adoptée et recommandée par le pape le 25 février 1229 : elle dénote, quand on l'étudie de près, et quand on la compare au Speculum Perfectionis, une forte partialité en faveur d'Elie. Celui-ci est représenté comme le vrai confident du Saint, tandis que les autres compagnons sont laissés tout à fait à l'arrière-plan. Tantôt par le silence, tantôt par de légères retouches, Thomas de Celano jette un voile discret sur tous les dissentiments qui existaient parmi les compagnons de François, et ne laisse rien deviner de la lutte que celui-ci avait eu à soutenir contre certaines tendances. Le point le plus difficile à expliquer, c'est la bénédiction d'Elie par François : ici les témoignages sont si opposés qu'on peut à peine éviter d'admettre que quelqu'un a menti sciemment, ou Léon, ou Thomas, et dans ce cas, le vrai coupable serait Elie duquel ce dernier aurait tenu son récit.

Après la décision papale de la bulle *Quo elongati* du 28 septembre 1230, et l'élection d'Elie au généralat en 1232, le parti de Léon demeurait vaincu, et les plumes

---

1. Sabatier, *Vie de Saint François*, p. 41 ss. ; Speculum Perfectionis, p. XCVIII ss..

2. Il fut nommé en 1223 custode de Mayence, Worms, Spire et Cologne, et lorsque Césaire repartit pour l'Italie il le choisit comme vicaire : Jourdain de Giano, chap. 30 et 31, dans Analecta Franciscana (Quaracchi, 1885) t. I, p. 11.

se reposèrent aussi longtemps qu'Elie fut à la tête de l'ordre. En 1239 une vraie conspiration eut grand peine à obtenir du pape sa déposition ; mais son passage dans le parti de Frédéric II amena son excommunication. Pourtant, les généraux qui suivirent : Albert de Pise (1239), Aymon de Faversham (1240-1244), et Crescentius de Jesi (1244-1247), furent les représentants du même parti qu'Elie, et ce n'est qu'avec l'élection de Jean de Parme (1247-1257) que la direction de l'ordre passa enfin entre les mains d'un homme selon le cœur de Léon.

Crescentius avait fait appel à tous les frères, leur ordonnant de fixer par écrit les souvenirs qu'ils pouvaient avoir conservé de François. Les Trois Compagnons [1], Léon, Ange et Rufin composèrent alors une biographie dont nous n'avons plus que la première partie et la présentèrent au général.

Mais celui-ci se hâta de la remettre à Thomas de Celano pour qu'il la remaniât. C'est ainsi que fut composée sa Seconde Vie [2]. Il se servit aussi alors du Speculum Perfectionis. Dans la partie des Tres Socii qui nous est parvenue, Elie n'est pas nommé ; ceci pourrait être accidentel, car il n'est pas question du moment où il arrive au premier plan. Mais ce qui n'est pas dû au hasard, c'est le changement complet de Thomas de Celano à l'égard d'Elie. Dans sa Seconde Vie il fait purement et simplement disparaître celui qu'il avait jadis tant vanté !

S. Bonaventure [3] agit exactement de la même

---

1. Acta SS. loc. cit. p. 723-742. Cf. Sabatier, Vie de Saint François, p. LXI ss., et Speculum Perfectionis, p. CXIV ss..

2. Vita Secunda S. Francisci Assis. auctore B. Thomâ de Celano, ed. Amoni (Rome, 1880). Cf. Sabatier, Vie de Saint François, p. LXXIII ss., et Speculum Perfectionis, p. CXVI ss..

3. Acta SS., loc. cit. 742 ss.. Cf. Sabatier, Vie de S. François, XXXI ss..

manière, de sorte que si la décision du chapitre de 1266, d'après laquelle toutes les légendes, sauf celle de Bonaventure, devaient être détruites, avait pu être strictement mise à exécution, la légende officielle ne nous aurait pas même appris le nom d'Elie !

Bernard de Besse qui écrivit, sous Bonagratia (1279-1285), une légende intitulée *Liber de laudibus beati Francisci*[1] ne le mentionne pas non plus.

Les Chroniques de l'ordre ont pour nous plus d'importance ; elles ne purent naturellement pas passer sous silence Elie, le second général. dont l'influence fut si profonde.

Jourdain de Giano[2] écrivit en 1262 sa célèbre chronique. et s'il vécut toujours loin d'Elie, c'est pourtant par lui qu'il avait été envoyé en Allemagne, lors de la mission organisée au chapitre de 1221[3]. Il fit deux fois le voyage d'Italie, et le rencontra certainement : la première fois, en 1230, ils durent avoir de bons rapports, puisque Thomas de Celano lui donna une relique de S. François[4] ; mais il en fut sûrement tout autrement la seconde fois, en 1238, car fr. Jourdain se rendait alors à Rome chargé d'en appeler contre Elie[5]. Nous pouvons sans hésitation admettre qu'en 1262 il était tout à fait hostile à Elie puisqu'il avait été le *fidissimus Achates* de Césaire de Spire[6] qui eut tant à souffrir de l'impitoyable général. C'est de lui qu'il dut tenir les renseignements qu'il a sur Elie avant le moment de

---

1. Analecta Franciscana, t. III (Quaracchi, 1899). p. 666-692.
2. Analecta Franciscana, t. I (Quaracchi, 1885), p. 1 ss..
3. Jourdain, loc. cit. cap. 18.
4. Jourdain, cap. 59.
5. Jourdain. cap. 63.
6. C'est non seulement ce que dit la Chronica Anonyma (Analecta Franciscana I, 281) qui est un remaniement de Jourdain, mais cela ressort clairement de la Chronique de Jourdain elle-même.

sa propre entrée dans l'ordre; pour tout le reste c'est un témoin oculaire, et malgré son animosité personnelle, il n'y a pas lieu de suspecter son témoignage en général si digne de foi. Malheureusement notre manuscrit de Jourdain de Giano s'interrompt brusquement en 1238, mais nous pouvons en reconstituer à peu près la suite jusqu'au moment de la déposition d'Elie, grâce à Jean de Komorow[1] et à Glassberger[2] qui l'ont remanié.

Thomas d'Eccleston composa vers le même temps son *De adventu Minorum in Angliam*[3]. C'est pour nous une source de premier ordre. Nous y trouvons l'histoire détaillée de l'élection et de la déposition d'Elie, et le meilleur tableau du mécontentement causé par son gouvernement. Eccleston est un ardent adversaire d'Elie, mais son plus grand défaut, à notre point de vue, c'est que pour tout ce qui le concerne, il n'est pas un témoin oculaire, mais parle toujours par ouï-dire ou puise à d'autres sources[4]. Ce défaut est d'autant plus grave que nous avons trop peu de renseignements sur cette période pour pouvoir contrôler véritablement les récits d'Eccleston. Il faut ajouter du reste que celui-ci n'a pas suivi l'ordre chronologique, et que le lecteur doit réunir des indications éparses sans pouvoir toujours arriver à savoir l'époque exacte des faits.

Le *Liber de prælato* de Salimbene, écrit en 1283,

---

1. Johannis de Komorovo Tractatus Chronicæ fratrum Minorum observantiæ, éd. par H. Zeissberg, dans l'Archiv f. österr. Gesch. t. 49, p. II, Vienne, 1872, p. 299 ss. (et Lemberg, 1880).

2. Analecta Franciscana, t. II (Quaracchi, 1887). V. cette recherche plus loin, chapitre III.

3. Analecta Franciscana, t. I, p. 215 ss..

4. Ceci est grave surtout parce que Thomas d'Eccleston a vécu très loin du théâtre des événements; un tout petit exemple nous le fait bien voir : le chapitre où Elie fut nommé général s'est tenu à Rome, nous dit Jourdain, cap. 61; Eccleston le transporte à Rieti.

est un violent pamphlet dirigé contre frère Elie[1] : ce n'est qu'un ramassis de misérables bavardages. Salimbene devait cependant une certaine reconnaissance à Elie[2]. mais il n'en est pas moins plein d'une haine furieuse contre lui. On n'en comprend pas bien la raison. car il n'appartenait en aucune façon au parti de la stricte observance. Son principal grief, c'est évidemment qu'Elie s'était appuyé de préférence sur les laïques, et n'avait pas été assez respectueux des droits des clercs. Quoique la lecture d'une telle œuvre éveille tout autre chose que de la sympathie, elle est loin d'être sans valeur pour nous : l'auteur. grand collectionneur de nouvelles, a beaucoup voyagé, et nous fournit une foule de renseignements pour la plupart empruntés à des témoins oculaires ou à de bonnes sources. Malheureusement, au lieu de suivre l'ordre chronologique, il classe ses plaintes contre Elie sous treize rubriques. ce qui laisse subsister bien des doutes quant aux questions de dates.

Si Jourdain de Giano, Thomas d'Eccleston et Salimbene sont des adversaires d'Elie, leur opposition n'est pourtant pas avant tout une opposition de principes. c'est plutôt à la personne d'Elie qu'ils en veulent. Ils lui sont hostiles à cause de son gouvernement tyrannique, et parce que plus tard sa chute troubla l'ordre et le couvrit de honte. Leurs raisons sont loin d'être les mêmes que celles de frère Léon qui lui reprochait surtout

---

1. Monumenta Historica ad provincias Parmensem et Placentinam pertinentia, (Parma, 1857). p. 401-414. Sa Chronique paraîtra prochainement dans la Collection des Monumenta Germaniæ Historica.

2. Salimbene fut reçu dans l'ordre par Elie en 1238. Son père le fit réclamer par l'intermédiaire de Frédéric II. Elie alors écrivit aux frères Mineurs de Fano qu'ils devaient le laisser sortir librement. s'il désirait lui-même s'en aller. Mais Salimbene ayant persévéré dans son désir de devenir frère Mineur, Elie le félicita, et l'autorisa à choisir le lieu de sa résidence : Chronica Salimbene, loc. cit. p. 11 et 15.

d'avoir fait dévier l'ordre du chemin tracé par son
saint fondateur. Ces trois chroniqueurs appartenaient,
qu'ils s'en soient rendu compte ou non, au parti de la
commune observance, c'est-à-dire à la majorité favorable
aux idées d'Elie.

Il en est tout autrement pour l'Historia septem
Tribulationum ordinis Minorum[1] dont Angelo
Clareno est probablement l'auteur. Cette fois, il s'agit
bien d'une opposition de principes comme l'avait été celle
de Léon. Les questions personnelles passent à l'arrière-
plan, et cela d'autant plus facilement que déjà un temps
assez long s'est écoulé — la date de la composition est
1317 environ. — Pourtant un lien vivant rattache encore
l'auteur à la génération d'Elie, il a été renseigné par des
frères qui n'avaient pas oublié ce qu'ils avaient eux-
mêmes souffert[2], mais tous ces souvenirs précis ne sont
plus que des anecdotes détachées. S'agit-il de la suite
des événements, l'ignorance d'Angelo Clareno est
complète ; les plus grosses bévues lui échappent : il se
trompe par exemple pour la succession des généraux et
confond Antoine de Padoue avec d'autres frères.

Le Catalogus Generalium Ministrorum ordinis
fr. Minorum, plus ordinairement appelé Catalogus
XIV vel XV Generalium[3], composé sans doute par
Bernard de Besse à la fin du treizième siècle ou au

---

1. Sur Angelo, voir l'excellent travail d'Ehrle dans l'Archiv für
Litteratur und Kirchengeschichte des Mittelalters, t. I (1885), p.
509 ss.; t. II (1886), p. 108 ss.; III (1887), p. 615 ss . La Chronique des Tribulations a été publiée malheureusement d'une manière peu satisfai-
sante par Döllinger, Beiträge zur Sektengeschichte des Mittelalters,
t. II (1890), p. 413 ss.. La sixième et la septième tribulations l'ont été
correctement et complètement par Ehrle dans Archiv II, 125 ss. ;
la troisième, la quatrième et la cinquième dans le même recueil, t. II,
256 ss.. Cf. Sabatier, Vie de S. François, p. CI ss..
2. Archiv. I, 566 ; Döllinger, loc. cit. II, p. 461-466.
3. Analecta Franciscana, III, p. 693 ss..

commencement du quatorzième [1], est au contraire une source chronologique à laquelle on peut se fier, mais qui au point de vue historique donne vraiment trop peu, et où l'on ne retrouve plus aucune trace de souvenirs contemporains.

Je citerai encore deux grandes compilations du XIVe siècle : la Chronica XXIV Generalium ordinis Minorum [2] (env. 1360-74), et le Liber Conformitatum de Barthélemy de Pise [3] (1383-1390). Ces sources n'ont certainement pas de valeur par elles-mêmes ; elles ont néanmoins pour nous une réelle importance, parce que leurs auteurs ont été très richement documentés. Tout dépend de savoir quels matériaux ils ont employés. La Chronique des XXIV Généraux paraît en règle générale avoir puisé aux sources que nous avons encore [4], mais il faut examiner la question jusque dans le détail. On s'aperçoit alors d'une chose importante pour l'histoire d'Elie, c'est qu'en plusieurs endroits [5] le récit est le même que dans le *Speculum Vitæ beati Francisci et sociorum ejus* [6]. Celui-ci contient [7] un long morceau sur Elie que Sabatier [8] appelle avec raison une sorte de vie d'Elie, car il nous fournit une histoire suivie de celui-ci, depuis la mort de S. François. Tout d'abord, ces pages éveillent

---

1. Voir Zeitschrift f. Kath. Theol. VII. 323 ss..

2. Analecta Franciscana, t. III (Quaracchi 1898).

3. J'ai eu à mon service l'édition de Milan, 1510.

4. Voyez aussi la préface des éditeurs, loc. cit. p. IX, ss..

5. Analecta Franciscana, t. III, 215, 8. *De amotione præfati fratris Johannis ab officio generalis regiminis alibi legitur.* — 228, 21 : *Alibi tamen causa et modus suæ absolutionis exprimitur in hunc modum.*

6. Je me sers de l'édition de Jaspar Hochffeder, 1509. Voir aussi Sabatier qui dans le Speculum Perfectionis, (p. CLIII ss.) donne la meilleure explication de la composition et du contenu de ce livre singulier.

7. Loc. cit. fol. 167-172. V. Appendice II.

8. Sabatier, Speculum Perfectionis, p. LI s..

la méfiance du lecteur, car on s'aperçoit tout de suite que l'auteur ne se fait pas une idée juste des événements.

Voici la succession des faits telle qu'il la donne :

1. Construction de l'église d'Assise. — Le tronc pour les offrandes. — Conseil d'Egide. — Léon brise le tronc.

2. Déposition d'Elie et élection de Jean Parenti.

3. Election d'Elie et abdication de Jean Parenti. — Elie confirmé par le pape.

4. Son gouvernement tyrannique. — Envoi des visiteurs. — Il extorque de l'argent. — Sa vie princière.

5. 1230. Translation précipitée des restes de S. François. — Elie force l'assentiment du chapitre en exhibant les privilèges pontificaux qu'il a obtenus.

6. Mais Antoine de Padoue et Adam de Marsh lui résistent et font prévaloir l'appel contre Elie.

7. *a.* Déposition d'Elie et élection d'Albert de Pise. *b.* Rapports d'Antoine de Padoue avec le pape ; sa mort et sa canonisation.

8. Elie feint de faire pénitence et se retire à Cortone.

9. Evénements qui suivent jusqu'à sa mort.

10. Effet produit par la chute d'Elie sur Egide.

Tout ce passage est encadré d'une légende d'Egide et en fait partie ; à la fin viennent d'autres récits de cette légende.

L'auteur du Speculum Vitæ a donc évidemment emprunté ce morceau à des sources écrites. Il a voulu suivre dans son récit l'ordre chronologique, mais au premier abord il semble avoir tout brouillé. Pourtant ce n'est là qu'une apparence.

On peut en effet séparer deux passages qui tous deux se rapportent à l'année 1230, et ne sont pas à leur vraie place : pour le premier, n° 5, la suture est bien visi-

ble au moins au commencement [1] : après la description
du gouvernement tyrannique d'Elie au temps de son
généralat, nous sautons sans aucune transition à la
translation du corps de François qu'Elie fit exécuter
prématurément en 1230. L'auteur raconte combien les
frères avaient été troublés ; parmi ceux qui attaquèrent
Elie à cette occasion, il cite Jean Parenti, Antoine de
Padoue et Albert de Pise ; mais Elie calme les frères en
leur montrant les nombreux privilèges obtenus par lui,
et force ainsi l'approbation du chapitre ; puis le récit
continue sans interruption : *Isti vero duo fratres videlicet S. Antonius et frater Adam viriliter Eliæ generali
in faciem restiterunt.* Suit l'appel au pape. Mais ici
encore la transition est artificielle, Adam de Marsh qui
n'avait pas été nommé apparaît comme un personnage
bien connu ; évidemment l'auteur, sans même s'en aper-
cevoir, revient aux événements de 1239 dont il était en
train de parler.

Le second passage intercalé serait n° 7 *b* [2] : *Et tu, Antoni, arca testamenti novi et veteris — apud Spoletum
catalogo sanctorum eum adscripsit.* À la dénonciation
faite au pape en 1239 vient s'en rattacher une autre,
celle de 1230, nous la connaissons bien par la légende
de S. Antoine de Padoue ; puis vient une courte histoire
de S. Antoine depuis 1230 jusqu'à sa canonisation en
1232, et nous retombons en 1239.

Ces deux fragments sont visiblement amenés par le
nom d'Antoine de Padoue qui se trouve mêlé aux événements de 1239, à la suite d'une confusion avec Aymon
que nous avons déjà relevée dans l'Historia Tribula-

---

1. Speculum Vitæ, 168 a de : *Anno igitur MCCXXX,* puis jusqu'à
ignorantiâ consenserant. Dans le II⁰ Appendice ce passage est entre
parenthèses.

2. Ibid. 170 a — 170 b. Dans le II⁰ Appendice ce passage est entre
parenthèses.

tionum d'Angelo Clareno [1]. Ces morceaux pris isolément ne contiennent rien d'invraisemblable ; le second est en tout cas solidement historique [2]; il peut donc en être de même du premier ; tous deux ne sont sans doute que maladroitement intercalés.

Faisons abstraction de ces interpolations et remplaçons dans le n° 6, le nom d'Antoine par celui d'Aymon, nous aurons une histoire d'Elie dont la suite n'offre plus rien d'impossible. Nous pourrons encore retrancher ce qui concerne Egide (n° 1 et 10), passages qui peuvent avoir été empruntés à la légende de celui-ci [3]; le reste du récit, autant qu'il nous est possible de le contrôler, contient bien des indications erronées qui dénotent une complète ignorance des temps [4] ; mais il

---

1. Döllinger, Sektengeschichte, t. II, 165. Eccleston lui aussi à propos du chapitre de 1230, nomme Antoine de Padoue parmi les adversaires d'Elie.

2. Voir mon étude sur Antoine de Padoue dans la Zeitschrift für Kirchengeschichte (Brieger), t. XIII, p. 8 ; 15 ; 22.

3. C'est frère Léon lui-même qui composa la première légende de frère Egide (Salimbene, p. 323). Nous en avons un remaniement publié par les Acta SS. (Avril, t. III, p. 218 ss.. Cf. Müller, Die Anfänge des Minoritenordens und der Bussbruderschaften, Fribourg, 1885, p. 45 n. 1). Il est improbable que la légende des Analecta Franciscana (t. III, p. 74-114) soit bien la légende originale de Léon : l'auteur dit bien en commençant qu'il écrit *prout a suis sociis intellexi et ab eodem viro sancto, cui familiaris fui, experientiá didici*, mais le rédacteur de la Chronique des XXIV Généraux doit avoir en tout cas rajeuni la légende: il parle par exemple (p. 114) du *cardinal* Bonaventure (juin 1273) alors que Léon mourut en novembre 1271. (Comp. Sabatier, Speculum Perfectionis, p. XCVI). Cette légende a le récit du tronc brisé (loc. cit. p. 89 s.), mais le récit de l'impression faite à Egide par la chute d'Elie ne s'y trouve pas.

4. Voici les principales de ces erreurs qui sautent aux yeux : c'est d'abord de dire qu'Elie après sa chute remit la construction de l'église d'Assise aux mains de l'ancien général Jean Parenti, puis que jusqu'à la nouvelle vacance (1241) il resta à Cortone simulant la pénitence, et que c'est seulement après qu'il passa à l'empereur et fut excommunié ; qu'à ce moment-là encore les deux tiers de l'ordre lui étaient favorables ; qu'il avait un privilège de Grégoire IX autorisant tous les

renferme aussi des renseignements évidemment exacts, et qui ne sont pourtant fournis par aucune autre chronique [1]. Il s'agit maintenant de savoir jusqu'où remontent les sources qui ont servi à la composition de ce fragment du Speculum Vitæ. Nous pouvons arriver aux constatations et aux conclusions suivantes :

Tout d'abord la Chronique des XXIV Généraux possédait déjà le récit du Speculum, dans la rédaction qui nous est parvenue, au moins pour l'essentiel, car elle en fait la critique, en faisant remarquer que la mention d'Antoine de Padoue et le récit de la translation ne peuvent être rapportés au temps du généralat d'Elie [2].

L'Historia VII Tribulationum fait la même faute que notre récit, ou plutôt elle en fait une bien plus grave en faisant intervenir Antoine de Padoue [3], mais à part cela il n'existe aucun point de contact entre les Tribulations et cette partie du Speculum Vitæ; les deux sources sont tout à fait indépendantes l'une de l'autre.

Très remarquable au contraire, est la parenté de la Chronique de l'ordre de Bernard de Besse avec le

---

frères qui en auraient le désir à le suivre; qu'Innocent IV ait convoqué un chapitre général à Gênes; enfin qu'un parent d'Elie lui ait apporté à son lit de mort l'absolution qu'il était allé demander au pape pour lui. (Voir du reste à ce sujet Salimbene. p. 412.)

1. J'entends par là : l'élection d'Elie; son envoi à Constantinople par l'empereur; son espoir de reconquérir sa charge au chapitre de Gênes, où il se présente non comme un pénitent repentant, mais plein d'orgueil et accompagné de sa suite, sûr de réussir, parce qu'il a entrepris des négociations entre l'empereur et l'Eglise. Il est aussi très probablement exact que l'excommunication lancée par Elie contre ses adversaires en 1238 fut jugée non valable, et que celui-ci, après sa déposition, remit en d'autres mains la construction de l'église; le nom seul de Jean Parenti serait ici erroné.

2. Analecta Franciscana, t. III. p. 231. 20—232, 27.

3. Döllinger, Sektengeschichte, t. II, 465. Voir mon étude dans la Zeitschrift für Kirchengeschichte, t. XIII, p. 15 ss..

Speculum Vitæ. Elle se révèle d'une façon indéniable par un grand nombre de tournures de phrases qui sont les mêmes et par beaucoup d'emprunts [1]. Il n'est pourtant guère possible de décider lequel a imité l'autre. On est porté à penser qu'un écrivain aussi habitué à manier la plume que Bernard de Besse, n'aurait pas eu besoin de copier ainsi mot à mot; mais on s'étonnerait que l'ignorant auteur du Speculum Vitæ se fût borné à prendre certaines tournures au lieu de copier des phrases ou des paragraphes entiers. Cette seconde remarque me paraît avoir plus de poids que la première, quoiqu'elle soit loin de constituer à elle seule une preuve.

Enfin l'étude des rapports du Speculum Vitæ avec Thomas d'Eccleston offre le plus grand intérêt. Il existe à coup sûr une parenté entre eux. Tous deux racontent les mêmes événements depuis l'élection d'Elie jusqu'à sa chute, et tous deux ont en commun bien des

---

1. Ce sont les suivantes :

Bernard de Besse, dans Anal. Franc. t. III, p. 695, 10 : [Helias] vir adeo sapientiâ (Cod. F etiam) humanâ famosus, ut raros in eâ pares in Italiâ putaretur habere

695, 15 collectas pecuniæ indixit.

695, 16 opere sumptuosissimo.

695, 18 successorem in suâ electum præsentiâ confirmavit.

695, 20 Hic ortâ discordiâ inter summum pontificem et imperatorem Romanum sc. Fridericum apud quos maximus habebatur, in partem imperatoris visus est declinare, jam tamen a ministerio absolutus. In quo tantum ordinis scandalum suscitavit ut quod Sanctus de proximâ tribulatione prædixerat tunc videretur impletum.

696, 2 Quod multis fertur lacrymis expiasse.

Speculum Vitæ, 172 a : Helias vir adeo sapientiâ etiam humanâ famosus ut raros sibi pares Italia putaretur habere.

168 a : collectas pecuniarias fieri.

170 b : opere sumptuoso.

170 a : papa ipsum in suâ præsentiâ confirmavit.

171 a : discordia inter ipsum et imperatorem Fridericum cui imperatori Helias factus erat multum familiaris in tantum.

Sic ordini tantam fecit scissuram et scisma ut quod de divisione ordinis inter partes fuerat prophetatum per b. Franciscum hoc in tempore Heliæ videretur impletum.

172 a : Delictum hoc *legitur* frater Helias multis lacrymis expiasse.

expressions et bien des membres de phrases [1]. Malgré cela, les contradictions tant pour les faits que pour les

1. Voir par exemple :

Speculum Vitæ, 167 b : Ad sequens capitulum generale de toto ordine suos fautores ut convenirent vocavit ipse frater Helias.

Incluso generali ministro præfato cum ministris et cum custodibus in conclavi supervenere fautores Heliæ et fracto ostio cubiculi Heliam portantes in manibus ipsum in sede generalis ministri... Quod videns prædictus generalis frater Johannes surrexit in medio fratrum plorans et coram omnibus habitu se nudans prostratus...

Speculum Vitæ, 171 a : Frater Helias maximam humilitatem finxit tam papæ quam fratribus ut quasi videretur in alium esse transformatus, et dimisit barbam crescere et pilos capitis assumensque despectum habitum... Et papa videns et credens esse veraciter conversum, et fratres alii similiter hoc putantes liberaliter sibi omnia concesserunt.

Speculum Vitæ, 169 b : Respondit Helias : « Pater sancte, quando fratres voluerunt me facere generalem excusabam me eis... tunc communi assensu capitulum generale concessit mihi aurum comedere dummodo ordinem regerem et equum habere. »

Tunc S. Antonius respondit : « Sanctissime pater, si fuit sibi concessum aurum comedere in necessitate... non fuit sibi concessum... congregare thesaurum, et si concessum fuit sibi habere equum pro necessitate, non fuit sibi concessum quod nutriret pallifridos.

Thomas d'Eccleston, p. 241 : Nam omnes concessit [Helias] illuc venire, qui vellent contra ministros provinciales ipsum fecisse generalem.

Unde et acceptum a cellâ suâ portaverunt cum manibus ad ostium capituli et fracto ostio voluerunt eum collocare in loco ministri generalis.

Quod videns generalis frater Johannes coram totam capitulo se nudavit.

Thomas d'Eccleston, p. 242 : Frater vero Helias divertens ad quoddam eremitorium permisit sibi crescere comam et barbam et per hanc simulationem sanctitatis ordini et fratribus reconciliatus est.

Thomas d'Eccleston, p. 242 : Incepit frater Helias se excusare dicens, quod fratres quum elegerunt eum in generalem dixerunt quod vellent quod comederet aurum et haberet equum.

Incepit autem frater Haymo... et contra intulit, quod licet dixissent fratres, quod vellent, quod comederet aurum non dixerant, quod vellent, quod haberet thesaurum. Insuper licet dixissent quod vellent ut haberet equum, non dixerant quod vellent ut haberet palafredum.

dates sont bien plus frappantes que les ressemblances, sans que nulle part apparaisse la moindre trace de polémique d'un des ouvrages contre l'autre [1]. L'explication la plus simple de ces dissemblances serait que l'auteur du Speculum eût mal compris Thomas d'Eccleston. Mais un examen plus attentif prouve qu'il ne s'agit nullement d'un simple malentendu, mais bien d'un récit tout différent des événements de 1230-1232. Il me semble même que pour ce passage le Speculum Vitæ est préférable à Thomas d'Eccleston [2]. La manière la plus facile d'expliquer ces différences serait d'admettre que Thomas d'Eccleston aurait appris par quelque autre voie qu'Elie était arrivé à se faire nommer général en feignant la pénitence, et qu'il aurait alors corrigé

---

1. Ici encore nous devons mettre en regard les indications des deux documents :

Speculum Vitæ.	Thomas d'Eccleston.
Les partisans d'Elie font irruption dans la salle du chapitre et exigent son élection	
au chapitre où Elie fut nommé général, c'est-à-dire en 1232. [167 b].	au chapitre tenu lors de la translation c'est-à-dire en 1230. [p. 241].
La manifestation de Jean Parenti quittant son vêtement a pour suite l'élection d'Elie [p. 167 b].	la retraite d'Elie et de ses partisans [p. 241].
Elie fait pénitence après sa déposition en 1239 [171 a].	après son essai malheureux pour obtenir le généralat en 1230 [p. 242].
Au chapitre de 1230 Elie, en faisant valoir les privilèges pontificaux qu'il a procurés à l'ordre, apaise les frères indignés de sa manière d'agir lors de la translation et finit par obtenir l'approbation du chapitre [p. 168].	des délégués sont envoyés au pape pour dénoncer Elie [p. 242].

L'opposition contre Elie. en 1239, est soutenue auprès du pape dans les mêmes termes par

Antoine de Padoue. [p. 69]	Aymon de Faversham [p. 242].

2. Pour les causes, voyez plus loin, p. 96-100.

la source dont il se servait pour la faire concorder avec ce renseignement [1]. Cette source n'était évidemment pas le Speculum Vitæ [2], mais le document qui lui servit de base, et auquel nos deux auteurs ont puisé chacun de leur côté. Ce récit primitif s'étendait sûrement jusqu'en 1239. L'abdication d'Elie est racontée par Eccleston d'une manière plus courte, mais pourtant plus exacte et plus complète que dans le Speculum Vitæ ; on peut s'en convaincre par la comparaison ici possible avec Jourdain de Giano et les auteurs qui l'ont remanié [3]. Nous ne pouvons savoir si notre récit dépassait 1239, et allait jusqu'à la mort d'Elie.

Je crois donc que le Speculum Vitæ n'a en tout cas pas fait ses emprunts à Eccleston directement, mais à une source qui leur est commune. Celle-ci était par conséquent antérieure à 1260 ; Angelo Clareno ne la connaît pas, ce qui ferait penser qu'elle ne peut guère avoir été l'œuvre de frère Léon ou de son entourage. Comme c'est Thomas d'Eccleston qui s'en sert le premier, et que son récit du chapitre de 1239 est tout particulièrement vivant et détaillé, on est tenté de supposer que l'auteur fut peut-être lui-même un Anglais qui aurait assisté à ce chapitre.

Le Speculum Vitæ, à cause de cette source, la plus ancienne et la plus digne de foi que nous ayons sur Elie à partir de 1227, ne peut donc pas être simplement ignoré, il faut l'étudier, et surtout le comparer avec

---

1. Si cette pénitence a amené l'élection d'Elie au généralat, elle n'a pu avoir lieu en 1239, mais forcément avant 1232. Il faut pour cela qu'il y ait eu auparavant querelle et rupture, donc en 1230 : dans ce cas ses partisans n'ont pas obtenu de force son élection. Leur irruption fut au contraire un obstacle et la raison de la pénitence d'Elie.

2. Ce qui suffirait à le prouver c'est que le Speculum Vitæ fait intervenir S. Antoine de Padoue en 1239, ce qui est tout à fait impossible, tandis qu'Eccleston met avec raison Aymon à la place d'Antoine.

3. Voir plus loin, chapitre III.

Eccleston. D'autre part les recherches de Sabatier sur la composition du Speculum Vitæ expliquent comment tout peut ainsi s'y trouver pêle-mêle, puisque celui qui le rédigea n'avait aucune notion du véritable état des faits. Il faut ainsi, pour ce morceau comme pour tout le reste, examiner point par point quelle crédibilité mérite le récit.

Tous les autres passages du Speculum Vitæ qui mentionnent Elie proviennent des légendes d'Egide, de Léon, de Bernard, telles qu'elles nous sont connues par la Chronique des XXIV Généraux ou par ailleurs[1], et ne nécessitent pas d'examen particulier.

Barthélemy de Pise dans son Liber Conformitatum ne consacre pas à Elie de chapitre particulier, mais en parle accidentellement[2]. La seule indication qui lui soit propre, c'est qu'il fait mourir Elie en Sicile[3]. Voilà qui prouve simplement combien cet ouvrage est

---

1. Par exemple : 7 b = Speculum Perfectionis, cap. 1.
            35 a = Chron. XXIV Gener. p. 38.
            86 a = Chron. XXIV Gener. p. 42.
            134 b = Spec. Perf. cap. 115.
            136 b = Spec. Perf. cap. 121.
            181 a = Liber Conformitatum (éd. 1510) f. 183 b.

2. 48 a = XXIV Gener. p. 44.
   48 b =   »   p. 42.
   50 a =   »   p. 217.
   52 a =   »   p. 225.
   54 a =   »   p. 80.
   88 a = Spec. Vitæ, 7 a.
   104 a = Spec. Vitæ, 35 a.
   107 a Une simple indication : *(Gregorius) fratrem Heliam contra regulam agentem absolvit a generalata.*
   136 b. Citation de la lettre de François à Elie.
   138 b. Extraits de la même lettre.
   142 a. Fragment de la même lettre.
   183 b = Speculum Vitæ, 181.
   184 a = XXIV Gener. p. 38.
   201 b. Prédiction de la chute d'Elie.
   239 b = Speculum Perfectionis, cap. 121.
3. Conform. 201 b.

ici mal renseigné. Ce qu'il y a d'extraordinaire, c'est qu'il n'est fait aucune allusion au fragment du Speculum Vitæ que nous venons d'étudier. Je n'ose rien conclure de ce fait, car la tendance générale du livre suffit à expliquer son silence sur le généralat d'Elie.

. . . .

Cette étude critique était terminée quand j'ai eu connaissance de deux études regardant la Légende des Trois Compagnons. La première est la nouvelle édition des Tres Socii publiée par les soins des PP. Marcellino da Civezza e Teofilo Domenichelli de l'ordre des Mineurs [1]. Je ne m'arrêterai pas à la difficile question de savoir si nous avons vraiment ici la célèbre légende dans son état primitif et complet, je me bornerai à constater qu'Elie n'est nommé que deux fois et seulement en passant [2], et que cette légende ne fournit pour le sujet qui nous occupe rien qui ne soit déjà connu.

La seconde est le travail du Jésuite Van Ortroy [3]. Celui-ci veut prouver que la Légende traditionnelle des 3 Soc. n'est pas authentique, et que nous avons dans la Seconde Vie de Thomas de Celano la véritable œuvre des premiers Compagnons du Saint. Je puis me borner à faire remarquer que, même si cette thèse était prouvée, le présent travail n'en serait ni ébranlé, ni autrement influencé. Le P. Van Ortroy annonce, il est vrai, en terminant (p. 141), un nouvel article destiné à montrer que le Speculum Perfectionis est une compilation de basse époque, mais il me semble au contraire possible de prouver, par toute une série de récits qu'ils ont en commun, la priorité du Speculum Perfectionis par rapport à 2 Cel.. Pour l'ensemble d'ailleurs, qu'il s'agisse des faits ou des caractères, ma manière de voir est tout aussi bien confirmée par la comparaison de la Première et de la Seconde Vie de Celano que par celle de la Première Vie avec le Speculum Perfectionis.

---

1. La leggenda di S. Francesco scritta da tre suoi Compagni (Legenda Trium Sociorum) pubblicata per la prima volta nella vera sua integrità dai Padri Marcellino da Civezza e Teofilo Domenichelli dei Minori. Roma, 1899.

2. Chap. 73, p. 204 : Essendo un tempo il beato Francesco a Fuligno, frate Elia, suo vicario, disse a lui, che una visione gli havea mostrato, che lui non havea a vivere che due anni innanzi che quella visione vedesse. — Chap. 76, p. 209 : Il beato Francesco, essendo a Siena et stando infermo per sopraeminenza di dolori et più che l'usato paresse la mano del Signore sopra lui riprensiva, frate Helia, vicario di lui, venne sollecito al luogo, per la visione veduta appreso a Fuligno, della prossima sua morte, et lui ad Ascesi portò.

3. Analecta Bollandiana, t. XIX (1900), p. 118-197.

I

ELIE ET FRANÇOIS D'ASSISE

———

Frère Elie est parmi les principaux disciples de S. François un de ceux sur lesquels nous sommes le plus insuffisamment documentés. Et cependant c'est à la vie de cet homme que nous devons demander le secret qui nous fera comprendre le développement souvent si énigmatique du mouvement franciscain.

Cette pénurie de renseignements n'a rien d'étonnant après ce que nous a montré la critique des sources : parmi les frères qui prirent la plume lorsqu'Elie était encore au pouvoir, l'un, frère Léon, fit une œuvre d'opposition dont le but essentiel était de présenter le portrait du fondateur de l'ordre à son redoutable successeur ; l'autre, Thomas de Celano, laissa autant que possible à l'arrière-plan les compagnons du Saint [1], ne les rappelant que par quelques brèves paroles élogieuses. Il ne fit exception que dans de rares circonstances pour frère Elie [2] qu'il admirait et auquel il prodigue les éloges.

———

1. Ceci est dit expressément dans un passage (1 Cel. 102 ; Acta SS. loc. cit. p. 711) mais l'intention est visible dans toute la légende.
2. Le nom d'Elie se retrouve dans 1 Cel. 69 ; 95 ; 98 ; 105 ; 108 ; 109.

Après la chute d'Elie, il devint évident, sans même qu'il fut nécessaire de le dire, qu'on tâcherait de tuer par le silence celui dont on avait honte. Et c'est seulement de loin en loin que son nom reparaît dans les sources comme une sorte de spectre effrayant.

Nous ne connaissons même d'une manière certaine ni la date ni le lieu de naissance d'Elie. Dans le seul écrit que nous ayons de sa main il s'intitule simplement « le pécheur Elie[1] », et ses contemporains l'appellent tous sans exception frère Elie, sans rien ajouter à ce nom. Il est pourtant probable qu'il était d'Assise : les frères Mineurs qui écrivent au XIVe siècle, l'appellent en effet « Elie d'Assise », tandis que le nom d'« Elie de Cortone[2] » n'apparaît pas avant le XVIIe siècle[3]. Salimbene nous

---

1. Dans la lettre par laquelle il annonce la mort de S. François. Wadding, t. II, 148 s.. Voir ci-après, p. 69-74.

2. Un nom de ville est ajouté pour la première fois au nom d'Elie dans la Chronique des XXIV Généraux (Anal. Franc. t. III, 249) *Helias de Assisio*, de même dans le Liber Conformitatum, éd. 1590, fol. 96, (d'après l'Anonimo Cortonese, p. 39 n. 3 ; dans l'édition de 1510, la seule que j'aie pu me procurer, le passage ne se trouve pas), et dans S. Antonin de Florence († 1459). [Summa historialis, Lyon, 1543, p. III tit. 24, c. 9. f. 203, b 2]. — D'après Affo [Vita di fr. Elia, 2e éd. Parma, 1819, p. 15] il y avait au-dessus de la porte du réfectoire du couvent de S. François à Assise une vieille inscription d'après laquelle Elie serait né à Beviglio, qui se trouve à trois quarts d'heure au nord-ouest d'Assise. Cf. Sabatier, Vie de S. François, p. 22 note 1.

3. Il y eut jusqu'en 1721 dans l'église de Cortone une pierre tombale portant l'inscription suivante : « *Hic jacet frater Helias Coppi de Cortonâ primus generalis ordinis minorum qui obiit X Kal. Maji 1253.* » Mais cette inscription ne datait pas du XIIIe siècle, et était au contraire toute moderne, probablement de 1651 (V. Anonimo Cort., p. 36 et 75 s.). Dans la légende du bienheureux Guido de Cortone (Acta SS. Junii t. II, 602), Elie est appelé de « villâ Ursariâ » c'est-à-dire d'Ossaja près de Cortone. Mais le Bollandiste n'a eu cette légende que dans un remaniement du XVIe siècle. Il est donc impossible de savoir si cette courte notice appartenait à la légende primitive, ou si elle y a été ajoutée. Dans le Liber Conformitatum, Cortone est nommée deux fois (66 a et 122 b) comme lieu de sépulture de Guido, mais Elie n'est mentionné ni à propos de Cortone, ni à propos d'Assise.

apprend qu'Elie se nommait Bonusbaro ou Bombarone, son père était de Castel Britti près de Bologne, et sa mère d'Assise[1]. Avant son entrée dans l'ordre il était matelassier et enseignait à lire aux enfants d'Assise[2]. Ces indications prouvent non seulement qu'il habitait Assise, mais encore que, bien loin d'appartenir à l'aristocratie, il vivait du travail de ses mains ; ses occupations de maître d'école font même déjà deviner l'artisan qui aspire à s'élever. Il parvint en effet à continuer à s'instruire, et nous le trouvons plus tard notaire à Bologne[3]. Il dut mettre à profit son séjour dans la ville universitaire, puisque nous le voyons plus tard jouir d'une telle réputation de science qu'en Italie peu d'hommes eussent pu, disait-on, l'égaler en sagesse humaine[4]. Il n'était pourtant pas clerc et ne le devint jamais.

C'est là tout ce que nous savons de la période qui précède son entrée dans l'ordre. Nous ignorons aussi la date de sa naissance[5]. Mais ce sont là des détails en quelque sorte extérieurs, et nous regrettons encore davantage l'absence de toute indication qui nous dise où, quand et

---

1. Salimbene. Liber de prælato, loc. cit. p. 402.

2. Ibid. : *Suebat cultras et docebat puerulos in civitate Assisii psalterium legere.*

3. *Fuerat scriptor Bononiæ*, dit Th. d'Eccleston, Anal. Franc. I, 241. *Scriptor*, d'après du Cange, correspond à notaire. Brewer pourtant le traduit par *reader*, Lector.

4. Bernard de Besse dans le Catal. XIV Gener. (Anal. Franc. III, 695. Cf. ibid. p. 216) dit : *Helias vir adeo in sapientiâ humanâ famosus, ut raros in eâ pares in Italiâ putaretur habere.* On peut aussi noter à ce sujet la remarque d'Eccleston (Anal. Franc. I, 230) : *Quis in universo christianitatis orbe vel gratiosior vel famosior quam Helias ?* Ceci aussi ne doit pas se rapporter simplement à ses facultés naturelles, mais encore à sa culture intellectuelle.

5. Rybka (Elias von Cortona, Leipzig, 1874, p. 3) suppose qu'Elie ne pouvait pas être plus âgé que François parce que sans cela il aurait dépassé 70 ans ce qui eût été relevé par les chroniqueurs. Cet argumentum a silentio a naturellement très peu de valeur.

pourquoi Elie se joignit à François. Sur ce point nous savons seulement que dès les premières missions François lui confia un poste très en vue, ce qui indiquerait qu'il avait été un des premiers disciples. Cependant son nom ne se trouve dans aucune des listes traditionnelles des douze premiers frères, ce qui d'ailleurs ne prouve rien [1].

Toutes ces lacunes seraient comblées s'il était possible de vérifier l'hypothèse de Paul Sabatier, qui se demande s'il ne serait pas possible de faire d'Elie cet ami inconnu du même âge que François dont parle Celano. Elie aurait ainsi assisté aux premières luttes, à la conversion même du Saint. Malheureusement les preuves manquent, et cette ingénieuse hypothèse reste, comme le fait remarquer Sabatier lui-même, une pure et simple supposition [2].

Il faut donc reconnaître que nous ne savons ni comment Elie devint le disciple de François, ni ce qui lui valut si vite la confiance du maître [3]. Ce qui montre combien cette confiance était réelle, c'est qu'il le mit, en 1217 probablement, à la tête d'une mission de quelques disciples envoyés en Terre-Sainte [4]. Puis en 1219, quand

---

1. Cf. Paul Sabatier, Vie de S. François, p. 102 note 1. Mais cette liste est tout à fait incertaine et incomplète.

2. Paul Sabatier (Vie de S. François, p. 22 note) a fort bien réuni ce qui est favorable à sa supposition. On pourrait aussi se demander si Elie ne serait pas ce premier disciple dont il est dit : *Quidam de Assisio pium ac simplicem spiritum gerens*, 1 Cel. 24 (A. SS. loc. cit. p. 691). Cf. Sabatier, Vie de Saint François, p. 83, note 1, où le texte erroné des Bollandistes est rectifié d'après le Ms. de Montpellier. Mais la difficulté reste la même : on ne trouve pas la raison pour laquelle Thomas de Celano aurait tu le nom d'Elie.

3. Le passage de Wadding I, 108 (ann. 1211 n. 9) qui raconte comment François convertit Elie à Cortone ne repose que sur la notice (examinée p. 36 n. 4) de la légende du bienheureux Guido; elle est donc, comme nous l'avons vu, sans valeur.

4. Speculum Perfectionis (éd. Sabatier, cap. 65): *Finito illo capitulo, in quo multi fratres missi fuerunt ad quasdam provincias ultra-*

la charge des ministres fut instituée, il le nomma ministre provincial de Syrie [1].

Bien qu'on ne sache rien de l'activité d'Elie parmi les infidèles, on est amené à penser que ce séjour de plusieurs années en Orient lui laissa une forte impression. Nous le verrons plus tard à diverses reprises, faire entreprendre par les frères des missions en pays musulmans.

C'est aussi en Orient qu'Elie connut et gagna à la confraternité, un homme qui plus tard fut un de ses plus ardents adversaires, Césaire de Spire [2]. Celui-ci

marinas. Ce chapitre eut lieu en 1217, comme le prouve l'itinéraire d'Hugolin. Je doute qu'il faille voir dans ce chapitre celui dont parle Jourdain de Giano (cap. 3 ss.), car la France, l'Allemagne et la Hongrie ne sont pas des *provinciæ ultramarinæ*. Mais la mission d'Elie dont parle Jourdain (cap. 7), ainsi que celle des frères au Maroc et peut-être celle d'Egide à Tunis, peuvent bien avoir été organisées au chapitre de 1217 dont parle le Speculum Perfectionis.

1. Il peut sembler extraordinaire que les frères soient allés vers les infidèles avant de se répandre dans les pays chrétiens, mais c'est là un fait historique : déjà en 1212 Saint François voulut aller en Syrie, et plus tard au Maroc. Egide aussi se rendit à Tunis avant que des missions fussent envoyées en pays chrétiens. C'est vers le même temps que partirent les frères envoyés au Maroc, et qu'Elie et ses compagnons se rendirent en Orient. Le but de la mission d'Elie n'était en aucune façon, comme le supposent les éditeurs des Analecta Franciscana (t. II, p. XXIX), la fondation d'une province de frères parmi les chrétiens de Palestine, mais bien comme pour toutes celles dont nous venons de parler, soit la conversion des infidèles, soit plutôt l'espérance du martyre. C'est ce qui ressort d'une manière certaine de tous les témoignages. V. 1 Cel. 55-56 ; Analecta Franc. III. 98 : Müller, Anfänge des Minoritenordens und der Bussbruderschaften (Fribourg, 1885), p. 107 s..

2. Jourdain, cap. 9 ; 14. Müller, loc. cit. p. 58 n. 1. Je ne puis malgré toutes les raisons opposées me persuader que les témoignages si clairs de Jourdain et de 3 Soc. 62. puissent se rapporter à une autre date que celle de 1219. Le passage de David d'Augsbourg qui dit [circa 1260] : *Cœpit autem ordo iste fratrum Minorum quasi anno Domini 1209, conversionis beati Francisci ad Dominum anno tertio.* (Zeitschrift für Kirchengeschichte, XIX, 346). prouve lui aussi combien l'habitude de compter à partir de 1207 ou de 1209 comme dates de la conversion et de l'inceptio ordinis était générale parmi les frères Mi-

avait déjà derrière lui un passé très mouvementé :
plein d'un zèle ardent, il avait, quoique laïque, prêché
à Spire avec beaucoup de succès. Un certain nombre de
dames s'étaient mises à faire pénitence et s'étaient atta-
chées à lui, mais les maris accusèrent le convertisseur
d'hérésie, et il serait peut-être mort sur le bûcher, si
maître Conrad ne l'avait fait échapper. Césaire se
réfugia à Paris, et c'est de là qu'il partit plus tard pour
la Palestine. Il y rencontra les pénitents d'Assise,
entendit les prédications d'Élie et entra dans l'ordre. Il
avait trouvé ce qu'il cherchait [1].

De son côté François avait pu enfin se rendre lui-
même en Orient. Après avoir séjourné en Égypte, il vint
en Palestine où il retrouva ses disciples. Il y reçut la
nouvelle des troubles qui pendant son absence
avaient éclaté parmi les frères d'Italie. Il se
décida à rentrer immédiatement et prit avec lui Élie,
Césaire et Pierre de Catane [2]. Ces troubles et leur signi-
fication ont déjà été étudiés ailleurs [3].

----

neurs du XIIIᵉ siècle. *L'expletis undecim annis* des 3 Socii ne doit pas
être examiné de trop près, pas plus que le passage de Salimbene. p.
348 : *Eodem anno* (1207) *inchoavit beatus Franciscus ordinem
fratrum Minorum et vixit in eo XX annis completis.* alors que
François est pourtant mort en 1226. Je reste convaincu que la
correction de Voigt dans Jourdain de Giano (cap. 3) est justifiée (Cf. :
Zeitschrift für Kirchengeschichte, XII, 427). La date de la lettre de
Grégoire de Naples publiée par Sabatier est précisément la partie
douteuse de cette lettre (Speculum Perfectionis. p. 334). Par contre,
celle de Jacques de Vitry est contraire à 1217 pour l'envoi des missions (Cf. Mandonnet, p. 24 n. 3 et 4). Voir Speculum Perfectionis,
123, 33, les différentes manières de voir au sujet de cette date assez
peu importante du reste.

1. Jourdain, cap. 9. Sabatier, Vie de Saint François. 233 s..

2. Döllinger, Sektengeschichte II. 439 : Jourdain, cap. 11-14.

3. Voir Müller, Anfänge des Minoritenordens, p. 63 ss. ; Sabatier,
Vie de S. François, p. 179 ss., 268 ss., et surtout Mandonnet, Les
Origines de l'ordo de pænitentià, dans les Compte-rendus du IVᵉ
Congrès Scientifique des Catholiques, 1897, (Fribourg, 1898); l'auteur
expose et résume avec des preuves frappantes toute la révolution
essayée alors dans l'ordre, et qui fut en général réalisée.

Rien n'avait été à l'origine plus éloigné de la pensée de François d'Assise que l'idée de fonder un ordre de moines. Il avait envoyé ses disciples prêcher par le monde la pénitence et la paix ; il voulait mener avec les siens la vie apostolique et gagner, par la force de l'exemple, les chrétiens à l'idéal évangélique. Il recevait dans sa confraternité, des hommes, des femmes, des gens mariés et d'autres qui ne l'étaient pas, et donnait à tous la même règle bien que l'application dût varier suivant les circonstances. Bientôt, par la force même des choses, des groupes se formèrent : d'une part, les hommes non mariés, les véritables compagnons de saint François. parmi lesquels les prêtres et les premiers disciples eurent probablement très vite une place d'honneur ; puis les femmes non mariées, auxquelles François, sans faire une règle proprement dite, donna quelques constitutions particulières ; enfin les gens mariés qui ne pouvaient naturellement pas, sur bien des points, observer strictement la règle.

Toute organisation manque à l'origine. les chapitres annuels de la Pentecôte en tiennent lieu, et maintiennent seuls l'unité. L'institution des ministres provinciaux, en 1219, est la première trace d'organisation que nous rencontrions. Plus le nombre des frères se multipliait, plus l'association se développait, moins il devenait possible que François pût à lui seul diriger la confraternité et la pénétrer tout entière de son esprit. Ce mouvement qui, par son origine et dans son ensemble, rappelait tant celui des Vaudois. devait d'ailleurs sembler à la curie d'autant plus dangereux que sa propagation était plus rapide. La participation régulière[1] du cardinal Hugolin au chapitre de la Pentecôte ne paraissait plus une garantie suffisante ; aussi profita-t-on du séjour de François en

---

1. Tres Socii (Acta SS. Oct. II, p. 739) n. 61.

Orient pour faire intervenir ce prélat aussi habile qu'actif et transformer totalement le caractère du mouvement.

Comme on l'avait déjà fait pour les Humiliés, on divisa la confraternité en trois rameaux : les Pauvres Dames, qui jusque-là s'étaient vouées au soin des malades dans les hôpitaux et s'étaient nourries du travail de leurs mains[1], furent tout simplement transformées en Bénédictines par Hugolin qui se servit pour cela de frère Philippe. Elles furent enfermées dans leurs couvents, où d'importants privilèges leur furent octroyés[2]. Les gens mariés furent probablement soumis par Jean de Conpello ou Capella[3] à une règle particulière et séparés de l'association[4]. Enfin les vicaires, auxquels François avait confié la confraternité, s'adjoignirent quelques notables d'entre les frères et tinrent un chapitre : les jeûnes y furent aggravés, ce qui était contraire à l'esprit de liberté des débuts de l'ordre[5], mais rendait l'association plus monacale.

La confraternité qui, jusque là avait été une et n'avait eu d'autre guide que l'esprit du fondateur, fut ainsi scindée[6]. La transformation avait été menée sans que François en eût rien su, par un moyen qui lui était bien peu sympathique, celui des interventions de la curie et des privilèges pontificaux.

Il n'est pas difficile de deviner combien François fut

----

1. Voir la lettre de Jacques de Vitry, dans Paul Sabatier. Spec. Perf., p. 300.

2. Si ici et dans la suite je vais plus loin que dans mon travail sur les Anfänge des Clarissenordens, ce sont surtout les travaux de Paul Sabatier et du P. Mandonnet qui m'y ont poussé.

3. Voir à son sujet Analecta Franciscana, t. III, 4.

4. Comp. les développements du P. Mandonnet loc. cit..

5. Comp. outre les témoignages apportés par Müller (Anfänge, p. 10 et 64 s.) Thomas d'Eccleston (Anal. Franciscana, t. I, 220).

6. La diseuse de bonne aventure dans Jourdain de Giano (cap. 13) dit : « *Redite quia per absentiam fratris Francisci ordo turbatur et scinditur et dissipatur.* » *Et hoc verum fuit.*

affecté par ces événements. Dès son retour il se rendit
à la curie. On l'envoya conférer avec le cardinal Hugolin[1].
Qu'advint-il de ces négociations ? Jourdain de
Giano nous dit qu'Hugolin retira les privilèges accordés
à frère Philippe, et que frère Jean de Conpello et ses
adhérents furent honteusement chassés de la curie.

Quoi qu'il en soit, si la procuration pontificale fut
peut-être retirée à fr. Philippe, celui-ci n'en demeura
pas moins en faveur auprès d'Hugolin et nous le retrou-
vons plus tard de nouveau visiteur des Pauvres Dames[2].
Ce qui est bien plus important, c'est que François fut
obligé de consentir à la transformation des Pauvres
Dames en Bénédictines et d'accepter la règle octroyée
par Hugolin[3] ; et c'est d'autant plus significatif que
ses amies les plus intimes avec Claire à leur tête, con-
tinuaient à s'opposer obstinément à l'observation de
cette nouvelle règle.

Jean de Conpello devenu le bouc émissaire fut
sacrifié, mais l'œuvre qu'il avait entreprise ne fut pas
pour cela abandonnée : l'année suivante, les gens mariés,
organisés en confraternités de pénitents, formèrent sous
le nom de *tertius ordo*[4] un rameau séparé.

Bien plus, François fut amené à reconnaître que même
pour l'organisation des frères de profonds changements
étaient nécessaires[5]. Sa règle à laquelle il tenait tant

---

1. Jourdain de Giano, cap. 14.

2. Philippe est appelé *visitator monasteriorum Pauperum Inclu-
sarum* par Grégoire IX dans une bulle du 31 Janv. 1233 (Sbaralea,
Bullarium Franciscanum, I, 93 n. 85), et il est traité de *primus
visitator Pauperum Dominarum* dans Anal. Francisc. II (Glassberger),
p. 6; 16; 17; III, 4. Il est possible que le soin des Clarisses ait tout
d'abord été transféré à un Cistercien. Comparez Lempp, Anfänge
des Clarissenordens, Zeitschrift für Kirchengeschichte, t. XIII, 210.

3. V. pour les preuves Lempp, loc. cit. p. 185 : 188-203.

4. Comp. Mandonnet, loc. cit. p. 32.

5. Ceci eut lieu déjà en grande partie par la bulle du 22 Sept. 1220,
dans laquelle Honorius, qui s'adresse au *Prior* des frères Mineurs,

avait déjà reçu bien des additions, mais cela ne suffisait plus ; le moment était venu de la refondre complètement [1]. Enfin il avouait qu'il ne serait jamais, lui, l'homme capable de gouverner le nouvel ordre [2].

Si j'ai tant insisté sur ces événements. c'est parce que j'ai la conviction que c'est ici qu'il faut chercher la raison de l'influence exercée par Elie à la curie, depuis ce temps et jusqu'à sa chute, et même que nous devons y trouver la clef de toute l'histoire d'Elie.

Il ne faut pas oublier qu'Honorius III et Hugolin ne connaissaient pas seulement très bien François, ils l'admiraient sincèrement. Ils étaient à coup sûr profondément peinés de devoir, dans l'intérêt de l'Eglise, contrister le Saint en portant la main sur son œuvre, et devaient d'ailleurs s'attendre à une sérieuse résistance de sa part.

On peut penser qu'Hugolin pour obtenir le consentement de François se sera adressé aux trois amis que celui-ci venait de ramener d'Orient. Nous trouvons en effet l'un d'entre eux, Césaire, occupé à travailler à la règle. puis à partir de 1221 mis à la tête de la mission d'Allemagne [3] ; le second, Pierre de Catane, devient vicaire général ; le troisième est Elie de Cortone.

---

institue le noviciat, et empêche les adhésions libres, celles précisément qui avaient été jusque-là possibles aux gens mariés : *Inhibemus etiam, ne sub habitu vitæ vestræ liceat alicui extra obedientiam evagari et paupertatis vestræ corrumpere puritatem.*

1. Jourdain de Giano. cap. 15. Les luttes au sujet du remaniement de la règle se prolongèrent jusqu'en 1223. V. Spec. Perf. éd. Sabatier, cap. 1 ; 2 ; 3.

2. Pierre de Catane devint, bientôt après le retour de François, vicaire général de l'ordre. ce qui fut considéré par François comme une abdication et même comme une mort (Spec. Perf. cap. 39).

3. Jourdain de Giano, cap. 15 ; 18 ; 19 ; Césaire ne fut peut-être pas, même au commencement, bien favorable au nouvel ordre de choses que plus tard il combattit si énergiquement, mais il aida d'abord à la

Césaire de Spire et Pierre de Catane n'eurent bientôt plus l'occasion d'intervenir : l'un était trop éloigné et l'autre mourut peu de temps après. On est ainsi amené à penser que la position influente d'Elie auprès d'Hugolin pourrait bien avoir eu pour origine l'énergie et l'intelligence avec laquelle il entra dans les vues du cardinal et sut y amener François. A partir de ce moment, l'action d'Elie devient décisive pour le développement de l'ordre. Il trouve toujours un ferme appui à la curie dont il soutient les tendances vis-à-vis des « Socii » et auprès de François lui-même.

Peut-être François se décida-t-il assez facilement à accepter un vicaire général : il avait rapporté d'Orient une grave maladie d'yeux[1], et sa santé était en général très affaiblie[2] ; il se démit donc de sa charge pendant le chapitre, et confia le gouvernement des frères à son vieil ami Pierre de Catane, qu'il avait choisi lui-même[3], et qui, en sa qualité de chanoine et de docteur en droit[4], devait très bien convenir à la curie.

refonte de la règle, puis séjourna au loin. Lorsqu'il revint en 1223, pour voir François, il était encore en bons termes avec Elie, mais est pourtant déjà appelé *erangelii et paupertalis zelator maximus* (Jourdain de Giano, cap. 31). C'est probablement de lui que parle le récit de l'Historia VII Tribul., Döllinger, Sektengeschichte, t. II, 448 s.. V. plus loin, chapitre III.

1. Spec. Perf., p. 183, 5.

2. Ibid. Jourdain de Giano avait eu la même impression au chapitre de 1221 (V. Jourd. cap. 17. Cf. Anal. Franc. II, 32).

3. Spec. Perf. cap. 61 : *qui fuerat canonicus ejusdem ecclesiæ et primus generalis minister fuit electus a beato Francisco.*

Ceci eut probablement lieu le 29 sept. 1220 : comme le Spec. Perf. (cap. 39) dit expressément que François renonça à sa charge à un chapitre, il faut penser à un chapitre de la S. Michel. Nous savons par 3 Soc. 57, qu'il y en avait déjà avant 1221. A la Pentecôte de 1220, François n'était certainement pas encore de retour; à la Pentecôte de 1221, Pierre de Catane était déjà mort. C'est donc peu avant l'abdication de François qu'avait été promulguée la bulle décisive du 22 sept. 1220.

4. Spec. Perf. cap. 61 (Anal. Franc. III, 4; Jourd. cap. 11).

Pierre de Catane mourut peu après, le 10 mars 1221[1], mais cette fois on n'attendit pas la réunion d'un chapitre[2], et Elie fut immédiatement nommé vicaire général ou ministre général[3]. Il ne fut pas élu par les frères, et peut-être ne fut-il pas non plus choisi librement par François : sa nomination fut probablement suggérée par Hugolin[4].

François dont l'humilité était entièrement sincère put renoncer sans trop de regrets à la première place et à la direction exclusive de la confraternité, tant que celle-ci resta ce qu'elle avait été jusqu'alors, d'autant plus qu'avec Pierre de Catane, il demeurait toujours lui-même l'âme de l'ordre. Ce qu'il trouva sans doute bien plus dur, ce fut de donner à ses compagnons une organisation toute nouvelle, de faire passer la direction de l'association aux mains de corps officiels, par lesquels tout naturellement les éléments instruits et aristocratiques devaient arriver au pouvoir. Il n'était pas avide de domination, mais il voyait un corps de fonctionnaires, les ministres, se placer entre lui et ses frères et compromettre l'esprit même de sa famille spirituelle.

Or la curie d'une part, le parti des hommes cultivés de l'ordre de l'autre, trouvaient une organisation de ce genre indispensable, et c'est à amener François à reconnaître cette nécessité que durent tendre tous leurs efforts[5]. L'institution du noviciat avait été un premier

---

1. V. Sabatier, Spec. Perf. p. 71, où se trouvent aussi d'autres indications sur sa vie.

2. Au chapitre de la Pentecôte de 1221, nous voyons déjà Elie donner les ordres, Jourd. cap. 17.

3. Analecta Franc. III, 31 : II, 32.

4. V. Sabatier (Spec. Perf. CIII). La démonstration de Sabatier n'est cependant pas inattaquable, car les mots *istum feceramus generalem* doivent se rapporter à l'élection d'Elie en 1232. Il est pourtant vraisemblable qu'une pression venue de haut amena François à ce choix.

5. Müller (loc. cit. 59 ss.) a prouvé que les ministres jusqu'en 1221 ne furent pas des fonctionnaires permanents, et que c'est à ce

pas dans ce sens. La question fut ouvertement posée
au fameux chapitre des nattes, en 1221[1]. Les hommes
cultivés et les savants de l'ordre à la tête desquels se
trouvait, semble-t-il, Elie, prièrent Hugolin d'intervenir
auprès de François qu'ils avaient tout lieu de croire
hostile à leurs désirs. Ils voulaient obtenir de François
qu'il prît à l'avenir leur avis, lorsqu'il s'agissait de
régler les affaires de l'association : ils demandaient pour
la nouvelle confraternité une organisation s'inspirant de
celle des anciens ordres de moines. Hugolin promit de
les satisfaire, mais dès les premiers mots, François sûr
de sa vocation particulière refusa toute comparaison
avec d'autres ordres, et exprima en terminant l'espoir
que Dieu réduirait à néant les voies de la sagesse
humaine. Le cardinal ne répondit rien[2]. En réalité le
parti d'Elie triompha pourtant.

moment-là seulement qu'une organisation fixe fut introduite dans
l'ordre.

1. Spec. Perf. cap. 68. La chronologie est évidemment très difficile
à établir car les données des différentes sources ne peuvent pas être
conciliées. Voici ce qui me semble pourtant certain : 1° Il y eut un
chapitre tenu près de la Portioncule qu'on appelle chapitre des nattes
(Spec. Perf. cap. 68). 2° Il s'y trouva une quantité tout à fait extraordinaire de frères ; on les évaluait à 5.000 (Spec. Perf. 68 ; et Thomas d'Eccleston, Anal. Fr. I, 232.) 3° Ce n'était pas là un fait habituel : le
campement d'un si grand nombre de gens et son entretien par le
peuple fut au contraire un événement unique qui produisit une forte
impression sur ceux qui y prirent part. 4° En lisant la description de
Jourdain de Giano (cap. 16) on a presque forcément l'impression que le
chapitre raconté est bien celui des nattes (or il eut lieu à la Pentecôte de 1221 et dura 9 jours.) 5° S'il en est ainsi, c'est que les événements dont parle le Spec. Perf. (cap. 68) et l'Hist. VII Trib. (Döllinger,
Sektengeschichte II, 440) ont dû se passer alors, et je ne puis être
d'accord avec Sabatier qui place ce chapitre en 1218 (Spec. Perf.
p. LXXXVIII).

2. Spec. Perf. cap. 68 et Hist. VII Trib. (dans Döllinger, Sektengesch.
II, 440 ss.) racontent les mêmes faits, mais l'Hist. VII Trib. doit toujours
être utilisée avec beaucoup de précaution, c'est pourquoi je ne puis
regarder comme certain le rôle qu'elle fait jouer à Elie, bien qu'il soit
très vraisemblable. Ce récit du Spec. Perf. est très caractéristique,

En effet, soit qu'on regarde les constitutions inaugurées à ce chapitre comme une nouvelle règle, soit qu'on préfère les considérer comme des additions à l'ancienne[1], il est certain qu'une nouvelle conception de l'ordre s'était introduite. Malgré la volonté nettement exprimée de François, la direction échappait aux mains des hommes d'action et passait à celles des gens instruits[2].

L'ancienne règle, alourdie par des additions et des remaniements, ne pouvait plus être conservée ; elle devenait toujours plus insuffisante à mesure que la confraternité se développait. Il fallut donc en composer une autre entièrement nouvelle.

Cette tâche devait incomber naturellement au fondateur lui-même. François composa donc une seconde règle, plus courte que la précédente. Aussitôt qu'elle fut achevée, il la remit à Elie qui, en sa qualité de général, pouvait seul obtenir l'approbation de la curie et l'obédience des frères ; or peu de jours après, elle avait disparu[3]. On a dit qu'Elie l'avait perdue[4], cela

---

surtout lorsqu'il désigne les adversaires comme des *fratres sapientes et scientiati*, tandis que l'Hist. VII Trib. en parlant des *ministri et custodes* dénote les préoccupations d'une époque postérieure. L'allusion à la *regula S. Benedicti et Augustini, Bernardi qui docent sic et sic vivere ordinate*, est aussi très caractéristique. Mais le récit n'est pas terminé, on ne sait pas bien qui fut vainqueur. Cela vient sans doute de ce que l'auteur sentait qu'en fin de compte c'étaient pourtant les opposants qui avaient eu gain de cause.

1. Müller soutient la première de ces alternatives (loc. cit. p. 13) ; le P. Mandonnet (p. 28 n.) la seconde ; cela me semble plus juste, étant donné ce que dit Spec. Perf. cap. 1.

2. Voir les preuves dans Müller, loc. cit..

3. Spec. Perf. cap. 1.

4. Ainsi Bonaventure (cap. IV) 55, Acta SS. 753, dit qu'Elie avait perdu la règle *per incuriam*. L'Hist. VII Trib. (loc. cit. p. 455-456) raconte même qu'Elie et ses partisans l'auraient volée à Léon auquel elle avait été confiée : *Furtim seu latentes subtrahunt et abscondant, putantes tali modo S. Francisci propositum impedire.* Comp. Lib. Conf. ed. 1510, 88 a, et Spec. Vitæ 7 b.

semble bien invraisemblable. Ne doit-on pas plutôt
penser qu'il s'en était dessaisi pour la communiquer
à Hugolin, ou à certains de ses partisans dont il
voulait connaître l'avis? Quoi qu'il en soit, François ne
se laissa pas intimider. Accompagné de quelques-uns
des plus anciens compagnons, fr. Léon entre autres, il
se retira de nouveau dans un ermitage et fit un second
exemplaire. Ce fut l'occasion d'une véritable révolte de
la part de ceux qui constituaient déjà comme la prélature
de l'ordre. Ils savaient, sans doute par Elie, la teneur
de la règle qui venait de disparaître, et auraient pu
d'ailleurs aisément deviner qu'une règle, composée par
François avec Léon comme collaborateur, serait le
triomphe de l'esprit ancien. Ils allèrent donc trouver
Elie et lui dirent : « Nous avons appris que fr. François
compose une nouvelle règle, nous craignons qu'il ne
la fasse trop dure et qu'il ne nous soit pas possible de
l'observer. Nous voulons donc que tu te rendes auprès
de lui et que tu lui dises que nous ne voulons pas être
liés par une pareille règle ; qu'il la fasse pour lui et non
pour nous. » Comme Elie refusait de se charger seul de
cette mission, ils allèrent avec lui et tous ensemble
présentèrent leurs doléances.

François les repoussa avec énergie. Convaincu que
sa règle lui avait été donnée par Jésus lui-même, il
exigeait qu'elle fut observée à la lettre. Quiconque
refusait de s'y soumettre devait sortir de l'ordre[1].

Les mécontents parurent peut-être céder, mais la
règle, avant d'avoir force de loi, devait être présentée

---

1. Spec. Perf. cap. 1. Ici aussi le récit reste inachevé : on ne sait pas
comment au juste la nouvelle et troisième règle fut définitivement
composée. Ceci, il est vrai, est raconté par Bonaventure (loc. cit.):
*Iterato sanctus vir ad locum solitudinis rediit eumque ad instar
prioris ac si ex ore Dei verba susciperet illico reparavit* (comp. Sabatier, Spec. Perf. p. 260 ss.). mais ce récit n'a rien d'historique comme
le prouve la bulle de Grégoire IX *Quo elongati.*

au chapitre général où les ministres seuls avaient voix délibérative ; elle devait aussi être soumise à l'approbation du pape, ce qui revient à dire à celle d'Hugolin. L'influence d'Elie allait donc devenir prépondérante, et il fallut bien se résigner à un compromis.

Une lettre de François à Elie jette une vive lumière sur les circonstances qui précédèrent la promulgation de la nouvelle règle. Sa valeur est très grande aussi pour l'étude des rapports de François et d'Elie. Elle date sans doute du printemps de 1223, peu avant le chapitre de la Pentecôte.

On en trouvera le texte à l'appendice[1].

Voyons ce que nous apprend cette lettre : il y a lieu de rappeler d'abord que l'ancienne règle s'occupait à plusieurs reprises (ch. 5 ; 11 ; 13 ; 19 ; 20) des péchés mortels que pouvaient commettre les frères, et de la conduite à tenir en pareil cas. Or le but de la lettre de François est de proposer l'adjonction à la nouvelle règle d'un chapitre réglant la conduite à tenir vis-à-vis des frères en cas de péché mortel ou véniel. Le frère coupable de péché mortel est conduit au gardien ; celui-ci le remet au custode ; tous deux doivent user de compassion envers lui. Pour les péchés véniels la voie habituelle, la confession sacramentelle, est jugée suffisante. Aucune peine, ni dans l'un, ni dans l'autre cas, ne saurait être imposée : « Va et ne pèche plus, » est la seule pénitence qui soit admise.

La règle de 1223 est là pour nous dire ce qu'il advint de ce projet du Saint. Elle suit au chapitre VII presque mot pour mot le commencement du texte proposé, mais la suite contient des modifications essentielles. Tout d'abord il n'est fait aucune mention des péchés véniels ; la marche à suivre devait paraître trop

---

1. Voir Appendice I.

naturelle pour qu'il fût besoin d'en parler. Pour les péchés mortels, il n'est question que de ceux qui sont réservés aux provinciaux, sans indiquer du reste lesquels ce sont, si bien que Grégoire IX dut les définir plus tard dans la bulle *Quo elongati* du 28 septembre 1230. Le soin d'imposer la pénitence incombe dans ce cas au provincial qui doit agir par l'intermédiaire d'un prêtre de l'ordre. La belle recommandation qui excluait toute autre pénitence que celle donnée dans l'Evangile (Jean 8, 11) est abandonnée, et une exhortation générale à la pitié en tient lieu. Nous avons donc bien devant nous le résultat d'un compromis. Le projet original de François est à la base, mais il n'est pas seulement précisé et écourté, il perd sa douceur qui pouvait paraître exagérée, mais était si franciscaine. Les détails circonstanciés qui révélaient le souci des âmes disparaissent aussi ; il ne s'agit plus que des péchés les plus graves, et ceux-ci ne sont plus réservés aux supérieurs immédiats, mais vont droit aux provinciaux. C'est là une trace de l'esprit de centralisation qui fut plus tard un des traits caractéristiques du gouvernement d'Elie.

Nous avons vu l'influence de celui-ci et de ses partisans s'exercer à propos d'une question relativement secondaire. Elle me paraît tout aussi sensible dans une autre beaucoup plus grave : la règle de 1223 met le pouvoir effectif aux mains du général ; les chapitres au contraire deviennent moins fréquents et moins importants que par le passé. A l'origine, il y avait eu chaque année deux chapitres où se réunissaient tous les membres de la confraternité ; à partir de 1221. il n'y eut plus qu'un chapitre général annuel auquel étaient conviés les ministres provinciaux ; un chapitre provincial devait également être tenu chaque année à la S. Michel. La règle de 1223 ne prévoit plus de chapitres obligatoires,

elle laisse leur convocation au bon plaisir du général ;
les ministres provinciaux sont tenus de s'y rendre, et
les custodes y sont simplement autorisés. Rien n'est
spécifié non plus quant aux attributions du chapitre,
sauf en cas de déposition du général pour cause
d'incapacité. Elie, plus tard, en ne réunissant aucun
chapitre, et en gouvernant l'ordre d'une manière tout à
fait absolue, était donc quant à la lettre pleinement dans
son droit[1]. Il semble donc bien probable que déjà lors
de la rédaction de la règle, il usa de son influence pour
faire diminuer l'importance des chapitres, et nous
voyons qu'il y parvint.

Tout ceci nous montre que le témoignage d'après
lequel bien des passages de la règle de 1223 furent
modifiés par les ministres contre la volonté du Saint
n'a rien d'invraisemblable[2]. Grégoire IX a dit aussi

---

1. Müller, p. 9 s.; 85 s.; et Ehrle, Archiv für Lit. u. Kirchengesch.
(1892) VI, 17 ss.. Sabatier, dans Spec. Perf. p. CV, est, il est vrai,
d'un autre avis.

2. Spec. Perf. cap. 2 : *Ipse dixit... hæc et alia plurima et etiam
fecit in regulâ plura scribi quæ cum assiduâ oratione et meditatione a Domino postulabat pro utilitate religionis..., sed postquam ea
ostendebat fratribus, videbantur eis gravia et importabilia... Et quia
valde timebat scandalum et in se et in fratribus nolebat contendere
cum ipsis, sed condescendebat invitus voluntati eorum...* Ibid. cap. 3 :
*Licet ministri scirent quod secundam regulam fratres tenerentur s.
evangelium observare nihilominus fecerunt removeri de regulâ illud
capitulum : Nihil tuleritis in viâ etc...* Ibid. cap. 65 : *Voluit etiam poni
in regulâ quod ubicumque fratres invenirent nomina Domini... ipsi ea
recolligerent et honeste reponerent honorantes Dominum in sermonibus suis. Et licet non scriberentur hæc in regulâ, quia ministris non
videbatur bonum ut fratres hæc haberent in mandatum, tamen in
testamento suo et in aliis scriptis suis voluit relinquere fratribus
voluntatem suam de iis...* Ibid. cap. 11 : *Nos vero qui cum ipso
quando scripsit regulam fuimus et fere omnia alia sua scripta
perhibimus testimonium quod plura fecit scribi in regulâ et aliis
scriptis suis in quibus multi fratres fuerunt sibi contrarii..., sed quia
ipse multam timebat scandalum, condescendebat non voluntarie voluntatibus fratrum. — Hoc sane verbum voluit in regulâ ponere sed
bullatio facta præclusit (2 Cel. 3, 122).*

expressément qu'il avait participé à la composition de la règle de 1223[1].

On peut donc regarder comme certain qu'Élie, les ministres ses amis, et Hugolin dont il était l'instrument, exercèrent une influence marquée sur la rédaction de la règle de 1223. Aussi n'est-il pas étonnant que cette règle soit sur bien des points plus douce que l'ancienne[2]. L'austérité n'était pas d'ailleurs ce qui caractérisait François lui-même, et je trouve bien plutôt l'expression vraie des conflits qui durent naître entre la pensée originale de François et ceux qui se faisaient un devoir de l'endiguer, dans le renseignement suivant, bien qu'il ne nous soit fourni que par une source très postérieure[3] : François au chapitre X de la règle avait dit, parait-il, que tout frère qui se sentait dans l'impossibilité d'observer la règle pourrait, avec ou sans autorisation, la suivre plus librement, mais le pape avait déclaré que ce serait là la ruine de l'ordre et avait modifié cet article. François demandait une vie de renoncement, mais il ne voulait pas des statuts inflexibles ne permettant aucune exception en faveur des faibles ; il voulait le libre sacrifice et le libre amour ; mais ce sont là choses incompatibles avec l'organisation d'une congrégation monastique.

Le travail législatif ne fut pas clos par la règle de 1223 : des constitutions et des règlements spéciaux furent encore promulgués postérieurement. L'une de

---

1. Dans la bulle *Quo elongati* du 25 septembre 1230 : (Quum) *in condendo prædictam regulam, obtinendo confirmationem ipsius sibi* (i. e. Francisco) *astiterimus.*

2. Voir les prescriptions sur la prise d'habit (cap. 2), les jeûnes (cap. 3), dans les deux règles ; puis dans l'ancienne, ce qui concerne le travail (cap. 7), l'impudicité (cap. 13), les voyages (cap. 14), etc. (Cf. Müller, *Anfänge*, p. 90).

3. *Historia VII Tribulationum*. Döllinger, *Sektengeschichte*, II, p. 457 s..

ces constitutions concerne les jeûnes, et nous intéresse au point de vue de l'histoire d'Elie. Déjà lors du séjour de François en Orient, nous avons vu les vicaires laissés par lui en Italie aggraver les jeûnes prescrits par la règle et restreindre beaucoup l'usage de la viande. François, sans même attendre son retour, avait repoussé ces austérités, obéissant ainsi au précepte évangélique (Luc 10. 8) ; les modifications apportées à la règle en 1221 réduisirent au contraire les jeûnes exigés [1], et la règle de 1223 apporta encore des adoucissements [2]. La communauté se montra plus tard scandalisée de cette largeur [3], et la défense de manger de la viande exista en fait, au moins à l'intérieur des couvents [4].

---

1. Voir Müller, p. 10.

2. Müller, p. 90.

3. V. les développements de l'Expositio IV Magistrorum de 1241 (Firmamentum trium ordinum. Paris, 1512, p. IV, f. 18 b) : *Quidam abusive de hoc articulo quod infra dicitur : « De omnibus cibis, qui apponuntur eis, liceat manducare », dicunt quod possunt in carnibus jejunare. Quod quæstio abusionis sit, patet cuilibet. Jejunent ergo debet intelligi cibo jejunantium secundum consuetudinem hominum et maxime religiosorum terræ in quâ morantur. Sequitur : « Aliis autem temporibus non, etc.. » Volunt quidam ex hoc dicere, quod non tenentur jejunare quatuor temporibus sive aliis jejuniis generaliter ab ecclesiâ institutis. Sed sicut religio fratrum Minorum non aufert mihi christianitatem sic nec tollit mihi jejunium christianorum. Non igitur per dictam exceptionem jejunia ecclesiæ excluduntur. Sequitur : « Tempore vero manifestæ etc.. » Quæritur hic, quod dicatur illa manifesta necessitas quæ a jejunio nos absolvit. Et intelligenda est hæc necessitas non uno modo sed multis modis. Contigit enim necessitas comedendi aliquando ratione ætatis, aliquando ratione laboris, aliquando ratione sustentationis... Sequitur : « Et secundum evangelium etc. » Constat quod istud est concessionis, unde habemus ex regulâ quædam concessionis, quædam instructionis, quædam admonitionis, quædam præceptionis.*

4. Dans les premières constitutions générales promulguées, celles de Narbonne, 1260, qui ne font guère que rassembler les usages déjà de droit coutumier, il est dit : *In locis fratrum fratres carnes non comedant ullo tempore, exceptis debilibus et infirmis.* Archiv f. Lit. u. K. Gesch. t. VI, p. 97.

Les sources postérieures racontent qu'Elie, pendant
qu'il était vicaire, interdit complètement l'usage de la
viande. Voilà qui à première vue semble extraordinaire ;
qui soupçonnerait Elie, à qui sa vie opulente fut tant
de fois reprochée, d'avoir voulu multiplier les absti-
nences ? Peut-être lui a-t-on imputé plus tard les actes
des vicaires établis par François pendant son voyage
d'Orient [1], mais il est possible aussi que nous ayons là
une allusion à la première constitution édictée après
1223, celle qui défend aux frères qui sont dans le
monde de manger plus de trois bouchées de viande [2].
C'est François, indigné de ce qui lui aurait été rapporté
sur la manière avide dont mangeaient certains frères,
qui aurait prescrit ce règlement. Mais depuis 1221, et
à plus forte raison après 1223, François ne pouvait
plus de sa seule autorité imposer des constitutions ;
même quand l'idée venait de lui, c'est Elie qui devait les
promulguer.

Ceci nous amène à étudier ce que fut à proprement parler la charge de vicaire général. Tant
qu'une organisation définitive n'avait point été établie,
c'est-à-dire jusqu'au temps de Pierre de Catane, le vicaire
général avait été simplement le vicaire de François.
Celui-ci avait gouverné la confraternité d'une façon
toute patriarcale et, quand les forces physiques lui

---

1. Analecta Franciscana III, 31 : 38 : II. 33 ; Lib. Conform. (éd.
1510). 104 a ; 184 a : Speculum Vitæ (éd. 1509), 35 a.

2. Thomas d'Eccleston, dans Anal. Franc. I, 227 : *Hæc fuit autem
prima constitutio, quam S. Franciscus fecit post regulam bullatam,
sicut dixit bonæ memoriæ frater Albertus, scilicet quod fratres inter
sæculares non comederent nisi tres bolos carnis propter observationem
sancti Evangelii ; quia venerat ad eum rumor quod fratres avide
comedebant.* Je ne sais pas sur quoi Wadding s'appuie lorsqu'il dit
(I, 340, ann. 1220, 20) que François supporta quelque temps la défense
faite par Elie de manger de la viande et l'abolit ensuite. Voir
sur toutes les discussions concernant les jeûnes le commentaire des
Bollandistes dans Acta SS. (loc. cit. 850 ss.) et Azzoguidi, loc. cit. L.

manquèrent, Pierre de Catane le remplaça, mais sans l'empêcher d'agir lui-même lorsqu'il le pouvait. François pourtant avait souffert de ce nouvel état de choses comme d'une abdication et même comme d'une mort [1].

Tout se trouva bien changé quand fut introduite l'organisation de 1221, et plus encore après l'approbation par le pape de l'ordre des frères Mineurs et de la règle de 1223. Il n'y a plus place alors que pour *un* général qui a la direction légale de tout l'ordre ; les autres frères lui sont tous subordonnés, mais ils peuvent encore exercer une certaine action, soit par les charges qu'ils occupent, soit par leur influence spirituelle. Or François n'exerçait plus la moindre fonction et n'était par conséquent au point de vue juridique qu'un frère Mineur comme les autres. Son incomparable supériorité morale lui permettait pourtant d'agir encore sur la marche des événements, mais cette influence spirituelle ne pouvait plus s'exercer que d'une manière personnelle. Cette position a été clairement définie par le pape à propos de son testament [2]. François lui-même en avait bien conscience et en souffrait cruellement. Un frère lui ayant reproché de ne rien faire pour rappeler à l'ordre l'ancien idéal dont on s'éloignait chaque jour davantage, il lui répondit : « Dieu te pardonne, frère, pourquoi te mets-tu contre moi, et veux-tu me rendre responsable de choses auxquelles je ne puis rien. Aussi longtemps que j'ai eu la direction des frères et que ceux-ci sont demeurés fidèles à leur vocation et à leur profession, bien que depuis ma conversion j'aie été sans cesse malade, j'ai toujours fait le nécessaire malgré la faiblesse de mes forces, tant par

---

1. Spec. Perf. cap. 39.

2. Dans la bulle *Quo elongati* du 28 septembre 1230, Grégoire IX dit de François, *quod sine consensu fratrum maxime ministrorum quos universos tangebat obligare nequirit, nec successorem suum quomodolibet obligavit, quum non habeat imperium par in parem.*

l'exemple que par la parole. Mais quand je vis que Dieu avait multiplié le nombre des frères et qu'ils commençaient, par leur tiédeur et leur manque de spiritualité, à s'écarter de la voie droite, je remis la direction et le gouvernement de l'ordre à Dieu et aux ministres. Je pris prétexte de la maladie pour me décharger de leur direction, et pourtant, aujourd'hui encore, s'ils voulaient marcher suivant ma volonté, pour les consoler et leur être utile, je ne voudrais pas qu'avant ma mort ils eussent un autre ministre que moi ! De mon lit de malade je ferais tout ce qui serait de mon devoir pour les gouverner, ce qui est une charge toute spirituelle ; mais puisque je ne puis les corriger et les amender par les moyens spirituels, par la prédication, les avertissements et l'exemple, je ne veux pas devenir un bourreau et user de verges et de châtiments comme les princes de la terre. Du reste, je ne cesserai pas jusqu'à ma mort, au moins par mon exemple et ma conduite, d'enseigner aux frères à marcher dans la voie que le Seigneur m'a montrée, afin qu'ils ne puissent, pas lorsqu'ils seront devant Dieu, rejeter leurs fautes sur moi et que leurs âmes ne me soient pas redemandées [1]. »

Élie eut donc dès 1221, et surtout après 1223, une tout autre position que Pierre de Catane. Jourdain de Giano en eut l'impression très nette dès le chapitre des nattes (1221)[2]. François était encore, et de beaucoup, la personne la plus en vue, mais le gouvernement légal était déjà entre les mains d'Élie. Celui-ci répète aux frères les paroles de François ; il est debout, et le Saint, qu'il appelle simplement frère François[3], est assis à ses pieds.

---

1. Spec. Perf. cap. 71.
2. Jourd. cap. 16-18.
3. Il est peu probable que Jourdain ait bien compris ce qui s'était passé lorsqu'il dit : *Significans beatum Franciscum, qui quasi per excellentiam a fratribus frater dicebatur.*

C'est aussi Elie qui finalement désigne les frères qui doivent partir pour l'Allemagne. L'importance des fonctions d'Elie dut encore augmenter beaucoup après 1223 : il est le général prévu par la règle, il a la direction légale, il est le ministre responsable de l'ordre. On comprend ainsi très bien pourquoi les sources l'appellent tantôt vicaire général et tantôt ministre général[1], ce qui fut, on le sait, la principale cause de la confusion qui règne au sujet du généralat d'Elie dans les écrits postérieurs.

Il est naturellement à peu près impossible de démêler quelle fut encore dans le développement de l'ordre la part de l'influence de François, et quelle est celle de l'initiative individuelle d'Elie. Il y a pourtant des cas où la main d'Elie se devine, par exemple pour l'introduction dans l'ordre des études scientifiques qui était si contraire à l'esprit de François[2].

Ce fut lui aussi qui sollicita les privilèges pontificaux ; nous savons que François n'en voulait pas, et pourtant plusieurs ont été accordés de son vivant à la demande de l'ordre[3]. Vers le même temps, le nombre des établis-

---

1. Dans le Spec. Perf., Elie est appelé *ricarius* p. 2. 6 (cap. 1) ; il est appelé au contraire *generalis minister* p. 226, 19 et 227, 7 (cap. 115). Celano dans sa Vita I ne donne pas de titre à Elie, mais il dit de lui (A. SS. 711 n. 98) : *quem loco matris sibi elegeral et aliorum fratrum fecerat patrem*. Les Tres Socii l'appellent *ricarius* (Acta SS. p. 735, n. 55. Cf. p. 778, n. 201); de même Jourdain de Giano (cap. 50); François lui-même dans sa lettre, *generalis minister*, ou *minister* (V. Horoy, p. 226, et appendice I). Salimbene le désigne (p. 404) dans sa première comme dans sa seconde charge sous le nom de ministre général.

2. Comp. Salimbene, p. 405; et Lempp, Antonius von Padua, Zeitschrift für Kirchengeschichte, XII, 436-439, et pour les dispositions de François les nombreuses anecdotes et paroles du Speculum Perfectionis cap. 4 ; 68 ; 69 ; 72 ; etc..

3. L'un de ceux-ci est encore adressé à François lui-même et les autres aux frères de l'ordre des Mineurs le 29 ou plutôt le 31 mars 1222 (Sbaralea, t. I, 9, n. 10; Sabatier, Vie de S. François p. 312 s.), mais là aussi il est déjà dit : *Devotionis vestræ precibus inclinati* (Comp.

sements permanents s'accroît ; l'ordre qui jusque là avait été surtout composé de prédicateurs itinérants se fait sédentaire ; on commence à bâtir de grands couvents, ce qui ne répond pas du tout aux vues de François, mais rappelle tout à fait ce que fit Elie par la suite [1].

La curie paraît aussi être intervenue parfois directement dans les affaires de l'ordre ; pour la mission du Maroc par exemple, où frères Mineurs et Dominicains se trouvent côte à côte [2]. Les privilèges et les pleins-pouvoirs qui furent remis aux frères à cette occasion étaient assurément une chose contraire à l'esprit de François, et n'avaient pourtant pas été concédés sans que la direction supérieure de l'ordre fut d'accord avec la curie. On ne saurait donc guère contester qu'Elie ne soit l'auteur de la transformation de l'ordre après 1221, transformation qui fit tant souffrir François ; mais il est certain qu'il agit de concert avec Hugolin, c'est-à-dire avec la curie, et peut-être même est-ce Hugolin qui le fit entrer dans cette voie. Le cardinal avait commencé la transformation de l'ordre pendant l'absence de François, alors qu'Elie était encore en Orient, et on s'étonnerait que François et ses fidèles compagnons n'eussent pas réagi plus énergiquement contre ces nouveautés si derrière Elie et ses partisans ils n'avaient pas trouvé la curie [3].

---

encore Sbaralea, t. I. p. 19. n. 15 : I, 20, n. 17 ; I, 21, n. 19 ; I, 22. n. 20 et 21 : Müller, loc. cit. p. 105 : Sabatier, loc. cit.; Lempp, Zeitschr. f. K. Gesch. XIII, 3 et 4). Si plus tard on a reproché à Elie d'avoir obtenu des privilèges pontificaux, ce reproche doit être rapporté surtout au temps de son vicariat.

1. V. Müller, p. 94 ss. ; Spec. Perf., cap. 5-11.

2. Sbaralea I. 24-26, n. 23 ; 24 ; 25 ; Müller, p. 107.

3. Il y a certainement un fort écart entre la manière dont Thomas de Celano (Vita I) décrit les rapports entre François et Hugolin, représentant de la curie. et ces rapports tels que nous les montre le Speculum Perfectionis de Léon. Voir ce qu'en dit Sabatier dans le Spec. Perf. (CVII ss.) ; le Spec. Perf. est sûrement ici plus exact que Thomas.

Nous avons vu l'opposition de principes qui existait entre François et son vicaire ; il nous reste à examiner leurs rapports personnels. François a sûrement aimé Elie et il avait fondé sur lui de grandes espérances : s'il ne l'avait pas regardé comme un homme capable, il ne l'eût pas fait provincial de Syrie ; et s'il n'avait pas eu pour lui une affection particulière, il ne l'eût pas pris avec lui à son retour d'Orient. A ce moment-là aucune pression ne s'exerçait sur François, et c'est en toute liberté qu'il agit. Elie à son retour sut gagner la confiance d'Hugolin, mais ceci ne pouvait pas être pour François une raison de le moins estimer, bien au contraire. Pourtant les caractères de ces deux hommes étaient trop différents pour que des chocs n'aient pas dû forcément se produire et pour qu'ils aient pu ne pas sentir leurs divergences. François était une âme que le sentiment religieux absorbait tout entière ; son but fut exclusivement religieux ; il voulait réformer la chrétienté et ne voulait se servir que des armes spirituelles. Elie, lui, était un politique préoccupé des réalités, il voyait ce qui en ce monde est possible et ce qui ne l'est pas. Il savait aussi quels sont les moyens par lesquels on réussit. Pour lui, comme pour la curie d'alors, la religion c'était l'Eglise visible et sa gloire. Son but était la fondation d'un ordre puissant. Unir celui-ci aussi intimément que possible à l'Eglise romaine en le faisant servir à la politique ecclésiastique, précisément ce que François eût voulu éviter, était à son point de vue le moyen assuré d'obtenir le succès [1].

Nous n'attachons aucune importance aux nombreuses anecdotes sur les rapports entre Elie et François que

---

1. Jourdain de Giano dit de François, cap. 13 : *Omnia per humilitatem maluit vincere quam per judicis potestatem.* La Chronique des XXIV Généraux (p. 217) dit d'Elie : *Per mundanam sapientiam volebat ordinem gubernare.*

nous fournissent les documents postérieurs. Ce sont évidemment des produits de la haine : même si pour l'une ou l'autre quelque fait historique peut en expliquer la naissance, elle nous serait arrivée si défigurée qu'elle en perdrait toute valeur aux yeux de l'historien[1].

La lettre à Elie que nous avons citée plus haut en dit à elle seule bien assez. Si François cherche avec tant d'insistance à mettre au cœur d'Elie la charité qui supporte tout, que rien ne lasse ni ne rebute, qui ne demande rien en se donnant, c'est bien parce qu'il lui semblait que c'étaient là les conseils dont Elie avait le plus besoin. Et si un jour il reprend un jeune novice à qui le ministre (Elie sûrement) avait accordé un psautier, s'il le renvoie à l'action, en lui donnant pour modèle les paladins de Charlemagne avec ces paroles significatives : « Quand tu auras ton bréviaire, tu t'assiéras dans ta stalle comme un grand prélat, et tu diras à ton frère : « Apporte-moi mon bréviaire[2] », ne sentons-nous pas ici encore le contraste entre le Saint et son vicaire qui ne se préoccupait pas de combattre assez énergiquement l'orgueil de la science ? Nous avons enfin le récit qui nous montre François faisant le portrait du parfait général : il doit être sans parti-pris, plein d'amour et d'humilité; il ne doit pas amasser de livres. ni rechercher les honneurs, il ne doit pas s'adonner à la science, il ne doit ni se servir d'argent, ni faire beaucoup de

---

1. Ainsi le récit où François blâme Elie à cause de ses riches vêtements, et dit : « C'est comme cela que se promènent les bâtards de l'ordre. » (Spec. Vitæ, 181). Puis ce récit où Elie fait asseoir au haut de la table les frères les plus importants, et où François se tient exprès avec les moindres d'entre eux (Spec. Vitæ, 181 b ; Lib. Conform. ed. 1510, 183 b) ; celui où François évite Elie parce que son apostasie lui a été révélée, et ne se décide que sur ses instantes prières à lui promettre de prier pour qu'il ne soit pas damné (Lib. Conform. ed. 1510, 183 b ; 201 b); enfin le récit d'après lequel Elie ne prend pas part au saint repas distribué par François mourant (Lib. Conform. 224 b).

2. Spec. Perf. cap. 4.

constructions [1]. L'antithèse de ce portrait avec celui d'Elie sauterait aux yeux, même sans le commencement du récit où François déclare qu'il ne connaît pas le berger capable de paître son troupeau.

Il ne faudrait pourtant pas nous figurer l'opposition de principes et de caractères entre Elie et François comme un combat conscient, continuel, ou plein d'amertume du Saint contre son vicaire. François a bien pu un jour dans l'émotion de la dernière maladie s'écrier : « Où sont ceux qui m'ont volé mon ordre et qui ont arraché mes frères de mes mains ? Si je puis aller au prochain chapitre, je leur montrerai bien quelle est ma volonté [2]! » Elie malgré tout était pour lui un vieil ami et resta jusqu'à la fin en bonnes relations avec lui, malgré leurs divergences d'opinion.

Il est bien difficile de préciser les détails, car les deux principaux témoins, Thomas de Celano et frère Léon se contredisent absolument ; ce qui est pourtant certain c'est que jamais François ne songea à se révolter contre Elie [3]; sa grande humilité ne fut sans doute pas seule à l'en empêcher ; il comprenait très peu la nouvelle organisation juridique de l'ordre et ne s'occupa jamais que du côté purement religieux [4].

Elie ne fut pas dans l'intimité de François, comme par exemple Léon qui le suivit partout pendant les dernières années, et lui servit de secrétaire ; il paraît avoir vécu en général loin du maître. Malheureusement nos sources ne nous donnent que peu de renseignements à ce sujet.

---

1. Spec. Perf. cap. 80.

2. Spec. Perf. cap. 41.

3. François dit encore dans son testament : *Firmiter volo obedire ministro generali hujus fraternitatis*.

4. Encore dans son testament François croyait pouvoir imposer des préceptes au général et à l'ordre. Voilà qui montre sa naïveté dans la lutte, pourtant si énergique, qu'il soutint contre les tendances dont Elie était le représentant.

Sans aucun doute, il dut, comme nous l'avons déjà dit, participer aux démarches faites à Rome pendant l'automne de 1223, et dont le résultat fut l'approbation de la règle et de l'ordre[1]. Pendant l'été de 1224 François se retira à l'Alverne[2]; c'est alors qu'il reçut, dit-on, sur son corps les stigmates du Christ. Il ne semble pas qu'Elie ait été présent; il paraît même avoir ignoré ce qui s'était passé, puisque dans la lettre par laquelle il apprend aux frères la mort du Saint, il leur annonce que les stigmates sont apparus peu avant la mort de François[3].

Elie paraît s'être beaucoup préoccupé de la santé de François qui lui paraissait déjà quelques années avant sa mort sérieusement compromise. En 1224, se trouvant à Foligno avec François, il lui raconta une vision qu'il venait d'avoir, où il lui avait été révélé que son maître n'avait plus que deux années à vivre[4]. L'année suivante, comme la curie était à Rieti, Hugolin et Elie eurent beaucoup de peine à persuader à François qui était gravement malade de consulter un médecin et de se

----

1. Cf. Sabatier, Spec. Perf. LXV ss.. 1 Cel. aussi en racontant les premières années de l'ordre n'introduit qu'une seule fois Elie dans l'entourage immédiat du Saint. n. 69 (Acta SS. p. 702).

2. Spec. Perf. LXVIII.

3. Ceci implique naturellement que la version donnée par Spœlberch : *Non diu ante mortem*, est la bonne; et non, comme le veut Sabatier (Vie de S. François p. 404 n. 1), celle de Melchiorri et d'Amoni : *Nam diu ante mortem*. Non seulement cette dernière leçon ressemble fort à une correction qui devait mettre la lettre d'accord avec les autres sources, mais elle me semble en elle-même contradictoire. Il est hors de doute qu'Elie veut annoncer aux frères quelque chose d'absolument nouveau, comment donc pourrait-il commencer par un *diu*? Les autres documents expliquent, il est vrai, ce *diu*, en disant que François avait tenu les stigmates soigneusement cachés, mais Elie n'en dit rien, et pourtant il aurait dû donner cette explication pour faire comprendre comment cette vieille histoire pouvait être une grande nouveauté. Voir ci-après p. 70.

4. Spec. Perf. cap. 121 et 1 Cel. 109 (Acta SS. p. 703); 3 Socii ed. Marcellino, cap. 73. p. 204.

soumettre à une douloureuse opération. François ne se résigna à obéir que sur l'ordre exprès du général, et Élie voulut être présent pendant l'opération[1]. Celui-ci paraît s'être après cela fixé aux Celle de Cortone. Il s'y trouvait en avril 1226, quand François ayant eu un vomissement de sang retomba gravement malade à Sienne. Aussitôt averti, Élie accourut, et dès que cela fut possible, le fit transporter à Cortone, peut-être pour y consulter un célèbre médecin Jean d'Arezzo[2]. Mais la maladie s'aggravait, et Élie, cédant aux prières du malade, le ramena vers Assise, où il voulait mourir[3].

Élie fut témoin des dernières journées de la vie du Saint. Un petit conflit qui montre combien leurs deux natures étaient différentes, se produisit encore. Tous les habitants de la ville étaient vivement émus ; on savait qu'un saint allait mourir dans Assise et qu'on allait avoir à garder de précieuses reliques. François sans s'occuper de toute cette agitation, calmait ses intolérables souffrances en se faisant chanter nuit et jour des cantiques par les frères. Élie trouva que ce n'était pas là pour un saint une manière convenable de se préparer à la mort : « Très cher Père, lui dit-il, je suis édifié pour toi et pour tes frères de la joie dont tu fais preuve dans ta maladie, mais les gens

---

1. Spec. Perf. cap. 115 et 1 Cel. 98 ; 99 (Acta SS. p. 711). Le fait est le même dans les deux récits, mais le ton et la couleur sont tout différents. Dans le récit de Léon. François ne demande Élie que parce qu'il est général, pour qu'un ordre précis lui enlève la responsabilité d'une consultation médicale qui paraissait un luxe ; pourtant Léon lui aussi laisse percer un peu d'affection personnelle, au moins du côté d'Élie qui demande à être présent pendant l'opération. Dans Thomas de Celano. c'est l'affection personnelle seule qui éclate des deux parts. Nos deux auteurs nous montrent d'une manière significative Élie et Hugolin agissant de concert. Comp. Sabatier, Vie de S. François. p. 345 s..

2. Spec. Perf. 238, 32.

3. 1 Cel. 105 (A. SS. 712) et 3 Soc. ed. Marcellino, cap. 76, p. 209.

de la ville qui te révèrent comme un saint, se diront :
« Comment donc peut-il être si gai quand la mort approche, il devrait songer à la mort. » François lui répondit
que depuis la vision de Foligno il y avait songé tous
les jours. « Mais, ajouta-t-il, laisse-moi faire, car avec
l'aide du Saint-Esprit je suis si complètement uni à mon
Dieu, que je puis bien me réjouir et exulter de joie dans
le Très-Haut[1]. »

Voilà qui enlève une partie de leur valeur à des
paroles comme celle où François aurait traité Elie de
mère. On est même amené à se poser une question plus
grave : le récit si important, d'après lequel Elie reçut
la bénédiction de François mourant, peut-il être
conforme à la vérité ? « Avant sa mort, nous dit Thomas
de Celano, saint François, comme le patriarche Jacob,
rassembla ses frères pour les bénir, et comme ses yeux
étaient déjà fermés à la lumière, il posa sa main sur la
tête de l'un d'entre eux et demanda quel était celui qu'il
touchait ; on lui répondit que c'était Elie : « Mon fils,
dit-il alors, je te bénis en tout et pour tout, et comme le
Très-Haut a multiplié entre tes mains mes frères et mes
fils, par toi et en toi je les bénis tous. Que le Seigneur
te bénisse au ciel et sur la terre ; je te bénis autant que
je le puis et encore davantage, et pour ce qui n'est pas
en mon pouvoir, que Celui qui peut tout veuille te
l'accorder. Puisse Dieu se souvenir de ta peine et de
ton travail, et qu'au jour de la rétribution l'héritage
des justes soit ton partage. Puisses-tu recevoir toute
bénédiction que tu désireras ! Que toutes les choses
bonnes que tu demanderas te soient données[2] ! »

Nous ne trouvons ailleurs aucune allusion à cette

______

1. Spec. Perf. cap. 121; 123 : Lib. Conform. ed. 1510, 239 b.
2. 1 Cel. 108 (Acta SS. p. 713) : *Quum vero videret imminere diem
extremum... vocans ad se fratres quos volebat unicuique sicut desuper
dabatur velut olim patriarcha Jacob suis filiis benedixit... Quumque a*

bénédiction d'Elie. Léon nous montre au contraire François à l'approche de la mort se demandant avec angoisse quel est celui qui pourra le remplacer, sans parvenir à le trouver [1]. Léon raconte bien comment François bénit tous ses frères et plus particulièrement quelques-uns d'entre eux [2], mais il ne parle pas d'Elie, et dit seulement qu'une bénédiction spéciale fut accordée à frère Bernard de Quintavalle qui ici joue presque le même rôle qu'Elie dans Thomas de Celano [3].

Il n'est donc pas étonnant que les écrivains postérieurs aient cherché à fondre les deux récits [4], et tout

---

sinistris ipsius resideret fr. Helias circumsedentibus reliquis filiis, cancellatis manibus dexteram posuit super caput ejus et exteriorum oculorum lumine privatus et usu : « Super quem, inquit, teneo dexteram meam ? » — « Super fratrem Eliam, inquit ». — « Et ego sic volo ait, etc. » Voir ci-après p. 67, n. 2.

1. Spec. Perf. cap. 80.

2. Spec. Perf. p. LXVII ; cap. 51 ; 76 ; 87 (p. 176, 1 ; 177, 7) 88.

3. Spec. Perf. cap. 107. François fait appeler fr. Bernard et celui-ci lui demande sa bénédiction : *Beatus Franciscus non poterat eum videre, quia per plures dies ante lumen amiserat oculorum, sed extendens dexteram manum posuit eam super caput fratris Ægidii qui fuit tertius frater, credens ipsam ponere super caput fratris Bernardi qui sedebat juxta illum. Et statim cognoscens per spiritum sanctum, dixit : « Hoc non est caput fratris Bernardi. » Tunc frater Bernardus appropinquavit magis et b. Franciscus ponens manum super caput ejus benedixit illi, dicens uni ex sociis suis : « Scribe quod dixero tibi : Primus frater quem dedit mihi Dominus fuit fr. Bernardus qui primo incepit et complevit perfectissime perfectionem s. evangelii distribuendo pauperibus omnia bona sua, propter quod et propter multas alias prærogativas teneor magis ipsum diligere quam aliquem fratrem totius ordinis. Unde volo et præcipio sicut possum ut quicumque fuerit generalis minister ipsum diligat et honoret tanquam me ipsum. Ministri etiam et omnes fratres totius religionis ipsum teneant vice meâ. »*

4. A comparer les expressions employées par l'Historia Septem Tribulationum : *Extensisque manibus in modum crucis : cancellatisque brachiis omnibus fratribus præsentibus et absentibus... benedixit, fecitque vocari fratrum Bernardum de Quintavalle... ponensque dexteram manum suam super caput ejus coram omnibus fratribus benedixit ipsum cum cordiali et singulari affectione et*

naturellement au détriment d'Elie[1]. Peut-être ont-ils cru à une erreur de nom, volontaire de la part de Thomas de Celano. Celui-ci, fort embarrassé plus tard de son propre récit, chercha à l'expliquer dans sa Seconde Vie : il ne le retire pas expressément, mais fait remarquer que la bénédiction qui avait bien commencé par Elie, fut générale, et que celui-ci ne pouvait s'en prévaloir comme si le Saint l'avait ainsi désigné pour lui succéder[2].

Je ne crois pourtant pas que le récit de Celano, dans

factá benedictione mandavit b. Franciscus : « Scribe sicut dico tibi, etc.» (Döllinger, Sektengesch. II, 459).

La légende de fr. Bernard répète d'abord textuellement le récit du Speculum Perf. puis ajoute : « *Instante autem morte tanquam patriarcha Jacob adstantibus filiis dixit s. Franciscus : « Ubi est primogenitus meus frater Bernardus? Veni, inquit, mi fili, ut ante mortem benedicam tibi. » Tunc fr. Bernardus totus humilis dixit secreto fratri Heliæ, qui erat vicarius Sancti : « Pater vade ad dexteram ejus, ut benedicat tibi. » Quum autem fr. Helias se ad ejus dexteram posuisset et Sanctus præ lacrymis esset cæcutiens, dixit, cum dexterá tangendo caput fratris Heliæ : « Istud non est caput primogeniti mei fratris Bernardi.» Et tunc cito fr. Bernardus ivit ad sinistram ejus. Sanctus autem Franciscus manus cancellans posuit sinistram super caput fratris Heliæ et dexteram super caput fratris Bernardi dicens sibi : « Benedicat te Pater Domini mei Jesu Christi benedictione spirituali in cælestibus in Christo, sicut primus electus es in ordine etc.»* (Chron. XXIV Gener. dans Anal. Franc. III, 42 s.. Speculum Vitæ, 86 a; Lib. Conform. ed. 1510, 48 b.

1. Voir 2 Cel. 3, 139 : *Circumsedentibus vero omnibus fratribus extendit super eos dexteram suam et incipiens a vicario suo capitibus singulorum imposuit benedixitque in illis, qui erant ibi, etiam omnibus fratribus qui ubique conversabantur in mundo et venturi erant post ipsos in finem sæculi sæculorum. Nullus sibi hanc benedictionem usurpet, quam pro absentibus in præsentibus promulgavit* (Comp. Spec. Perf. cap. 88). — 2 Cel. 3, 93 a même ces mots : « *Ubi sunt qui suâ benedictione felices se prædicant et familiaritate ipsius se jactant pro velle politos? Si, quod absit, inventi fuerint absque pænitentiâ in aliorum periculo in se monstrasse opera tenebrarum, væ illis! Væ damnationis æternæ!*

2. Elie lui-même dans sa lettre s'exprime tout à fait comme Thomas (comp. plus haut p. 65 n. 2) : (*Franciscus*) *antequam tolleretur a nobis, tanquam alter Jacob omnes filios suos benedixit.*

la Première Vie, puisse être une pure invention. Thomas n'était pas un témoin oculaire et dut tenir son récit d'Elie lui-même. Celui-ci ne pouvait guère, deux ans après la mort du Saint, risquer un pareil mensonge ; la bénédiction avait eu de nombreux témoins qui pour la plupart étaient ses ennemis acharnés et auraient pu le confondre.

Il est d'autre part difficile d'admettre une scène comme la décrit Celano, d'autant plus que celui-ci, dans sa Seconde Vie, s'efforce d'affaiblir son propre témoignage. Je ne pense pas qu'il soit possible aujourd'hui de dire exactement comment les choses se sont passées, mais je serais tenté de supposer que le récit de la seconde Vie de Celano approche de la vérité. François, dans une bénédiction générale, aura posé la main sur la tête d'Elie, et celui-ci en aura profité pour se dire spécialement béni. Les paroles de la bénédiction seraient un embellissement oratoire que l'on peut fort bien attribuer à Thomas de Celano [1].

---

1. Je crois donc que l'expression de Sabatier : « Evidemment Celano avait été indignement trompé par fr. Elie », (Spec. Perf. p. C, n. 2), est sûrement trop forte. Mais dans l'état de nos sources, il n'est pas possible d'arriver à un résultat certain, car tout dépend de la confiance accordée par chaque critique aux différents auteurs. Il s'agit de savoir si nous estimons Thomas, ou Léon, ou Elie lui-même, capables d'avoir sciemment menti.

II

ÉLIE VICAIRE ET ÉLIE PENDANT LE GÉNÉRALAT
DE JEAN PARENTI 1226-1232.

François d'Assise était mort dans la soirée du 3 octobre 1226; Élie, en sa qualité de vicaire général, dut se charger de la direction provisoire de l'ordre. Il prit ses mesures afin que le Saint fût enseveli dès le lendemain matin. François avait désiré être enterré à la Portioncule, où il était mort, mais les bourgeois d'Assise craignaient que leurs ennemis traditionnels, les Pérugins, ne vinssent à s'emparer du précieux cadavre, s'il restait hors des murs de la cité. On ensevelit donc provisoirement François dans l'église Saint Georges qui est aujourd'hui une dépendance de celle de Sainte Claire, tout près des murs de la ville [1]. C'est là qu'enfant il avait appris à lire, et c'est là aussi qu'il avait prêché pour la première fois [2].

Élie prévoyait depuis longtemps la mort du Maître et devait avoir préparé soigneusement tout ce qu'il allait avoir à faire. La lettre par laquelle il annonce aux frères la mort du Saint est donc une œuvre mûrement réfléchie. Elle est pour nous d'autant plus précieuse

---

1. La moitié de cette église vient d'être restaurée avec beaucoup d'habileté, et ouverte au public en septembre 1900.
2. Jourdain de Giano, cap. 50.

que c'est le seul écrit d'Elie qui nous soit parvenu. Il
y a donc lieu de la citer en entier [1].

Dilecto sibi in Christo fratri Gregorio ministro fratrum, qui sunt
in Franciâ, cum omnibus fratribus suis et nostris, frater Helias
peccator, salutem.

Antequam loqui incipiam, suspiro et merito : quasi inundantes
aquæ, sic rugitus meus : quia timor quem timebam, evenit mihi,
evenit et vobis : et quod verebar, accidit mihi, accidit et vobis : quia
longe a nobis factus est consolator, et qui portabat nos velut agnos
in brachio suo peregre profectus est in regionem loginquam. Dilectus
Deo et hominibus receptus est ad lucidissimas mansiones, qui legem
vitæ et disciplinæ docuit Jacob, et testamentum pacis tradidit Israël.
Gaudendum nimis est propter eum, sed dolendum nobis quos, ipso
absente, circumdant tenebræ et operit umbra mortis. Commune
damnum, sed meum singulare periculum, quem in ipso tenebrarum
medio dereliquit multis occupationibus circumdatum, et oppressum
flagellis innumeris. Propterea deprecor dolere mecum, fratres, quia
ego nimis doleo et condoleo vobis, quoniam pupilli sumus absque
patre, et orbati lumine oculorum nostrorum.

Vere, vere lumen erat præsentia fratris et patris nostri Francisci,
non solum nobis, qui eramus prope, sed et his qui longe erant a
nobis professione et vitâ. Erat enim lux a verâ luce emissa, illumi-
nans his qui in tenebris erant et in umbrâ mortis sedebant, ut
dirigeret pedes corum in viam pacis. Quod et fecit, prout verus
meridies oriens ex alto illustrabat cor ejus, et accendebat voluntatem
igne amoris sui, prædicans regnum Dei, et convertens corda patrum
ad filios, et imprudentes ad prudentiam justorum, et in universo
mundo paravit Domino plebem novam.

Ad insulas longe divulgatum est nomen ejus, et miralæ sunt
universæ terræ mirabilia opera ejus. Propterea nolite, filii et fratres,
tristari quod excedat modum, quoniam orphanorum pater, Deus,
consolabitur nos consolatione suâ sanctâ : et si fletis, fratres, super
vos ipsos flete, non super illum ; nam mediâ vitâ in morte sumus,

---

1. L'exemplaire que nous en avons, et qui a été publié, est adressé à
Grégoire de Naples, provincial de France, (Voir, pour ce qui concerne
celui-ci, Spec. Perf. p. 332 n. 2), mais nous savons par Jourdain de
Giano (cap. 50) que la même lettre fut adressée à tous les provinciaux.
Cette lettre a été publiée d'abord par Spœlberch dans son édition du
Speculum Vitæ (Anvers, 1620, 2ᵉ partie, p. 103-106), puis par Wadding
II, 148 ss. (ann. 1226, 44 et 55), enfin dans les Acta SS. Oct. II, p.
668 ss.; Melchiorri, Leggenda di S. Francesco, (p. 245-249), et Amoni
donnent une variante sur laquelle on peut consulter Sabatier, Vie
de S. François, p. 404. Voir aussi plus haut, page 63, note 3.

ipse vero transiit de morte ad vitam : jucundamini, quia antequam tolleretur a nobis tanquam alter Jacob omnes filios suos benedixit, et omnibus remisit culpas, quæ in eum factæ fuissent, vel cogitatæ ab aliquo nostrum.

Et his dictis annuntio vobis gaudium magnum et miraculi novitatem. A sæculo non est auditum tale signum, præterquam in Filio Dei, qui est Christus Deus. Non diu ante mortem frater et pater noster apparuit crucifixus, quinque plagas quæ vere sunt stigmata Christi portans in corpore suo : nam manus ejus et pedes quasi puncturas clavorum habuerunt ex utraque parte confixas, reservantes cicatrices, et clavorum nigredinem ostendentes ; latus vero ejus lanceatum apparuit, et sæpe sanguinem evaporavit. Dum adhuc vivebat spiritus ejus in corpore, non erat in eo aspectus, sed despectus vultus ejus, et nullum membrum in eo remansit absque nimià passione. Ex contractione nervorum membra ejus rigida erant, sicut solent esse hominis mortui, sed post mortem ejus pulcherrimus aspectus est, miro candore rutilans, lætificans videntes. Et membra quæ prius rigida erant, facta sunt mollia nimis sese vertentia huc atque illuc secundum positionem suam, tanquam pueri delicati. Ergo, fratres, benedicite Deum cæli : et coram omnibus confitemini illi, qui fecit nobiscum misericordiam suam, et habete memoriam patris et fratris nostri Francisci, ad laudem et gloriam ejus, qui magnificavit eum inter homines, et coram angelis glorificavit illum. Oretis pro ipso, sicut antea a nobis postulavit, et ipsum orate, ut Deus nos cum ipso efficiat suæ gratiæ sanctæ participes. Amen.

Quarto Nonas Octobris die Dominicà, primà horà noctis præcedentis pater et frater noster Franciscus migravit ad Christum. Vos ergo, carissimi fratres, ad quos litteræ præsentes pervenerint Israelitici populi sequentes vestigia deplorantis Moysen et Aaron inclitos duces suos, viam demus lacrymis tanti patris solatio destituti. Licet enim pium sit congaudere Francisco, pium est tamen flere Franciscum. Revera pium est congaudere Francisco, quoniam ipse non obiit sed ad cælestes nundinas abiit, saccum pecuniæ secum ferens, et in plenilunio reversurus, pium est flere Franciscum, quoniam qui egrediebatur, et ingrediebatur tanquam Aaron, et ferens nobis de thesauro suo nova et vetera, et consolans nos in omni tribulatione nostrà, de medio nostri sublatus est, et nunc pupilli dicimur absque patre. Sed quoniam scriptum est : *Tibi derelictus est pauper, orphano tu eris adjutor,* Omnes, fratres carissimi, oretis instanter, quod si laguncula testea confracta est in valle filiorum Adam : summus tamen ille figulus aliam honorificam restaurare dignetur, quæ sit super multitudinem gentis nostræ, et nos sicut verus Machabæus antecedat ad prœlium. Et quia non est superfluum orare pro mortuis, pro animà ejus oretis ad Dominum. Quilibet sacerdos dicat tres missas ; singuli clerici psalterium : laici quinque Pater noster : clerici dicant solemniter vigiliam in communi. Amen.

Frater Helias peccator.

Personne, en lisant cette lettre [1], ne la prendra pour la première effusion d'une grande douleur. On se rappelle qu'Elie était laïque, et on est d'autant plus frappé de la forme soignée et de la profusion d'images et de tournures bibliques. Ce style officiel rappelle la curie, et l'on croit avoir devant soi une bulle bien rédigée ; l'expression de la douleur disparait sous les fleurs de rhétorique qui la revêtent. Il est vrai que tous les clercs lettrés de ce temps-là aspiraient à écrire ainsi ; mais quand on compare à cette lettre une de celles du Saint, ou un morceau sorti de la plume de frère Léon, on sent combien l'esprit en est différent. L'expression y est souvent incorrecte, mais quel sentiment profond, quel enthousiasme !

On est frappé de voir que, sauf quelques mots sur la bénédiction laissée par François à ses frères, Elie ne parle pas des dernières journées, ne trouve rien à dire des souffrances du Saint ni de ses dernières volontés, rien en un mot de la fin du Maître. Le miracle des stigmates est tout au contraire solennellement annoncé aux frères qui n'en avaient pas encore eu connaissance.

François n'avait pas vu dans le miracle la plus haute expression de la vie chrétienne. Il nous est même permis de supposer qu'avec son fin bon sens, il dut parfois trouver peu édifiante la soif de miracle des foules qui le poursuivaient [2]. Il est en tout cas certain

---

1. On serait assez porté à admettre que deux lettres ont été réunies, la première finirait à *participes. Amen.* (Cf. Acta SS. Oct. II, p. 669 ; et Rybka, Elie de Cortone, p. 27), mais ceci importe peu quant au jugement à porter sur Elie, car les deux moitiés expriment les mêmes idées et sous une forme analogue ; dans la seconde le style est peut-être un peu moins bon, et elle a plus le caractère d'une lettre d'affaires.

2. Voir les belles réflexions de François sur la joie parfaite dans les Fioretti (chap. VIII des éditions italiennes ; texte latin en partie dans Horoy, loc. cit. p. 251 ss.) et le récit où François interdit à

qu'il tint les stigmates soigneusement cachés[1]. Elie, lui, se montre bien le fils de son temps en attribuant plus de valeur à ce miracle qu'à tout le reste ; une pareille merveille n'était-elle pas la preuve la plus éclatante de la sainteté du défunt ? Un saint mort valait dans ce temps-là plus qu'un saint vivant : posséder son cadavre semblait bien plus important que d'avoir son esprit. Publier partout l'insigne merveille par laquelle le fondateur des frères Mineurs, à peine mort, avait

Pierre de Catane enseveli à la Portioncule de continuer à faire des miracles (Anal. Franc. III, 31). Le même fait, il est vrai, est attribué à Elie, mais pour de tout autres motifs (Anal. Franc. III, 217).

1. I Cel. 95 (Acta SS. 709) ; 3 Soc. 69 (Acta SS. 741). Je n'ai pas ici à m'étendre plus longuement sur la question très discutée des stigmates. Nous avons trois récits qui nous viennent ou de témoins oculaires, ou de gens qui répétaient leurs récits. 1° Celui d'Elie dans sa lettre missive. 2° Celui de Léon dans le Spec. Perf. (cap. 99), et dans l'autographe publié par Sabatier (Spec. Perf. LXVIII). 3° Celui de Thomas de Celano. Quant au récit des 3 Socii (n. 69), il fait partie de l'appendice et n'appartient pas à l'œuvre primitive. Ces témoignages offrent des difficultés, car : 1° Elie, le premier en date, dit (v. p. 71 et p. 63 n. 3) que les stigmates sont devenus visibles *non diu ante mortem* ; Thomas *duobus annis ante obitum* (de même 3 Socii). 2° Elie décrit ainsi les plaies : *manus ejus et pedes quasi puncturas clavorum habuerunt ex utraque parte confixas, reservantes cicatrices et clavorum nigredinem ostendentes.* Thomas par contre décrit les stigmates comme des excroissances, et les 3 Socii, qui sont tout à fait d'accord avec Thomas, laissent même percer une intention de polémique à l'égard de la description d'Elie; ils disent : *Cernebant in manibus et pedibus ejus non quasi clavorum puncturas sed ipsos clavos ex ejus carne compositos.* La question ne pourra sans doute jamais être complètement éclaircie; cependant je crois pouvoir rejeter absolument l'hypothèse d'après laquelle Elie aurait tout inventé ou aurait fait lui-même les plaies sur le cadavre du Saint. Ces deux suppositions ne sont pas soutenables. La première à cause du grand nombre des témoins, la seconde parce que le temps qui sépara l'ensevelissement de la mort fut trop court et le nombre des assistants trop grand pour que la fraude ait pu avoir lieu. Voir Hase, Franz von Assisi (p. 121 ss. et 143 ss.), et Sabatier, Vie de S. François (p. 330 ss. et 401 ss.); Cf. Rybka, Elias von Cortona, p. 37 s. et l'article Franz v. Assisi du Dr Zöckler, dans Herzog, Realencyklopädie, 3° éd., t. VI, p. 202.

révélé sa sainteté, c'était travailler de la manière la plus efficace à l'affermissement et à la gloire de l'ordre [1].

A l'endroit où reposait le corps glorifié et miraculeux d'un saint, une église devait s'élever. C'était là déjà une mesure de sûreté, et plus encore une marque obligée de vénération à l'égard des saintes reliques. Aussi Élie conçut-il le projet d'élever dans ce but une magnifique église qui serait le centre de l'ordre, et qui en même temps ferait la gloire de sa ville natale. François avait choisi comme *caput et mater* de l'ordre, sa chère petite église de la vallée, S. Marie des Anges ou de la Portioncule [2] où il eût voulu reposer. Cet endroit ne pouvait convenir à Élie, d'abord parce que les Assisiates n'avaient pas permis que l'ensevelissement y eût lieu ; ensuite, et surtout, parce qu'il lui eût été bien plus difficile là qu'ailleurs de faire élever une grande église : François ne lui avait-il pas jadis défendu d'y faire bâtir une simple maisonnette [3] ; n'avait-il pas de ses propres mains voulu démolir la maison que les Assisiates avaient fait construire pour les frères [4] ? On se serait rappelé le soin que François avait mis à laisser aux Bénédictins la propriété du sol et des bâtiments [5] : à la Portioncule il avait conservé, encore plus jalousement qu'ailleurs, la stricte pauvreté des premiers temps et avait voulu en faire une sorte de modèle destiné à rappeler aux frères leurs devoirs [6].

Élie choisit donc, non loin des murs de la ville, une colline qui se nommait Collis Inferni, et entreprit de

---

1. Comp. les faits analogues pour S. Antoine de Padoue : Lempp, Zeitschrift für Kirchengeschichte, t. XIII, p. 37 ss..

2. Spec. Perf. cap. 55 ; 82 ; 83. (Cf. l'étude spéciale de Sabatier sur ce chapitre, p. 269 ss.).

3. Spec. Perf. cap. 8.

4. Spec. Perf. cap. 9.

5. Spec. Perf. p. 269.

6. Spec. Perf. cap. 14 ; 21 ; 55.

rassembler les fonds nécessaires pour la construction. Dans ce but un tronc de marbre fut placé à l'endroit où devaient s'élever la nouvelle église et le couvent qui devait lui être annexé [1].

Tout cela n'était pas seulement contraire à l'esprit et aux pressantes recommandations de celui qu'on voulait honorer, c'était en opposition flagrante avec les préceptes de la règle. On se demande comment Elie pouvait se justifier devant sa propre conscience ; avait-il déjà trouvé l'ingénieuse théorie d'après laquelle, n'ayant jamais positivement promis d'observer la règle de 1223, il n'y aurait pas été tenu [2] ?

Naturellement les anciens compagnons, les zélateurs comme on les appela plus tard, furent indignés. Avec quelle vigueur François n'avait-il pas souvent interdit les grandes constructions ! Quelle n'était pas son horreur pour tout contact avec l'argent ! On citait sans doute l'exemple du châtiment sévère infligé à un frère qui

---

1. Le Speculum Vitæ dont la valeur comme source sera étudiée plus loin (note additionnelle p. 96), nous apprend qu'Elie commença immédiatement les préparatifs de la construction, 167 a : *Frater Helias statim post mortem beati Francisci incepit ædificium miræ magnitudinis erigere juxta Assisium in quadam voragine, quæ collis Inferni dicebatur.* La Chronique des XXIV Généraux précise encore en disant qu'Elie ne fut pas élu général au chapitre de Pentecôte de 1227, à cause de sa manière d'agir à propos du tronc (Anal. Franc. III, 34). Le document relatif à la concession du terrain est du 29 mars 1228 ; on le trouve à l'appendice III, 1, mais il ne faudrait pas en conclure, comme le fait très justement remarquer Sabatier (Spec. Perf., p. LIII s.), que les préparatifs de la construction aient été commencés alors seulement. Il a fallu en effet, pour trouver le moyen d'acheter l'emplacement en éludant les défenses de la règle, et en général pour organiser les travaux de la construction, entretenir avec la curie des négociations forcément assez longues. Bien avant la signature de l'acte authentique, des plans purent donc être faits pour la construction, de l'argent dut être rassemblé, l'emplacement dut être choisi et la cession en être consentie de vive voix.

2. Thomas d'Eccleston, Coll. XIII (Anal. Franc. I, p. 243) et Chron. XXIV Gener. (Anal. Franc. III, 231).

avait touché une pièce de monnaie[1]. Léon, le chef des compagnons, résolu à agir, se rendit à Pérouse pour y consulter Egide. Celui-ci donna d'abord une réponse qui montrait combien tout cela le touchait peu : « Quand même ils bâtiraient un couvent qui viendrait d'Assise jusqu'ici, un petit coin me suffit. » Puis comme Léon lui demandait s'il devait briser le tronc, il lui répondit en pleurant : « Tu peux aller, tu peux briser le tronc, mais alors tu es un homme mort ; si tu veux vivre, n'y touche point, car il te sera impossible d'endurer les persécutions d'Elie. »

Egide regardait donc la lutte comme inutile. Léon la tenta pourtant : aidé de quelques-uns des siens, il brisa la pierre du tronc. Mais Elie savait bien que Léon ne groupait autour de lui que quelques frères, et il n'eut pas honte dans son emportement de faire bâtonner par ses domestiques le disciple bien-aimé du Maître et de le faire chasser d'Assise[2]. Léon descendit à la Portioncule, quartier général de ses fidèles, décidé à combattre Elie par la plume, en lui opposant le miroir de la perfection franciscaine[3]. Le Speculum Perfectionis fut achevé le 11 mai 1227, juste avant l'ouverture du chapitre de la Pentecôte convoqué par Elie pour le 30 mai.

Elie avait fait annoncer que le chapitre de la Pentecôte aurait à procéder à l'élection du général[4], mais l'idée qu'il pourrait n'être pas nommé ne lui était sans doute même pas venue. N'était-ce pas lui qui dirigeait tout, déjà du vivant du Saint ? Depuis sa mort

---

1. Spec. Perf. cap. 6-10 ; voir aussi l'extraordinaire histoire de la pièce de monnaie, ibid. cap. 14.

2. Speculum Vitæ, éd. 1509, 167 a. Dans la Chron. XXIV Gener. ce récit se trouve trois fois (Anal. Franc. III, 34, 72, 89 s.) : tous ces renseignements proviennent sans aucun doute de la légende d'Egide composée par Léon lui-même.

3. Comp. Sabatier, Spec. Perf., p. L ss..

4. Jourdain de Giano, cap. 50.

il avait gouverné d'une manière tout à fait indépendante.
A l'exemple du Maître, il avait pris un groupe de frères
et, les plaçant sous la direction du provincial de Calabre,
fr. Daniel, il les avait envoyés en mission au Maroc
pour y annoncer l'évangile, ou plutôt pour y gagner
l'auréole du martyre. Ils y furent en effet mis à mort le
10 octobre 1227[1]. D'un autre côté Elie avait aussi entamé
des négociations à la curie dans le but d'obtenir de
nouveaux privilèges[2]. Le chapitre allait s'ouvrir ; provinciaux et custodes y arrivaient de pays lointains où
déjà une foule d'hommes instruits s'étaient joints aux
frères Mineurs ; bien peu savaient exactement quel avait
été l'idéal du fondateur, mais tous attendaient de l'ordre
nouveau la réforme tant désirée de la chrétienté[3]. Les
pauvres zélateurs ne devaient rien avoir à espérer d'un
chapitre ainsi composé, et Elie n'en pouvait rien craindre. Enfin son fidèle protecteur, le cardinal Hugolin,
venait de monter sur le trône pontifical le 19 mars 1227.
Comment le petit groupe des zélateurs aurait-il pu nuire
au redoutable vicaire ?

Et pourtant tous les calculs d'Elie furent déjoués. La
violation ouverte de la règle, les mauvais traitements
infligés à Léon et aussi sans doute le Speculum Perfectionis avaient produit une impression assez forte
pour rendre impossible son élection. Il fut relevé de ses
fonctions, et le provincial d'Espagne, Jean Parenti,
fut élu général[4].

Les textes nous représentent Jean Parenti comme un
homme qui avait le don des larmes, et qui parcourut à

---

1. Anal. Franc. III, 32 s.; 613.

2. Voir les premières bulles sous Grégoire IX, dans Sbaralea,
Bullarium francisc. I, p. 27 ss..

3. Comp. Lempp, Die Anbahnung der Zweiten grossen Reform-
bewegung in der Kirche des Mittelalters, dans Theol. Studien aus
Württemberg, X (1889), 223-284.

4. Jourdain de Giano, cap. 51; Spec. Vitæ 167 b; Anal. Franc. III, 34

pied une grande partie des pays où s'était répandu l'ordre[1]. Son point de vue fut sans doute tout l'opposé de celui d'Elie, mais les actes de son administration paraissent avoir été tout à fait insignifiants[2].

Elie, qui se sentait soutenu par le pape et par les gens d'Assise[3], ignora tout simplement le général et continua de gouverner sans s'en préoccuper. Il négociait directement avec la curie et poursuivait ses constructions. Le développement de l'ordre prouve que son influence resta prépondérante[4].

Je ne puis, n'étant ni architecte, ni critique d'art, donner ici une histoire et une description du monument élevé par les soins d'Elie[5]. Mais il est certain que si le « tombeau de ce mendiant » est devenu « le berceau de la Renaissance », c'est à Elie qu'on le doit. On a attribué, autrefois, l'admirable basilique à un architecte allemand du nom de Jacques ; c'est là, à ce qu'il semble, une pure légende[6] ; l'édifice en tout cas n'a rien qui rappelle les monuments allemands de la même époque ; c'est bien une œuvre du génie italien.

---

1. Anal. Franc. t. III, p. 211.

2. Son point de vue ressort surtout clairement de la manière dont il se comporta lors de la discussion au sujet de la règle au chapitre général de 1230 (Anal. Franc. III, 213). Les décrets de son administration sont cités par Bernard de Besse (Anal. Franc. III, 694 s.) et par la Chronique des XXIV Généraux (ibid. III, 211). Il y en a un qu'on pourrait considérer comme une faible menace envers Elie : *Statuit etiam* [Johannes], *nullum fratrem magistrum vel dominum vocari...., item apostatam non recipi, si.... statutorum ordinis contumax violator nec se, sufficienter toleratus vel monitus, correxisset.*

3. Glassberger devait avoir une bonne source quand il dit (Anal. Franc. II, 47) : *Helias.... in conventu Assisii pro constructione basilicæ dictæ ad civium instantiam fuit institutus.*

4. Comp. Lempp, Antonius von Padua, dans la Zeitschrift für Kirchengeschichte, t. XIII. p. 2 ss..

5. Voir surtout H. Thode, Franz von Assisi und die Anfänge der Kunst der Renaissance in Italien, Berlin, 1885.

6. Thode, p. 187 ss. ; 202 ss..

Nous savons que Philippe de Campello y travailla long-temps comme architecte[1], mais le plan général, dont le Sacro-Speco de Subiaco a peut-être suggéré l'idée, la majestueuse unité de l'ensemble, la construction impo-sante faite des meilleurs matériaux, l'utilisation admi-rable de l'emplacement qui domine la vallée, tout cela est bien l'œuvre d'Elie. C'est lui qui, en dépit de tous les obstacles, sut achever dans un temps incroyablement court ce gigantesque travail. Il faut donc bien reconnaître que cet homme avait une rare intelligence et une grande force de volonté. M. Sabatier, qui pendant des mois a vécu en face de la basilique et qui l'a longuement étudiée, m'écrit à ce propos : « En regardant ces deux églises superposées et ce couvent, en les considérant dans l'ensemble et dans le détail, la première impression qu'on ressent, c'est que le Moyen âge ne nous a peut-être pas laissé d'autre œuvre d'une si belle unité. L'harmonie de l'ensemble est telle que les restaurations et les additions de six siècles n'ont pas réussi à la troubler. Je ne connais pas d'autre monument du Moyen âge qui ait été exécuté avec une pareille sûreté, sans hésitation ni défaillance. On a dit que c'était une église gothique dont le plan avait été conçu par un Allemand, mais où trouverait-on dans les pays du nord une église aussi considérable dont le plan primitif ait été exacte-ment suivi, où l'artiste n'ait pas succombé à la tentation d'agrandir ou d'embellir son œuvre ? Elie a été sûre-ment le véritable architecte. »

La main si sûre et si décidée d'Elie se devine partout dans la façon dont furent exécutés les travaux prépa-ratoires, et jusque dans la construction elle-même. Tout d'abord, pour éviter de scandaliser outre mesure les zélateurs, il trouve un biais qui lui permet de s'assurer

---

1. Thode (p. 202 : 204) cite des documents authentiques qui le prouvent et sont des années 1232 et 1253. Cf. Sbaralea t. I, p. 666 n. 489.

l'emplacement sans le posséder : le pape en devient le propriétaire et Elie le reçoit en son nom.

Le Collis Inferni fut donné à Elie par acte authentique pour y faire bâtir « un couvent, une maison de prière, une église ou toute autre construction destinée à recevoir le corps de *saint* François[1]. » D'autres acquisitions de terrain furent encore nécessaires et vinrent bientôt s'ajouter à celle-là[2]. Peu après, le 29 avril 1228, Grégoire IX promulguait une bulle qui nous fournit la preuve officielle qu'Elie travaillait dans l'esprit et d'après les vœux de la curie : le pape déclare avoir trouvé convenable qu'une église soit construite pour honorer la mémoire du bienheureux François et pour recevoir son corps. Tous les fidèles sont invités à contribuer par leurs offrandes à son érection, et une indulgence de 40 jours est accordée à cet effet[3]. Elie, probablement sans se soucier du général, ordonna aux frères de rassembler les dons dans les provinces et de les lui faire parvenir : il ne faisait ainsi qu'obéir à la bulle pontificale, ce qui devait mettre la conscience des frères scrupuleux dans un terrible embarras[4].

---

1. Thode (p. 539 s.) donne le document. Voir Appendice III, 1. A Bassano les frères Mineurs et le pape qui confirma la donation ne jugèrent même pas nécessaire d'employer un détour et de mettre la propriété au nom du pape, ils acceptèrent tout simplement pour eux-mêmes des bâtiments et des terrains dont la propriété leur fut confirmée par le pape le 27 oct. 1227. V. Lempp, Antonius von Padua, loc. cit. p. 5.

2. Thode, p. 201.

3. Sbaralea, I, p. 40 n. 21 (Potthast 8184) : *Dignum providimus et conveniens, ut pro ipsius patris reverentiâ specialis ædificetur ecclesia, in quâ ejus corpus debeat conservari.*

4. Spec. Vitæ, 168 a ; Anal. Franc. III, 33 s. : *Pro fabricâ vero ejusdem ecclesiæ frater Helias variis modis cœpit pecunias extorquere. Nam primus pecuniarias collectas indixit provinciis pro eodem opere consummando....* Comp. Azzoguidi (LIII n. 4 et LIV n. 1) qui fait remarquer avec raison qu'Elie ne pouvait extorquer des offrandes aux moines mendiants eux-mêmes.

Mais ce n'est pas tout. Grégoire IX qui peu de temps après la promulgation de cette bulle avait été forcé de quitter Rome, vint lui-même à Assise, en passant par Rieti et Spolète[1]. Il s'agissait de mettre officiellement au nombre des saints que l'Eglise vénère sur ses autels celui auquel la voix des peuples donnait depuis longtemps ce titre. La canonisation solennelle eut lieu le 16 juillet 1228[2].

Le jour suivant, le pape lui-même posa la première pierre de la nouvelle église[3]. Quelle marque d'approbation plus évidente eût-il pu donner? Le nom même de la colline fut changé en souvenir de cette journée : la colline d'Enfer s'appela désormais colline du Paradis.

---

1. L'itinéraire est indiqué par 1 Cel. 122 (Acta SS. 717). A Assise le pape avait d'abord tenté mais en vain, d'amener Sᵉ Claire à mitiger son vœu de pauvreté (voir sa Légende [Acta SS. Augusti I, II] n. 14; et Sbaralea I, p. 771 n. 29. Cf. Lempp, Anfänge des Clarissenordens, dans la Zeitschrift für Kirchengeschichte, t. XIII, 202 s.). Après quoi, le 11 juin, il avait consacré le grand autel de la cathédrale d'Assise, s'était ensuite rendu à Pérouse, d'où il était revenu à Assise en juillet, pour procéder à la canonisation de François.

2. Pour cette date, voir le Commentarius prævius de Suyskens (Acta SS. p. 675, n. 682-687). La bulle de canonisation fut promulguée à Pérouse trois jours après, Sbaralea I, 42 n. 25 (Potthast 8242).

3. Grégoire dit lui-même dans la bulle du 16 juin 1230 (Sbaralea I, 66 n. 54: Potthast 8572) : *Quum enim beatum Franciscum glorificatum in cælis clarificantes in terris adscripserimus catalogo confessorum et in honorem ejus ecclesiam fundari volentes de manibus nostris lapide ibi primario posito ipsam duxerimus eximendam.* Comme Grégoire IX repartit pour Pérouse trois jours après la canonisation, il ne reste pour la pose de la première pierre que le 17 juillet (Cf. Azzoguidi, LIII n. 2). Cette inauguration solennelle des travaux n'est pas mentionnée par 1 Celano. Elle est au contraire racontée dans l'appendice des 3 Socii (n. 72, Acta SS. 742) et dans Speculum Vitæ (167 a) : Anal. Franc. III, 33 et 72. Si je ne me trompe, cette *première* pierre, comme du reste aujourd'hui celles qui reçoivent ce nom, était loin d'être réellement la première. Il fallait au contraire pour pouvoir la placer sous le grand autel, comme cela avait lieu d'ordinaire, que non seulement les travaux de terrassement fussent terminés, mais même les fondations. Et dans le cas particulier, celles-ci étaient très considérables.

En octobre 1228, pour préserver l'entreprise de toute attaque, Grégoire IX déclara que le sol ainsi que tous les bâtiments seraient propriété particulière du Saint-Siège, et affranchit l'église de toute autre juridiction que celle du Siège Apostolique[1].

Les zélateurs étaient impuissants devant de pareils faits. Le Speculum Perfectionis avait bien pu faire impression çà et là, il était resté sans effet sur le pape. Grégoire IX ordonna à Thomas de Celano de composer une légende officielle de S. François. Celui-ci n'avait pas, comme Léon, fait partie de l'entourage immédiat du Saint ; pendant les dernières années de la vie de François, il se trouvait en Allemagne. Chargé par le pape de cette mission, il ne pouvait que fort bien accueillir les renseignements venant d'Elie et de ses partisans. Aussi la légende qu'il composa en grande hâte, devint-elle tout naturellement la contre-partie du Speculum Perfectionis ; elle fut approuvée par Grégoire IX le 25 février 1229 : c'était par contre-coup la condamnation de l'œuvre de Léon[2].

La construction de l'église et du couvent fut menée avec tant d'énergie que dès 1230 l'église inférieure était à peu près terminée. La consécration et la translation des reliques du saint pouvaient désormais avoir lieu ; une fête magnifique fut préparée. Le 22 avril 1230, le pape avait déclaré la nouvelle église « caput et mater » de tout l'ordre ; c'était un nouveau coup porté aux zélateurs qui savaient bien que François avait désigné pour « caput et mater » de l'ordre la pauvre chapelle de la

---

1. Sbaralea I, 46 n. 29 (Potthast 8823, la date d'année n'est pas exacte !) :... *Ea propter fundum pietatis obtentu nobis oblatum pro ecclesiâ ac ædificiis construendis, ubi recondi debeat corpus patris prædicti, in jus et proprietatem Sedis Apostolicæ recipimus, de speciali gratiâ statuentes ut prædicta ecclesia sit omnino libera et nulli alii quam Apostolicæ Sedi subjecta.*

2. Comp. Spec. Perf. p. XCVIII et XCIX.

Portioncule[1]. La même bulle accordait en outre une foule de privilèges à la nouvelle église : elle ne pouvait être frappée d'interdit, et en temps d'interdit général il était permis d'y célébrer les offices à portes closes ; les ordinations et les sacrements devaient être exempts de droits ; les ordinations pouvaient être faites par un autre évêque que celui du diocèse ; enfin le couvent devenait inviolable[2].

Le pape avait fait convoquer un chapitre général pour le moment de la translation ; il avait même promis de venir le présider en personne et avait attaché de grandes indulgences à cette solennité[3]. Une foule nombreuse devait naturellement accourir ; les frères Mineurs surtout arrivaient en masse[4] ; ils n'eurent pas assez de place dans la ville et durent passer la nuit en plein air[5]. Le pape, retenu par des affaires d'état, se fit excuser, mais envoya de riches subsides et des présents magnifiques : une croix d'or contenant un morceau de la vraie croix,

---

1. Spec. Perf., p. 97, 7 et 160, 14.

2. Sbaralea I, 60 n. 49 (Potthast 8536). Cette bulle est accordée au *Ministro ordinis fr. Minorum ejusque fratribus, morantibus apud ecclesiam b. Francisci in loco qui dicitur collis Paradisi.*

3. Speculum Vitæ (168 a) : *Anno igitur 1230 convenientibus fratribus ad capitulum generale, aliquibus diebus antequam convenirent fratres qui volebant et desirabant interesse translationi corporis beati Francisci singulariter de toto ordine, mandaverat enim papa Gregorius nonus illud capitulum congregari et velle personaliter interesse illi capitulo : quamvis postea negotiis esset impeditus et se excusaverit per litteras apostolicas toti capitulo quod non poterat interesse.* La bulle qui promet des indulgences aux visiteurs est du 16 mai 1230, et elle est adressée *ministro et fratribus ord. Minorum in generali capitulo constitutis* (Sbaralea I, 64 n. 52, Potthast 8556). On peut, semble-t-il, en conclure que le chapitre était déjà commencé ce jour-là.

4. Voir plus loin (p. 66 ss.) les raisons qui me font ici préférer le récit du Speculum Vitæ à celui de Thomas d'Eccleston.

5. Bernard de Besse dans Anal. Franc. III, 688 ; Acta SS. loc. cit. p. 681 n. 717. Glassberger évalue à 2000 le nombre des frères venus pour assister au chapitre, Anal. Franc. II, 49.

des ornements d'église et des vases sacrés [1]. Tous les préparatifs annonçaient une fête grandiose et pourtant la cérémonie fut absolument manquée.

L'accident était si fâcheux, et même si honteux pour les frères Mineurs, que les écrivains postérieurs n'en disent mot, et vont jusqu'à décrire une cérémonie imposante, sans laisser deviner le moindre désordre [2]. Nous en sommes réduits, pour parler de ces événements, à un seul récit et à une bulle pontificale. Le récit, malheureusement, ne nous est parvenu que dans des remaniements, au nombre de trois, et qui se contredisent partiellement [3]. Il faut donc prendre la bulle comme point de départ. Elle fut adressée, le 16 juin 1230, aux évêques de Pérouse et de Spolète, et donne les faits suivants : 1° Le pape avait chargé le général et quelques autres frères Mineurs pieux et craignant Dieu d'être ses représentants, et d'opérer à sa place la translation du corps. 2° Les Assisiates, c'est-à-dire le podestat, le conseil et le peuple de la ville avec une impudence sacrilège se sont emparés du corps, ont profané la translation en n'attendant pas que les frères Mineurs aient eu le temps de vénérer les reliques du Saint, enfin ont usurpé l'office des prêtres en maniant les objets sacrés. 3° Le pape en manière de châtiment décide que la nouvelle église, qui, nous l'avons vu, avait été au mois d'octobre 1228 soustraite à la juridiction de l'ordinaire, sera de nouveau soumise à l'évêque d'Assise et au chapitre de la cathédrale ; aucun chapitre

---

1. 3 Soc. 72 (Acta SS. p. 742. Voir aussi ibid. p. 681 n. 717) ; Anal. Franc. III, 688 et 212.

2. Par exemple : 3 Soc. 72 et 73 (Acta SS. 742) ; Bonaventure. n. 222 (Acta SS. 783) ; Bernard de Besse (dans Analecta Franc. III. 688 et 694) ; Salimbene, p. 29.

3. Dans le Speculum Vitæ (168 a), dans Thomas d'Eccleston (Anal. Franc. I, 241 s.), et dans la Chron. XXIV Gener. (Anal. Franc. III, 212). V. plus loin, p. 96 ss., ce qui me fait ici encore préférer le récit du Speculum Vitæ.

général ne pourra s'y réunir : les frères ne pourront y séjourner ; l'interdit est prononcé sur le couvent, et ne pourra être levé que lorsque satisfaction aura été donnée pour tous ces crimes. Le podestat, le conseil et le peuple doivent envoyer dans la quinzaine à la curie des délégués chargés de présenter leur soumission, sinon les évêques devront excommunier le podestat et le conseil et prononcer l'interdit sur tout le pays [1].

Résumons pour plus de clarté : cette bulle nous apprend, à ce qu'il me semble : 1° Que les frères Mineurs ou plutôt leurs représentants officiels, ayant à leur tête le ministre Jean Parenti, devaient opérer la translation, mais qu'ils en furent empêchés par les Assisiates qui l'exécutèrent eux-mêmes. On voit qu'il ne s'agissait pas d'une poussée de la foule, mais d'une action concertée dont les magistrats étaient responsables. 2° Malgré la vive admonestation qui leur est infligée, le châtiment n'atteint pas à vrai dire la ville et le peuple d'Assise, mais bien plutôt la nouvelle église et les frères qui y étaient attachés : il devait être assez indifférent aux Assisiates que la nouvelle église fût exempte de charges, que le chapitre pût ou non être tenu dans le nouveau couvent. L'interdit jeté sur l'église, comme tout le reste, atteignait moins le peuple de la ville que les constructeurs de l'église, les frères du couvent qui en voulaient faire l'église mère de l'ordre. Elie le tout premier, bien que son nom ne fût pas prononcé.

Notre seconde source vient fort à propos nous apprendre qu'Elie avait fait accomplir secrètement la translation, un peu avant le 25 mai 1230, jour fixé pour la solennité [2]. Ceci se concilie aisément avec la bulle papale. Elie.

---

1. Sbaralea I, 66 n. 54 (Potthast 8572).
2. Spec. Vitæ (168 a) dit : « Quelques jours avant le moment où les frères se réunirent. » Eccleston (p. 241) plus précis dit : « Trois jours avant. »

même si l'idée de transporter secrètement le corps n'est pas venue de lui, a dû en tout cas en être le confident et aider à la réaliser. Il est probable qu'il agit dans toute cette affaire d'accord avec les magistrats de la cité ; peut-être est-ce lui qui leur conseilla de se charger eux-mêmes de la translation[1]. Ceci explique pourquoi les Assisiates et Elie furent frappés par le pape jusqu'à ce qu'ils eussent donné satisfaction : eux furent châtiés en paroles ; lui le fut en fait.

Il nous reste à examiner la question principale et à rechercher quel fut le motif de cette translation précipitée. Le pape n'en dit rien. Une des formes de notre récit veut qu'Elie ait agi par « crainte humaine[2], » l'expression est obscure. Un autre de nos documents cherche à l'expliquer en disant qu'Elie voulait qu'on ignorât à quel endroit de l'église reposait le corps[3]. Voilà un motif qui à première vue paraît invraisemblable. Quel intérêt pouvait avoir Elie à ne pas laisser voir le corps du Saint ? N'était-ce pas le principal trésor et la plus grande attraction de l'église qu'il avait bâtie ? Cette objection, si naturelle qu'elle puisse sembler, ne subsiste pas devant les faits. Le corps du Saint disparut en effet, et le lieu de sa sépulture fut tenu soigneusement caché. Pourquoi cela ? On a dit qu'Elie craignait qu'on ne découvrît la fraude dont il s'était rendu coupable à propos des stigmates[4]; mais cette raison n'existe pas pour ceux qui ne croient pas que les plaies de François aient pu provenir d'une supercherie d'Elie. Thomas

---

1. La Chron. XXIV Gener. loc. cit. dit de même : *Helias.... per potentiam sæcularium.... occulte fecit fieri translationem.*

2. Spec. Vitæ, loc. cit. : *Humano timore ductus.*

3. Chron. XXIV Gener. : *Nolens quod scirent aliqui, ubi esset in ecclesia sacrum corpus paucis exceptis ; de quo postea inter fratres magna fuit turbatio subsecuta, qui ad hoc renerant principaliter, ut viderent sacrum corpus.*

4. Voir plus haut, p. 73, n. 1.

d'Eccleston pense[1] qu'Elie voulut se venger de l'échec
qu'il venait de subir en n'étant pas nommé général ; mais
tout le récit que fait Eccleston, d'une tentative faite par
Elie, en 1230, pour arriver au généralat, me parait tissu
d'invraisemblances[2] : en tout cas il se serait servi d'un
moyen bien maladroit pour préparer son élection. Je
suis donc disposé à m'en tenir au motif de « la crainte
humaine. » Etait-elle donc si peu justifiée, la crainte de
voir l'intégrité du cadavre menacée par cette foule de
gens accourus de toutes parts, qui tous voulaient voir
le corps du Saint, et si possible en emporter des reliques ?
Rappelons-nous que le peuple dévot coupa les seins de
Sainte Elisabeth, et qu'autour du cadavre de S. Antoine
de Padoue il y eut une vraie bataille. Ceux qui ont lu dans
la légende la description si typique du délire de la foule
à Padoue, et qui connaissent les nombreux faits analogues
racontés par les chroniques de l'époque, ne sauraient
trouver insensées les préoccupations d'Elie. Déjà le
trafic des reliques de S. François avait commencé ; on
lui avait coupé ou arraché des cheveux, pour les conserver précieusement ou pour les donner[3].

Je crois donc qu'Elie engagea le podestat d'Assise
à faire transporter secrètement les restes du Saint sans
attendre le jour de la solennité, afin d'éviter un coup de
main de la foule. Peut-être aussi était-il irrité de n'avoir
pas été désigné lui-même par le pape pour opérer la
translation, et de voir ce soin confié à Jean Parenti.

On devine aisément quelle fut la déception des visiteurs accourus dans l'espoir de voir le cadavre du
Stigmatisé. Ils se plaignirent au pape, et la bulle que

---

1. Eccl. p. 242. Voir aussi Sabatier, Spec. Perf., p. CXIII n. 1.
2. V. plus loin, page 96, la note additionnelle.
3. La Chronica Anonyma (dans Anal. Franc. I, 289) énumère les
reliques authentiques apportées par Jourdain de Giano (cap. 59) en
Allemagne.

nous avons étudiée est une réponse à leurs dénonciations. Nous ne savons comment l'affaire se termina en cour de Rome.

Le chapitre général aussi fut orageux. Elie fut appelé à s'expliquer, et eut bien de la peine à le faire. Il alléguait pour sa défense les nombreux privilèges obtenus par lui en faveur de l'ordre[1], mais cela même pour ceux qui restaient fidèles à l'idéal de François n'était qu'un grief de plus. On en vint à discuter les principes eux-mêmes ; il s'agissait de savoir si le vieil esprit du fondateur, tel qu'il l'avait encore solennellement exprimé par son testament, prévaudrait, ou si la nouvelle direction imprimée par Hugolin, soutenue avant tout par Elie, Antoine de Padoue et la plupart des ministres, en un mot par l'aristocratie intellectuelle de l'ordre, serait définitivement consacrée. Le général aurait voulu s'en rapporter simplement au texte de la règle; il la jugeait claire et soutenait qu'elle pouvait et devait être observée. Mais tous ses efforts furent vains ; on ne put réussir à se mettre d'accord : pour en finir, on résolut d'envoyer des délégués au pape et de s'en remettre à sa décision.

Grégoire IX hésita longtemps; peut-être était-il encore irrité des agissements d'Elie lors de la translation. Enfin, le 28 septembre 1230, il se prononça par la bulle *Quo elongati*, entièrement favorable à Elie et à son parti. Il n'en pouvait être autrement, puisque le but d'Elie était aussi celui de la curie[2].

Après ce triomphe, Elie put se remettre avec son énergie habituelle à la construction de l'église et du couvent. Dès 1236, Giunta Pisano put commencer

----

1. Spec. Vitæ, 168 b.

2. Comme j'ai étudié longuement cette discussion sur la règle dans la Zeitschrift für Kirchengeschichte, XIII. 1-19, je crois pouvoir ici être bref.

les fresques de l'église supérieure. Un crucifix, disparu
en 1623, portait l'inscription suivante : *Frater Helias
fieri fecit. Jesu Christe pie miserere precantis Heliæ.
Junta Pisanus me pinxit. Anno Domini 1236. Ind. IX*[1].
En 1239 le campanile était achevé et les cloches furent
fondues. Salimbene en parle avec admiration et dit
qu'elles remplissaient la vallée de leur son harmonieux.
La plus grosse avait été donnée par les ministres provinciaux[2]. Les inscriptions de deux d'entre elles nous
ont été conservées. L'une est ainsi conçue : *A. D. 1239.
Fr. Helias fecit fieri, Bartholomæus Pisanus me fecit
cum Lotharingio filio ejus. Ora pro nobis, Beate Francisce. Ave, Maria, gratiâ plena, Alleluiah !* L'autre :
*Anno Domini 1239. Papæ Gregorii tempore Noni Cæsa-
ris ac potentissimi Friderici. O Francisce pie fratris
studio sed Heliæ. Christus regnat, Christus vincit,
Christus imperat. Mentem sanctam, spontaneam, honorem Deo et patriæ liberationem quum fit campana quæ
dicitur italiana, Bartholomæus Pisanus fecit cum Lo-*

---

1. En 1623, en préparant la décoration de l'église supérieure pour
la consécration épiscopale du cardinal François Boncompagni, évêque
de Fano, les architectes enlevèrent le vieux crucifix de style byzantin
qui se trouvait sur une poutre traversant la nef et la séparant du
transept. (Cette disposition, courante dans les églises du XIIe et du
XIIIe siècle, est figurée dans la fresque de cette même église représentant
le Presepe de Greccio). On aperçut alors le portrait de fr. Elie, dont le
souvenir s'était perdu, et l'inscription donnée plus haut. Le crucifix
ne fut pas replacé et a disparu. « Or questo crocifisso, dit Papini
(Notizie Sicure, p. 193), inciso in rame vedesi tirato nel *Magazzino
degli Eruditi Toscani*, fatto stampare in Livorno dal benemerito lette-
rato Marchese Filippo Venuti ivi Proposto. Il Rame ed il Prototipo
forse sono in Cortona : certamente vi è in casa Venuti la tavoletta
con fr. Elia. » Le recueil indiqué ici ne se trouve dans aucune des
bibliothèques de Florence, ce qui ne permet pas de préciser davantage l'indication de Papini.

Fea, Descrizione ragionata della SS. Patriarcal Basilica, Roma,
1820, p. 14 ; Thode, Franz von Assisi. p. 203 : Wadding. II. 397 (ann·
1235, n. 17 s.).

2. Salimbene, p. 406 s..

tharingio filio ejus. Ave, Maria, gratiâ plena, Dominus tecum, benedicta tu in mulieribus, et benedictus fructus ventris tui[1].

Le couvent aussi était près d'être achevé. Frère Egide, lorsqu'on lui en fit parcourir les galeries superbes, dit aux frères qui l'accompagnaient : « Et maintenant, il ne vous manque plus que des femmes ! » Comme ils se montraient scandalisés de ces paroles : « Mes amis, fit-il, vous savez bien que vous n'avez pas plus le droit de vous dispenser de la pauvreté que de la chasteté. Ayant donc rejeté la pauvreté, il vous sera bien facile de rejeter aussi la chasteté[2]. » Cette conversation exprime bien les sentiments que le nouveau couvent inspirait aux zélateurs.

Le moment était venu où la transformation de l'ordre ne pouvait plus être enrayée. Les frères Mineurs, comme les Dominicains, étaient devenus les auxiliaires indispensables de la papauté dans ses luttes politiques. Jean Parenti lui-même ne put échapper à cette nécessité[3].

En échange des services que rendaient les frères, la faveur de la curie leur fut largement acquise ; mais ceci excita la jalousie du clergé diocésain qui commença à les voir de mauvais œil. Les prêtres séculiers se voyaient de plus en plus supplantés par les moines mendiants dans la direction des consciences, et leurs revenus dimi-

---

1. Fratini, Storia della basilica, p. 398 et 408 ; Thode, p. 203. La cloche de fr. Elie fut fondue en 1833 malgré les protestations de Cristofani, l'historien d'Assise. V. Leto Alessandri, Vita di A. Cristofani, p. 14.

2. Analecta Franc. III, 90 ; Conform. ed. 1510, 54 a.

3. Dès le 7 mai 1228, le pape envoie deux frères Mineurs à Frédéric II pour lui adresser des remontrances à cause de l'oppression qu'il faisait subir à l'Eglise (Potthast 8189). La même année probablement, le général Jean Parenti fut envoyé à Rome pour amener les Romains révoltés à se soumettre (Anal. Franc. III, 211 ; 698). Le 3 décembre 1230, il fut encore envoyé par le pape à Florence pour provoquer une paix telle qu'il la désirait (Sbaralea I, 70 n. 57). S. Antoine, vers le même temps, travaillait à Padoue en faveur du parti guelfe.

nuaient d'autant. Ils cherchèrent donc, malgré tous les décrets pontificaux, à conjurer le danger qui les menaçait. Ils essayèrent d'obliger les frères Mineurs établis dans les paroisses à se considérer comme leurs ouailles, et par conséquent à se confesser, à communier, à se faire enterrer et à faire les ordinations dans les églises séculières. Le clergé diocésain chercha aussi à empêcher les frères d'avoir des cimetières particuliers, d'avoir des cloches, de réserver le S. Sacrement et de pouvoir célébrer des messes en tout temps dans leurs oratoires. Ils réclamaient absolument les honoraires des messes et le casuel des funérailles. Les évêques cherchaient ouvertement à assujettir les frères, les menaçaient de bannissement; les fidèles qui les recevaient ou leur faisaient des présents étaient excommuniés. Les évêques ne voulaient pas non plus renoncer à la dîme sur les jardins et les couvents des frères Mineurs. Les mendiants se plaignirent au pape qui, à la fin d'août 1231, adressa au clergé en général, et à celui de France en particulier, une série de bulles par lesquelles il prenait sous sa protection les nouveaux venus, tout spécialement les frères Mineurs, et annonçait au clergé séculier qu'il sévirait avec rigueur si de semblables vexations se renouvelaient[1]. Il faut remarquer parmi les griefs des frères Mineurs leurs plaintes à propos de l'offrande des messes; ils acceptaient donc des offrandes en argent pour les cérémonies religieuses, et ceci nous montre combien, même avant la bulle *Quo elongati*, l'ordre s'était éloigné de la pensée du fondateur et de l'observation littérale de la règle. François avait voulu que ses frères fussent pour les prêtres séculiers des auxiliaires modestes, mais précieux; et cinq ans déjà après sa mort, le clergé

---

1. Potthast 8786 ; Sbaralea I. 74 s. n. 63-66. Comp. les disputes à Noyon, à Coïmbre, à Vézelay, en Irlande. Sbaralea I. 97 n. 90 ; 105 n. 104 ; 115 n. 114 ; 110 n. 110 ; 150 n. 161.

se sentait sérieusement menacé par ces importuns mendiants.

Les frères Mineurs, dans cette lutte, avaient besoin de l'appui de la curie. L'influence d'Elie, qui jouissait de la faveur du pape, devait donc devenir de plus en plus grande. On en vint à ne plus trop savoir qui était général, de celui qui en exerçait l'autorité ou de celui qui en portait le titre[1]. On comprend aisément que Jean Parenti devait être las d'une pareille position ; sa charge, après la décision pontificale de la bulle *Quo elongati*, ne pouvait plus être pour lui qu'un pénible fardeau.

Il convoqua en 1232 un chapitre général[2] qui fut

---

1. Luc de Tuy qui composa son livre contre les Albigeois cinq ans après la mort de François, mentionne Elie comme garant dans les termes suivants : *Narrante viro sanctissimo fratre Helià successore beatissimi patris Francisci :* Max. Bibliotheca Patrum, Lyon, 1577, t. XXV, lib. III, cap. XIV et XV, p. 246 s.. V. ce témoignage aussi dans Azzoguidi, loc. cit. p. XLIX.

2. Les témoignages concernant ce chapitre sont, il est vrai, très discordants : Jourdain de Giano (cap. 61) place le chapitre en 1232 ; le Codex Monacensis (Monumenta Germaniæ. Scriptorum t. 13, p. 392), écrit sous Bonaventure, est d'accord avec lui, et dit : *Frater Johannes Parens cœpit A. D. 1227 primus generalis minister per capitulum generale electus et præfuit annis quinque et absolutus est A. D. 1232 et ei successit frater Helias. Frater Helias cœpit A. D. 1232 et præfuit septem et absolutus est A. D. 1239 et ei successit fr. Albertus de Pisis.* La Chronica Anonyma (Anal. Franc. I, 289) place le chapitre en 1233, et il y eut en effet un chapitre général cette année-là, mais déjà sous le généralat d'Elie. V. la bulle du 6 juillet 1233 adressée à celui-ci (Sbaralea I. 113 n. 114). L'original de cette bulle se trouve encore aux archives du Sacro Convento d'Assise, avec la date indiquée (N° 19 du I Recueil). L'endroit où se tint le chapitre est encore plus incertain : d'après Jourdain (cap. 61), il eut lieu à Rome : d'après Thomas d'Eccleston (Anal. Franc. I, 242), à Rieti : d'après le Spec. Vitæ (167 b. 168 a), à Assise. Wadding et Sbaralea ayant mal compris Bernard de Besse (Anal. Franc. III. 694) le transportent même à Soria en Castille, mais c'est simplement un chapitre provincial qui y fut tenu. Le chapitre général dont parle la bulle déjà mentionnée du 6 juillet 1233, augmente encore la difficulté par cette date du 6 juillet, et parce que Jourdain (cap. 61, et Salimbene dans son Liber de Prælato (p. 410, disent qu'Elie pendant son généralat ne réunit aucun chapitre général. (*Non faciebat capitula generalia*

décisif. D'après la règle de l'ordre, les ministres et les custodes composaient le chapitre et avaient seuls droit de vote; rien n'était spécifié quant à la présence d'autres frères : il est probable qu'il n'existait pas encore de règlement fixe à ce sujet. Elie réunit ses partisans, et pendant que Jean Parenti avec les ministres et les custodes se trouvait en conclave, ils firent tous ensemble irruption dans la salle, placèrent Elie sur le siège du général en criant : « Voilà celui qui doit être général, car saint François lui-même l'a choisi de son vivant ! »

Jean Parenti ne chercha pas à résister. Fondant en larmes, il quitta son vêtement et renonça à des fonctions qui étaient au-dessus de ses forces. La majorité alors acclama bruyamment Elie général. Très probablement les ministres avaient eu, eux aussi, l'impression qu'un changement était nécessaire et que Jean Parenti n'était pas l'homme de la situation. Elie commença par se dérober, disant qu'il ne pouvait accepter la charge de général, parce que sa faible santé l'empêchait d'aller à pied et d'observer strictement la règle. On lui répondit en criant, qu'il pouvait bien avoir toujours un cheval, et même manger de l'or, s'il en avait envie, pourvu qu'il consentît à accepter une charge que François lui avait confiée. La minorité pourtant restait fidèle à Jean Parenti. Elie demanda lui-même l'arbitrage du pape. Celui-ci ratifia l'élection, et plus tard put dire qu'il avait fait Elie général[1].

---

nisi particularia id est cismontanorum). Comp. Ehrle, dans Archiv für Litteratur und Kirchengeschichte, VI (1892), p. 18 n. 2. Serait-il peut-être possible que le chapitre ait été tenu en partie à Rome, en partie à Rieti et en partie à Assise ? Voir aussi ce que dit à ce sujet la Chronique des XXIV Généraux (Anal. Franc. III, 213 s.). L'itinéraire de Grégoire IX pour 1232 favorise cette hypothèse de plusieurs sessions d'un seul et même chapitre.

1. Spec. Vitæ, 170 a. Mais ceci ne se rapporte pas au temps où Elie fut vicaire général, mais à son généralat (Spec. Perf. CIII).

Jetons un regard en arrière sur ces cinq années, pendant lesquelles Elie n'a pas cessé de gouverner, malgré l'existence d'un autre général. Cet étrange état de choses a été rendu possible par la faiblesse évidente de Jean Parenti. Il semblerait presque qu'en 1227 on ait évité à dessein d'élire un défenseur plus en vue de l'ancienne observance. Quelqu'un d'énergique n'eût pas manqué d'entrer en conflit avec Elie et son puissant parti ; tout ce qu'on gagna, c'est qu'Elie agit comme s'il n'y avait pas eu de général. Il ne l'aurait pourtant pas pu sans l'appui que lui prêta Grégoire IX. Il suffit de rappeler ici que le pape le soutint pour la construction de la basilique, et qu'il lui donna raison lors des discussions au sujet de la règle ; remarquons aussi la douceur du châtiment qui lui est imposé après les scandales de la translation, la bulle ne le nomme même pas ; le pape enfin confirme sa nomination, canoniquement nulle, de 1232. Tout cela montre sans contredit la faveur dont il jouissait en cour de Rome.

Mais Elie n'avait pas seulement l'approbation du pape, il avait aussi, quant aux principes du moins, celle de la majorité des ministres et même des frères en général ; c'est ce que prouve la bulle *Quo elongati*, qui doit avoir été conforme aux désirs de la majorité. Il est plus difficile de dire si à ce moment Elie était encore personnellement sympathique aux ministres. Il serait bien compréhensible qu'un homme aussi autoritaire ait été alors déjà plus redouté qu'aimé ; mais en tout cas les ministres devaient avoir l'impression qu'il était né pour être le chef, et que son gouvernement apporterait à l'ordre la renommée et la gloire. Ils n'avaient encore du reste, pour autant que nous pouvons le savoir, aucune raison de le haïr.

La population d'Assise était naturellement très favorable à Elie : la ville ne lui devait-elle pas la merveilleuse église qui aujourd'hui encore attire les pèlerins et les visiteurs ?

On a dit que ce qui empêcha Élie de respecter les droits du général, c'était son instinct de domination. L'explication est insuffisante, et en tout cas ce n'eût pas été là pour le pape une raison de le soutenir. Ce que voulait Grégoire IX, c'était évidemment maintenir l'ordre dans la voie où, dès 1221, il l'avait lui-même fait entrer, non sans peine et contre la volonté du fondateur. Élie avait été alors l'instrument dont il s'était servi, et il en avait éprouvé la valeur. Aussi lorsque, par l'élection de Jean Parenti, les zélateurs parurent menacer le développement de l'ordre tel qu'il le voulait, se mit-il de son côté pour le soutenir et le leur opposer.

La conduite de Grégoire IX, au moment de la construction de l'église et des discussions au sujet de la règle, fait voir clairement la façon dont il se servit d'Élie pour combattre et repousser les zélateurs ; ceux-ci, bien que peu nombreux, étaient forts par les idées qu'ils représentaient, et parce qu'ils pouvaient se vanter de défendre l'idéal même de François.

Élie avait dû considérer l'élection de Jean Parenti comme un échec et une offense ; tous ses efforts tendirent à ressaisir le généralat ; il y parvint en entretenant avec soin les bons rapports qu'il avait depuis longtemps avec la curie, et en prouvant aux frères que lui seul était l'homme capable de diriger l'ordre et de le conduire au succès et à la gloire. Pour atteindre ce but, il n'essaya pas de flatter les frères, ni de s'en faire aimer : il se borna à leur prouver sa puissance par l'énergie de ses actes et les résultats qu'il obtint. S'il fit ainsi et non autrement, c'est affaire de tempérament.

NOTE ADDITIONNELLE

Je dois maintenant expliquer les raisons qui m'ont amené à préférer pour cette partie de la vie d'Elie le récit du Speculum Vitæ à celui d'Eccleston. D'après celui-ci, Elie aurait essayé déjà au chapitre de 1230 de faire exercer une pression par ses partisans, et de se faire ainsi nommer général contre la volonté des ministres provinciaux, mais Jean Parenti avait empêché la participation au chapitre de ceux qui n'y avaient pas voix. Elie alors aurait provoqué par dépit la translation prématurée du corps du Saint, et, par ses partisans, aurait provoqué un bruyant scandale au chapitre, afin de se faire élire général. Jean Parenti, en poussant l'humilité jusqu'à se déshabiller devant tous, aurait réussi, mais à grand'peine à désarmer les perturbateurs. A la suite de ces faits, ceux-ci avaient été renvoyés dans leurs provinces, et Elie retiré dans un ermitage avait simulé le repentir. Le chapitre avait adressé au pape une délégation chargée de solliciter une explication de la règle et de porter plainte contre Elie. Le pape se serait alors montré très irrité contre lui, mais ayant appris quelle vie de pénitence il menait, aurait pourtant permis, en souvenir de l'amitié que François avait eue pour lui, qu'il fut nommé général par le chapitre réuni à Rieti.

Ce récit renferme plusieurs difficultés :

1.) Le seul document certain qui puisse servir de contrôle aux récits du Speculum Vitæ et de Thomas d'Eccleston, c'est la bulle *Quo elongati* du 28 sept. 1230. Je l'ai étudiée longuement. (Voir Zeitschrift für Kirchengeschichte, XIII, 8 ss.). Les détails qu'elle donne sont malheureusement bien insuffisants. Elle nous montre, en 1230, deux partis en présence : d'un côté, les zélateurs, qui s'attachaient à l'ancien idéal, au but qu'avait poursuivi François lui-même : de l'autre, ceux qui voulaient certaines améliorations. Léon et ses amis appartenaient certainement au premier. Elie ainsi que S. Antoine de Padoue étaient, comme je l'ai montré ailleurs, les représentants du second. D'après Eccleston, le parti qui en 1230 s'était opposé à Elie serait celui des ministres provinciaux avec Antoine de Padoue à leur tête [1]. Il est vrai

---

1. Eccleston, p. 241 : *Omnes concessit illuc venire, qui vellent contra ministros provinciales ipsum fecisse generalem.* Et plus loin : *nec sanctum Antonium audire voluerunt nec aliquem ministrum provincialem.*

qu'en 1239 les ministres furent les adversaires du « tyran », mais du
vivant de S. François, ils formaient au contraire le parti à la tête
duquel se trouvait Élie. le Speculum Perfectionis le montre clairement [1]. Qu'en était-il en 1230? La majorité du chapitre général, quant
aux principes. était sûrement du côté d'Élie et non contre lui, ceci
ressort de la bulle *Quo elongati* : nous voyons aussi que le pape, par
cette bulle, aida au triomphe des vues d'Élie. On n'y trouve pas la
moindre allusion à une opposition contre Élie de la part des ministres;
les seuls adversaires dont il soit question, ce sont toujours et seulement les zélateurs. On pourrait à la rigueur supposer que les provinciaux, tout en étant d'accord avec Élie quant aux principes. n'avaient
pour lui personnellement que de la haine. et qu'ils avaient porté
plainte contre lui. Il est pourtant peu naturel de penser que les
provinciaux aient accusé Élie auprès du pape, tout en défendant son
œuvre : que Grégoire IX ait en même temps été très irrité contre Élie.
et lui ait préparé un triomphe éclatant [2]. Les noms des délégués
envoyés au pape rendent ce point de vue encore plus invraisemblable.
Eccleston nomme Antoine de Padoue. Gérard Rusignol plus tard
pénitencier du pape, Aymon qui fut plus tard général de l'ordre. Léon
qui devint archevêque de Milan. Gérard de Modène et Pierre de
Brescia. Nous verrons encore bien plus tard Gérard de Modène faire
preuve d'amitié envers Élie : c'est lui qui fut envoyé par Jean de Parme
à Cortone, où il fit les plus grands efforts pour amener l'excommunié
à faire acte de soumission [3]. Léon, plus tard archevêque de Milan. fut un
grand persécuteur d'hérétiques [4]. ce qui prouve bien qu'il ne se ratta-
chait pas au groupe inspiré par fr. Léon. Aymon fut, il est vrai, en
1239, l'adversaire principal d'Élie. mais il ne peut pas l'avoir été alors.
car sous le généralat d'Élie, il occupa l'un après l'autre les postes de
lecteur de théologie à Tours. à Bologne, à Padoue [5]. Il fut même, en

---

1. En particulier cap. 1. mais aussi souvent ailleurs. par exemple : cap. 2 ; 3 ;
11 : 13 ; 65.

2. Eccleston. p. 242 : *Retulerunt [nuntii] etiam papæ quale scandalum fecisset frater Helias.... Qui [papa] satis motus ad hoc.... valde offensus extitit
erga eum.*

3. Salimbene. p. 412 : *Quum autem misisset ad eum fr. Johannes de Parmâ
generalis minister fratrem Gerardum de Mutinâ. qui erat de primitivis fratribus et familiaris sibi, rogans eum. ut amore Dei et b. Francisci.... rediret
ad religionem suam. et ipse faceret ei omnem gratiam et misericordiam quam
posset. respondit et dixit fratri Gerardo.... Igitur fr. Gerardus de Mutinâ
fuit totâ die integrâ in loco Cellæ de Cortonâ in familiari colloquio cum
fratre Heliâ.*

4. Salimbene, p. 35.

5. Eccleston, p. 229. Il put prendre part au chapitre général de 1230 comme custode
de Paris, puis il devint lecteur. Il est très probable qu'alors la nomination des
lecteurs était du ressort du général : en 1228. le général Jean Parenti nomme un
lecteur pour l'Allemagne, et le provincial lui indique sa résidence. (Jourdain. cap. 54) :
en 1230, les frères envoient un exprès au général pour demander un lecteur

mai 1233, chargé par le pape d'une importante ambassade à Constantinople [1], tandis que plus tard, en 1239, il eut beaucoup de peine à obtenir d'être écouté par Grégoire IX : tout porte donc à croire qu'Aymon, en 1230, était au nombre des amis d'Elie, et Antoine de Padoue en était aussi très probablement (Voir Zeitschrift für Kirchengeschichte XIII, 18 s.). Je ne sais rien des deux autres envoyés. Il semble peu probable qu'une délégation ainsi composée ait été hostile à la personne d'Elie et ait été chargée d'une accusation contre lui ; c'est pourquoi je regarde comme inexact tout le groupement des partis dans Eccleston.

2.) Ce qui me semble encore plus invraisemblable, ce sont les événements de 1230-1232, tels que les raconte Eccleston. D'après le chap. VIII de la règle, les ministres et les custodes étaient membres du chapitre général et avaient droit de vote ; il n'est rien dit de la participation d'autres frères [2]. Le chapitre général de 1230 décida probablement qu'un seul custode de chaque province devait se rendre au chapitre [3]. Elie, d'après Eccleston, y avait fait venir ses *fautores*, ou en somme, tous les frères qui désiraient s'y rendre. Mais le général interdit l'entrée du chapitre à tous ceux qui n'avaient pas droit de vote [4]. Elie qui avait fait venir ces gens, pensant qu'ils le feraient général, malgré l'opposition des ministres, fut si indigné de les voir exclus que, voulant faire un affront au général, il fit enlever et transporter secrètement les restes de S. François [5]. Il n'aurait vraiment rien pu faire de plus insensé, rien qui pût autant lui enlever la sympathie des frères auxquels il demandait justement de favoriser son élection ! Et pourtant encore *après* [6], les frères doivent avoir été assez bien disposés à son égard pour que ses partisans aient envahi de force le chapitre général et tenté de le faire nommer ! Enfin le plus difficile à admettre serait que Jean Parenti, voyant que rien ne pouvait les

---

(Jourdain, cap. 58) ; de même Elie, nommé général, envoie deux lecteurs d'Angleterre à Lyon (Eccl. 238), un autre en Lombardie (Eccl. 239). Si ailleurs, il semble que ce soit le provincial qui ait dû choisir les lecteurs (Eccl. 238 : *Fratrem Vincentium.... frater Albertus in adventu suo lectorem Londoniæ.... constituit*), ceci ne peut pas avoir été le cas pour Aymon, alors que celui-ci était transféré d'une province dans une autre, de Tours à Bologne et de Bologne à Padoue. C'est donc Elie qui lui confia ces charges.

1. Sbaralea, t. I, p. 103 n. 103.

2. Müller, Anfänge, p. 86 s.. Le Speculum Vitæ (167 b) dit très justement : *Nulla forma data erat de modo conveniendi ad capitulum generale.*

3. Le pape confirme ce statut dans la bulle *Quo elongati* : *Quod quam etiam constitueritis per vos ipsos, statutum hujusmodi ducimus approbandum.*

4. *Minister generalis revocaverat mandatum suum, ne scilicet possent fratres omnes venire ad capitulum qui vellent* (Eccleston, p. 242).

5. *Quod indignatus ex hoc, priusquam fratres convenissent, fecisset translationem fieri* (Eccleston, p. 242).

6. Il est clair que, d'après Eccleston, le scandale de la translation a lieu avant le scandale de l'irruption des partisans d'Elie au chapitre général : *Credidit autem populus, quod esset discordia (in capitulo generali) quia corpus s. Francisci tertia die antequam fratres convenissent, translatum erat* (Eccleston, p. 241).

détourner de leur projet, eût quitté ses vêtements, et que tout aussitôt les partisans d'Elie se fussent avoués vaincus par cette manifestation [1].

Ils sont dispersés : Elie se retire dans un ermitage et laisse pousser sa barbe et ses cheveux en signe de pénitence. Notons que le portrait d'Elie, fait en 1236, au moment où celui-ci était au faîte de sa puissance, alors qu'il ne pouvait être question de pénitence, nous le représente précisément avec une longue barbe [2]. Elie aurait donc langui dans la pénitence jusqu'à ce qu'il eût été nommé général, c'est-à-dire jusqu'en 1232, et cela au moment même où le pape faisait triompher son œuvre, comme le prouve la bulle *Quo elongati* [3] ! Comment les délégués qui portaient devant le pape la question de savoir si un seul custode de chaque province devait se rendre au chapitre général, ou s'ils devaient y venir tous [4], n'auraient-ils eu aucune question à poser sur la présence d'autres frères au chapitre, après les troubles occasionnés par les frères qui n'avaient pas le droit de siéger, et alors qu'une discussion très vive sur leur droit à y assister s'était élevée entre Elie et le général ! Enfin pour couronner toutes ces invraisemblances, Eccleston ajoute qu'au chapitre de Rieti, en 1232, Jean Parenti fut déposé par les *fautores* d'Elie [5]. Qui pouvaient être ces *fautores* ? Pas les membres votants du chapitre, puisque, d'après Eccleston, les ministres lui étaient contraires : ainsi de nouveau, en 1232, des frères auraient irrégulièrement participé au chapitre, et à ces fautores, s'immisçant pour la seconde fois où ils n'avaient que faire, le pape aurait accordé *consequenter* la nomination d'Elie comme général ! La Chronica Anonyma aussi nous dit qu'en effet Elie ne fut pas régulièrement élu en 1232, ou plutôt en 1233, mais cette date erronée ne saurait infirmer tout le reste [6].

3.) Si nous n'avions pas d'autre témoignage que celui d'Eccleston, nous serions obligés malgré toutes ces difficultés de nous en servir, mais nous avons le récit du Spec. Vitæ qui n'a pas ces invraisemblances : les ministres provinciaux ne sont pas nommés comme adversaires d'Elie : l'irruption des fautores d'Elie a lieu au moment de son élection en 1232 et non en 1230 ; si Jean Parenti se déshabille, c'est un signe qu'il renonce au généralat, et non pas un moyen par

---

1. *Quod videns generalis frater Johannes coram toto capitulo se nudavit et sic demum confusi post maximam turbationem cessaverunt* (Eccleston, p. 241).

2. Voir page 89, note 1.

3. *Qui [papa] satis motus ad hoc quousque audiret, quod in eremitorio tam singularem vitam duceret.... in capitulo Reatino.... concessit, ut fieret ipse generalis* (Eccleston, p. 242).

4. Dans la bulle *Quo elongati*. Cf. Zeitschrift für Kirchengeschichte, t. XIII, p. 12.

5. *Quo per fautores fratris Heliæ absoluto* (Eccl. 241). Ceci se rapporte évidemment au chapitre de 1232.

6. Anal. Franc. 1, 289 : *Frater Helias, sed non canonice electus.*

lequel il remporte la victoire : Élie fait opérer la translation avant le temps fixé *humano timore*, et non par dépit contre le général. Élie a fait pénitence après sa déposition, c'est-à-dire en 1239, et non entre 1230 et 1232 [1]. Ce que le Spec. Vitæ (167 b — 168 a) raconte des faits qui accompagnèrent l'élection d'Élie en 1232 et sa confirmation par le pape est aussi tout à fait vraisemblable et même nécessaire pour expliquer ce qui se passa en 1239.

4.) Nous savons que le Spec. Vitæ est assez ancien, qu'Eccleston n'a sûrement pas été le témoin oculaire des faits qu'il raconte, mais qu'il puise aussi à des sources plus anciennes et pour ce cas particulier probablement à la même que le Spec. Vitæ. C'est pourquoi nous sommes, je crois, en droit d'admettre que le Spec. Vitæ pour cette époque a suivi plus exactement et plus fidèlement qu'Eccleston la source commune. Telles sont les raisons qui m'ont amené, pour la période de 1230 à 1232, à préférer au récit d'Eccleston celui du Spec. Vitæ, où nous trouvons dans les faits un enchaînement naturel de causes et d'effets facilement compréhensibles.

---

1. Eccleston lui-même favorise cette hypothèse, puisqu'il dit (p. 243) qu'Élie, entre le moment de sa déposition et celui où il se rendit auprès de Frédéric II, se retira à Cortone. Au premier moment après sa déposition, il avait, comme nous le verrons plus loin, continué pendant un peu de temps à faire travailler aux constructions d'Assise ; pourquoi se retira-t-il ensuite à Cortone ? Le désir de feindre la repentance ne peut-il pas en avoir été la raison ?

III

ELIE GÉNÉRAL 1232-1239

Nous avons vu Elie arriver au généralat parce qu'il
était le protégé du pape[1] : on s'attend à le voir profiter
de sa position pour obtenir de nombreux privilèges
en faveur de l'ordre, et ce reproche lui a été fait ; mais
s'il est fondé pour l'époque qui précède son élection, on
est tout étonné de constater qu'à en juger par les bulles
qui nous sont parvenues, il ne l'est plus pour le temps
de son généralat[2].

Pendant ces sept années, nous ne trouvons que huit
bulles accordées au général et octroyant certains privilèges ; or trois ne sont que la répétition de privilèges
donnés antérieurement[3], deux se rapportent au passage
d'un ordre dans un autre et ne favorisent nullement les
frères Mineurs[4], une autre n'est qu'une répétition des
précédentes. Il ne reste donc en réalité que deux privilèges pour tout le généralat d'Elie : l'un déclare que,
même par citation papale, les frères Mineurs ne peuvent
être assignés, à moins qu'une exception ne soit expres-

---

1. Dans la Chron. XXIV Gener. Anal. Franc. III, 228 s. ; de même
Speculum Vitæ, 168 b.
2. Voir plus haut la critique des sources, p. 12 ss..
3. Ibid., p. 13 s., 1°, 2°, 8°.
4. Ibid., p. 14, 6° et 7°.

sément formulée[1] ; le second établit qu'ils ne sont pas tenus d'accepter des commissions[2].

Pendant les deux années qui suivent la déposition d'Elie, 1239-1241, le pape accorda sept fois plus de privilèges que de son temps. Il faut donc admettre, ou bien que les bulles ont été perdues, ou bien que celui-ci prit en considération les sentiments manifestés par beaucoup de frères au chapitre de 1230, et que malgré la bulle *Quo elongati* (28 septembre 1230), il renonça désormais à en obtenir un plus grand nombre.

Elie ne paraît pas non plus avoir poussé d'une manière particulière à la lutte des frères Mineurs contre l'hérésie, ni à la prédication de la croisade. La lutte contre les hérétiques avait été déjà entreprise auparavant par S. Antoine de Padoue ; les Franciscains y furent employés en bien des endroits, mais toujours de concert avec les Dominicains qui jouent alors le principal rôle[3]. Elie n'eut probablement pas d'initiative à prendre à cet égard, nous n'en trouvons en tout cas aucune trace.

Quant à la prédication de la croisade, c'est le pénitencier apostolique fr. Guillaume qui, comme mandataire du pape, en fut presque toujours le promoteur, et nous n'avons pas non plus de raison d'y chercher la main d'Elie[4].

---

1. Ibid., p. 14, 3°.

2. Ibid., p. 14, 5°.

3. Déjà en 1233, un frère Mineur nommé Gérard fut assassiné en Allemagne avec Conrad de Marbourg, Sbaralea, t. I, 117 n. 118. Nous apprenons ensuite que, pendant tout le temps du généralat d'Elie, les frères furent employés en Italie et en France à combattre les hérétiques, Sbaralea, t. I, 119 n. 120 ; 132 n. 137 ; 177 n. 184 ; 190 n. 194 ; 192 n. 197 ; 238 n. 258. Mais l'initiative des supérieurs de l'ordre ne se révèle nulle part.

4. Il s'agit surtout de l'aide que le pape voulait accorder à l'empire latin de Constantinople, Sbaralea, t. I, 179 n. 185 ; 180 n. 186 ; 181 n. 187 ; 220 n. 232 ; 228 n. 240 ; 232 n. 246 ; 247 ; 248 ; 249 ; 250 ; 247 n. 272.

Pour les missions des frères Mineurs parmi les infidèles, au contraire, nous avons tout lieu de penser que l'impulsion vint d'Elie, ou que tout au moins il les encouragea fortement. Elles prirent un grand développement sous son généralat, mais nous ne les connaissons guère que par les bulles pontificales auxquelles elles donnèrent lieu. Déjà en 1227, Elie avait envoyé au Maroc une mission qui paraît, il est vrai, s'être assez rapidement terminée par le martyre des frères[1]. Pourtant les circonstances devinrent bientôt plus favorables aux chrétiens. En 1227, le Miramolin Elmanum était monté sur le trône chancelant des Almohades et avait besoin pour s'y maintenir d'auxiliaires chrétiens : pour conserver ses troupes castillanes, il dut, en 1227, s'engager à faire construire une église chrétienne au Maroc, dès qu'il se serait rendu maître du pays, et fut obligé aussi d'autoriser la célébration du culte chrétien et même la conversion des Musulmans[2]. Cette convention fut respectée, et en 1230, la construction d'une église chrétienne fut entreprise[3]. Les frères Mineurs se trouvèrent prêts pour cette œuvre : le premier évêque de Fez fut l'un d'entre eux, frère Agnello, et en 1233 et 1237, le pape se déclarait très satisfait de l'état des missions du Maroc[4].

Une grande mission, dirigée celle-ci vers l'Orient, fut aussi organisée par les frères au printemps de 1233[5]. Le pape octroya des privilèges considérables à ceux qui y prirent part. Quelques-uns se rendirent en Géorgie, où un

---

1. V. plus haut, p. 77.
2. Schirrmacher, Geschichte von Spanien, IV, 362.
3. Aschbach, Geschichte Spaniens und Portugals zür Zeit der Almoraveden und Almohaden, II, 174.
4. Sbaralea, t. I, 106 n. 106 et 225 n. 236.
5. Sbaralea, t. I, 100 n. 95 et 97 ; 102 n. 100 ; 103 n. 101 ; 231 n. 245 ; 236 n. 254.

membre de l'ordre, parent du pape, Jacques de Russano,
avait déjà préparé le terrain. Il s'agissait d'y fonder un
établissement qui pût servir de point de départ aux
missions en pays païen [1].

D'autres se dirigèrent vers Damas et Bagdad : le
pape avait envoyé au sultan une longue exhortation afin
d'obtenir qu'ils fussent bien reçus [2] ; quelques-uns aussi
furent envoyés à Constantinople, où Grégoire IX avait
chargé les frères Aymon et Rodolphe, avec quelques
Dominicains, de préparer les voies à la réconciliation de
l'Eglise grecque et de l'Eglise romaine [3]. En 1235, nous
trouvons les Franciscains à Tunis [4], en 1238 à Alep [5] :
la mission de 1233 dont l'organisation fut grandiose peut
être regardée comme l'œuvre d'Elie.

Il dut sans doute n'avoir plus beaucoup à s'occuper
de l'extension de l'ordre dans les pays chrétiens. En Angleterre et en France, en particulier, les
hommes instruits et éminents se joignaient à l'envi aux
ordres mendiants et y étaient reçus à bras ouverts. Les
zélateurs, il est vrai, étaient fort mécontents de tout
cela : François lui-même avait considéré avec méfiance
l'arrivée de tant de docteurs, et ses plus fidèles disciples
voyaient dans leur influence grandissante une cause sérieuse de décadence.

L'établissement des frères dans l'intérieur des villes,
et l'abandon des ermitages qui d'ailleurs n'avaient
jamais été nombreux qu'en Italie, devait être aussi un
fait accompli vers 1236. Dans l'Italie centrale seule, les
zélateurs restaient encore attachés avec une fidélité

---

1. Sbaralea. t. I, 102 n. 99.
2. Sbaralea, t. I. 93 n. 87 et 105.
3. Sbaralea, t. I, 103 n. 103.
4. Sbaralea, t. I, 155 n. 164.
5. Sbaralea, t. I. 245 n. 266.

tenace à ces réduits sanctifiés par des souvenirs qui leur étaient chers [1].

Les constructions aussi devenaient partout plus grandioses et plus magnifiques ; les donations se faisaient nombreuses, et on trouvait une foule de moyens pour tourner la règle, sans qu'Elie eut besoin d'en chercher. Mais, bien qu'il soit impossible de déterminer dans chaque cas particulier sa part de responsabilité, il est pourtant certain que ce développement n'aurait pas pu s'opérer ainsi, sans aucun arrêt et avec une rapidité qui déconcerte, si le général eût fait effort pour l'enrayer. La manière dont nous l'avons vu agir précédemment nous a assez montré que tout ce développement était dans ses vues, et qu'il dut sûrement l'encourager. On a dit plus tard que le seul bon résultat de son gouvernement avait été l'introduction et le développement des études théologiques parmi les frères [2]. Après sa chute, on éprouva naturellement quelque répugnance à reconnaître l'extension extraordinaire que l'ordre avait prise grâce à son activité [3].

Mais ce n'est pas seulement le nombre des frères et le nombre des couvents qui s'accrut beaucoup pendant le généralat d'Elie, ce fut surtout l'influence de l'ordre dans le monde. J'ai déjà fait remarquer que le pape protégeait les ordres mendiants, parce qu'il

---

1. Comp. pour tout cela Müller, Anfänge, cap. VI ; Lempp, Antonius von Padua, Zeitschrift für K. Gesch., t. XIII, p. 1 ss. : Sabatier, Spec. Perf., p. 25 ss. not. 1, et en particulier Ehrle, die Spiritualen, etc., dans l'Archiv für Litteratur und K. Gesch. III, 553 ss..

2. Salimbene, p. 405 : *Hoc solum habuit bonum fr. Helias, quia ordinem fr. Minorum ad studium theologiæ promovit.* Ceci ne s'applique pas exclusivement au temps du généralat d'Elie, mais doit s'y rapporter en partie ; nous savons que, comme général, il a par exemple envoyé quelques frères anglais comme lecteurs à Lyon. Eccleston, An. fr., t. I. p. 238.

3. Salimbene, p. 404 : *Ah ! domine Helia multiplicasti gentem, non magnificasti lætitiam !*

trouvait en eux une armée facile à mouvoir et toujours prête au combat. Il ne faut donc pas s'étonner de voir des hommes comme Robert Grossetète rechercher l'amitié d'Elie. Nous avons deux lettres du puissant évêque de Lincoln, qui lui furent adressées vraisemblablement en 1236 et 1237 [1]. Dans la première, il demande au général que deux ou quatre frères soient autorisés à l'accompagner constamment, et à lui servir d'aides pour la prédication et la confession ; il prie de plus les frères qui se trouvent à la curie, en particulier le pénitencier du pape, Arnulphe et frère Rodolphe de Rosa, de bien vouloir s'occuper des affaires ecclésiastiques qu'il avait pendantes devant la curie et d'en hâter la solution. Ces deux lettres ne nous montrent pas seulement l'admiration et la sympathie de l'évêque pour les frères Mineurs, mais aussi son désir de s'assurer l'amitié personnelle d'Elie [2]. Nous remarquons aussi combien l'évêque se

---

1. Rerum Britannicarum Medii Ævi Scriptores, Roberti Grosseteste Epistolæ, ed. Luard, London, 1861, n. 31 et 41. L'ordre de ces lettres doit, me semble-t-il, être interverti : la lettre n° 31 commence en effet par des remerciements au sujet de sa demande qui lui a été accordée ; or cette demande se trouve à la fin de la lettre n° 41. La lettre n° 38, adressée à Arnulphe, où il le prie d'appuyer personnellement son procureur S. de Arden, doit avoir été écrite en même temps que le n° 31. Dans le n° 42 Grossetète remercie Arnulphe de l'aide qu'il lui a accordée. Pour ce qui concerne la date de ces lettres, Grossetète devint évêque de Lincoln en 1235, et autant que je sais, Arnulphe apparait pour la première fois comme pénitencier du pape le 8 avril 1235 (Sbaralea, I, 150 n. 167). Plus tard, et sans doute déjà en 1238, Arnulphe comme Grossetète, se trouvent parmi les adversaires d'Elie, de sorte que la date donnée par Luard doit être à peu près exacte.

2. Ep. n. 41 : ...*Qnasi ad fidum in Christo amicum confidenter scribimus, omni quâ possumus affectione devote supplicantes quatenus... scribere velitis fratribus vestris stantibus in curiâ ut negotiis nostris promovendis et expediendis diligenter invigilent... Et quia fratres vestros nos specialius et ferventius diligentes, specialius et affectuosius cæteris hominibus coram Deo redamamus, desideramus etiam in vos qui caput eorum estis, totum igniculum nostræ dilectionis effundere... Ad hæc quia... nos plure et efficaciore indigemus auxiliis, in verbi*

montre reconnaissant aux frères de leur intervention à la curie qui, dit-il, a puissamment contribué au succès de son mandataire et à l'heureuse expédition de ses affaires[1].

Les pouvoirs séculiers aussi se servaient volontiers des frères Mineurs et les employaient à une foule de commissions et de négociations. Un bel exemple de cette activité, et qui concerne spécialement Elie, nous est conservé par un document du 10 août 1233 : une guerre sanglante était sur le point d'éclater entre les villes de Spolète et de Cerreto ; elle fut évitée grâce à l'intervention d'Elie[2], les deux cités ayant consenti à s'en remettre à l'arbitrage des frères Mineurs.

Dei prædicatione, confessionum auditione, pænitentiarum injunctione, nec ad hæc et hujus modi novimus tam efficaces coadjutores ut fratres vestros, ad vestræ benignitatis pedes proni provoluti... supplicamus..., quatenus... duos vel quatuor de fratribus vestris, quos vos vel minister fratrum in Angliâ in hac parte decreverit, idoneos licentiare... velitis quatenus benigne lateri nostro adhæreant, existentes nostræ imbecillitatis fulcimentum, nostræ insufficientiæ supplementum, nostri torporis excitamentum, titubantis erectio, hæsitantis propulsio, tribulati consolatio. — Ep. 31 : *Gratiæ quam nobiscum fecistis in concessione fratrum nobiscum moraturorum, gratias quas possumus devotas referimus, dilectioni autem quam plenam probavit dicta gratia utinam possemus vices condignas rependere. Si enim redamando possemus vobis, licet non æquo tamen ex parte correspondere, locis corporaliter distantes mutuâ jucundâque spirituum fraeremur præsentiâ, spiritusque noster cum spiritu vestro conflatus, in ejus ascensu coascenderet in cælestia... Caritatem itaque vestram quam devotis possimus precibus postulamus. quatenus fratri Ernulpho, domini Papæ pænitentiario, fratrique Radulpho de Rofa* (Eccleston, dans An. fr. I, 231 dit « Rosa »), *si eum in curiâ stare contigerit detis in mandatis, ut negotiis nostris expediendis, imo negotiis ecclesiæ, quæ per nostrum ministerium licet indignum desideramus expediri vigilanter et efficaciter intendant, quantum fieri poterit, salvâ ordinis integritate et honestate.* — Il y a lieu de remarquer que déjà les frères Mineurs occupaient constamment à la curie des positions influentes. On chercherait en vain la moindre trace de l'espèce d'effroi avec lequel François avait évité les palais des cardinaux.

1. Ep. 42.
2. V. Appendice III, 2.

Même l'empereur Frédéric II, que personne ne soupçonnera de s'être beaucoup intéressé au rôle religieux des Franciscains, fut amené par des motifs politiques à entrer en relations avec le nouvel ordre et avec son général. La première pièce que nous ayons à ce sujet est une lettre de l'empereur adressée à Elie et à tout l'ordre ; elle fut sûrement écrite après le premier mai 1236, et raconte en termes surabondants et emphatiques les miracles de Sainte Elisabeth. A la fin l'empereur demande de la façon la plus flatteuse les prières des frères [1]. Elie, tant qu'il fut général, sut donc conserver à la fois la faveur du pape et celle de l'empereur [2]; c'est là une preuve bien forte de son habileté et de son intelligence politique.

Ce qui est plus incroyable encore, c'est qu'il réussit, à ce qu'il semble, à garder la confiance des Clarisses les plus fidèles, et celle de Claire elle-même. Nous n'avons pourtant à ce sujet que deux indications qu'on souhaiterait plus précises. Dans une lettre datée de Florence et qui ne peut pas avoir été antérieure au printemps 1230, Agnès, sœur de Claire, écrit à celle-ci : « Je vous supplie de prier frère Elie de venir me

---

1. Winkelmann, Acta imperii inedita, Innsbruck, 1880, I, 299. La lettre commence : *Fridericus Dei gratiâ* [etc.] *fratri Heliæ et universis fratribus*, etc., et se termine : *Quia defectus meritorum nostrorum suffragia patiuntur, orationum vestrarum, fratres, præsidia convocamus, religionem vestram affectuose rogantes quatenus quod a vobis præsentibus exoramus, faciendum a ceteris fratribus ordinis vestri quorum vitam columnam immobilem mortalibus existamus per vestras litteras injungatis.*

2. Salimbene, p. 402, dit d'Elie [a. 1238] : *Habebat gratiam imperatoris et papæ*; et p. 401, il l'appelle : *Specialis amicus utriusque* [sc. imperatoris et papæ] ; de même l'Hist. VII Trib., Döllinger, Sektengesch. II, 461 : *Imperatoris et S. Pontificis et ceterorum præsidentium reputatione et favore elatus qui existimabant eum scientiâ et naturali sapientiâ et apparenti morum honestate singulariter cunctos excedere.*

voir le plus souvent possible et de me consoler dans le
Seigneur[1]. » Voilà qui suppose des relations intimes et
cordiales d'Elie avec les deux sœurs, alors que déjà un
dissentiment aigu le séparait de Léon par exemple.
Plus tard encore, vers 1235, sainte Claire écrit à la
fille du roi de Bohême, Agnès, qui avait fondé à Prague
un couvent de Clarisses : « Obéissez aux conseils de
notre vénéré père, frère Elie, ministre général de tout
l'ordre, et mettez ses conseils au-dessus de tous les
autres ; tenez-les pour plus précieux que tout autre

---

1. *Præcor, ut rogetis fratrem Heliam, quod debeat me visitare sæpe
sæpius et in Domino consolari.* Cette lettre (Anal. Franc. III, 175 ss.)
est incorporée à une légende d'Agnès, composée après 1330. Cf. Anal.
Franc. III, 181. La lettre est ici rattachée à la fondation du couvent
des Clarisses de Florence (Wadding II, 16, ann. 1221, n. 20), et Sbaralea (t. I, 4 n. 6) la place à cause de cela en 1221. Mais la légende
bien postérieure n'a pas d'autre raison pour la placer à ce moment
que le contenu de la lettre ; Agnès se répand en plaintes bien fémi-
nines sur sa séparation sans doute encore toute récente d'avec Claire.
La lettre elle-même donne les points de repère suivants : 1° Agnès,
à son grand chagrin, a dû se séparer de Claire et a été envoyée à
Florence. 2° Là, au lieu des dissensions qu'elle s'attendait à trouver
dans le couvent, elle a vu que l'union y régnait et les sœurs l'o nt
affectueusement accueillie. Elle envoie ses salutations à Claire et à
son *conventui*. 3° Elle fait savoir à sa sœur *quod dominus papa
satisfecit mihi, ut dixi, et vobis in omnibus et per omnia secundum intentionem vestram et meam de causâ quam scitis de
facto videlicet proprii.* Il faut comparer à cette indication ce
que nous savons du couvent de Monticelli, près de Florence (V. Lempp,
Anfänge des Clarissenordens, Zeitschrift für K. Gesch. XIII, 197 ;
213 s. ; 204). On voit alors : 1° Que la date de Wadding, si la lettre se
rapportait à la fondation du couvent de Florence, devrait être remplacée par celle de 1218 ou 1219, et dans ce cas Agnès n'aurait pas
demandé la visite d'Elie, mais celle de François, et n'aurait pas plus
pu parler d'un « couvent » près de Florence ou d'Assise que d'une
intervention du pape dans la question relative au droit de posséder.
A ce moment-là, Hugolin avait octroyé au couvent la règle bénédictine,
et il n'y avait pas de question de la propriété. 2° Cet état de choses
a duré jusqu'à la fin de décembre 1229. Le 20 novembre 1228 encore,
une donation de terrain faite au couvent par un bourgeois de Florence
avait été ratifiée par le pape (Sbaralea I, 47 n. 31). Jusqu'au 21 déc.
1229, les Clarisses de ce couvent durent donner annuellement à la curie

présent[1]. » Quand on songe à tous les combats que Claire eut à soutenir pour qu'on la laissât observer son vœu de pauvreté, on est stupéfait : le grand prix attaché à l'obéissance au général — en dehors de toute question de personne — ne suffit pas pour expliquer des paroles si chaudes à l'égard d'Élie.

Pourtant, toute l'habileté, toute l'intelligence politique, si justement vantée de celui-ci, ne put arriver à faire céder l'opposition de principes des zélateurs. Ceux-ci vivaient des souvenirs du passé et restaient invinciblement fidèles à l'ancien idéal. Comme il ne s'agissait en somme que d'un très petit nombre de frères, Élie crut pouvoir employer la sévérité. Tout cela ne nous est connu que par des sources postérieures, et il est à peu près impossible d'arriver à en reconstituer la suite avec certitude.

Voici ce qui me semble probable.

---

romaine un écu d'or pour leur exemption parce qu'elles possédaient des biens (Comp. Lempp, loc. cit. 213 s.). Ce n'est que le 1ᵉʳ mai 1230 que le pape, cédant aux instances des sœurs, leur concéda le droit de prononcer comme celles d'Assise le vœu d'absolue pauvreté (Comp. Lempp, loc. cit. 204). C'est évidemment à cette époque que la lettre dut être écrite. Agnès venait d'Assise pour introduire à Monticelli les principes de Claire. Elle fut agréablement surprise de ne pas trouver de divisions dans le couvent et de voir qu'elle obtenait le consentement du pape ; elle demande à Élie de venir la visiter et, ce qui répond bien à la situation, elle ne l'appelle ni vicaire ni ministre général, mais simplement « frère Élie. »

1. Acta SS. Martii, t. I, 507. Sabatier fait avec raison remarquer (Vie de S. François, p. 178 n. 1) que Claire considère encore l'ordre des Clarisses comme ne formant avec celui des frères Mineurs qu'un seul ordre soumis au même général, ce qui est certainement digne d'attention. La lettre ne paraît pas avoir été écrite beaucoup après l'entrée dans l'ordre d'Agnès de Bohème qui eut lieu en 1234 (Sbaralea, t. I, 135 n. 139), et si, comme cela me paraît probable, les quatre lettres sont placées par ordre chronologique, cette seconde lettre serait environ du commencement de 1235. Claire exprime son allégresse de l'entrée d'Agnès dans l'ordre et l'exhorte à persévérer. La lettre suivante contient encore des éclaircissements à propos des jeûnes.

Il faut remonter jusqu'au décret décisif donné par Honorius III le 22 septembre 1220, par lequel le noviciat d'un an était institué. A partir de ce moment, tout profès appartint irrévocablement à l'ordre et fut tenu d'obéir à toutes ses constitutions. Quiconque se soustrait à l'obéissance, vagabonde en portant l'habit, peut être frappé des châtiments ecclésiastiques par les supérieurs de l'ordre. Cette bulle ne fut pas seulement renouvelée à l'avènement de Grégoire IX, elle fut encore répétée solennellement le 23 mars 1238[1]. Un récit d'Angelo Clareno jette un rayon de lumière sur tous ces faits; il est vrai que cet auteur écrivit bien plus tard, mais il dit expressément avoir entendu raconter ces événements, par ceux-là même qui en avaient souffert[2]. Dès le commencement, les zélateurs avaient trouvé le gouvernement d'Elie funeste et illégitime. La bulle *Quo elongati*, qui permettait de recevoir de l'argent par intermédiaire, était pour eux un scandale[3]; la manière de vivre d'Elie les blessait aussi; il avait des chevaux

---

1. Sbaralea I, 6 n. 5 ; I, 27 n. 2 ; I, 235 n. 251. L'adresse seule qui en 1220 et 1227 était : *Prioribus seu custodibus Minorum fratrum* est remplacée par la suivante : *Generali et aliis provincialibus et custodibus fratrum Minorum*.

2. Angelo dit dans son Epistola excusatoria ad papam : *Quia non solum meum et sociorum meorum judicium subverterunt fratres, sed primo sancti Bernardi de Quintavalle primi socii sancti Francisci, et fratris Cæsarii (de Spira), qui fuste percussus vitam finivit et omnium sociorum, quorum aliquos ego vidi et ab ipsis accepi quæ viderunt et passi sunt* : Archiv für Litteratur und K. Gesch. I, 532. De même dans l'Hist. VII Trib. (Döllinger, Sektengesch. II, 465 s.) : *Quam tribulationem.... qui passi sunt eam socii fundatoris frater Ægidius et Angelus qui supererant me audiente referebant.* Son récit dans l'Historia VII Trib. (Döllinger, Sektengesch. II, 461-465), malgré le rôle tout à fait erroné que joue Antoine de Padoue, est aussi très vraisemblable pour ce qui concerne Césaire de Spire.

1. Cf. Lempp, Zeitschrift für K. Gesch. XIII, 10 ; Speculum Vitæ, 168 b -169 a.

et n'observait pas les préceptes de la règle au sujet
de la nourriture. Quelques-uns n'hésitaient pas à le
reprendre en face : un jour frère Bernard de Quintavalle, le premier compagnon de François l'arrêta en
pleine rue et lui reprocha son opulence[1]. Tout cela
était assurément fort désagréable à Elie, mais Bernard
était très respecté, et le général n'osa pas, semble-
t-il, le faire châtier, comme il avait fait jadis pour
Léon, d'autant plus que l'offense était purement personnelle[2].

Mais les zélateurs ne s'en tinrent pas aux paroles.
Ils se séparèrent de la communauté et se retirèrent dans
les ermitages, où ils vécurent parcourant le pays comme
autrefois. Bernard de Quintavalle paraît avoir été à
leur tête ; mais il est surtout question de Césaire de
Spire, l'ancien ami et disciple d'Elie[3]. Celui-ci était de
retour d'Allemagne depuis 1223 et avait vécu dans
l'intimité de François ; il se croyait particulièrement
autorisé à s'isoler ainsi : le Saint lui avait dit un jour
que si les frères devenaient infidèles à la règle il l'autorisait à se retirer seul ou avec quelques compagnons

---

1. Anal. Franc. III, 44 ; 229 ; Lib. Conform. 48 a : *Nam cernens aliquando* [Bernardus] *fratrem Heliam tunc ordinis generalem ministrum
palafredum magnum equitantem post eum fortiter sufflabat dicens :
« Nimis est altus et grossus equus, non sic docet regula. » Et aliquando
percutiendo groppam equi in præsentiá suá talia verba replicabat.
Dum staret aliquando ipse frater Helias generalis solus in camerá, et
aliquando cum aliquibus sociis comedens de bonis Domini, hoc videns
frater Bernardus multum dolebat, et surgens de mensá refectorii cum
cultello parapside et coquiná in manibus ibat et pulsabat ad ostium
cameræ dicens : « Quis est hic ? Aperite mihi ! » Et aperto ostio ponebat
se juxta generalem ministrum, dicens : « Et ego volo de istis bonis
comedere tecum. » Et tunc frater Helias confundebatur et turbabatur
in semetipso, nihil tamen audebat ei dicere propter suam sanctitatem.*
Cf. Salimbene, p. 410.

2. Voir plus haut, p. 76.

3. Jourdain de Giano, cap. 31.

pour l'observer pleinement[1]. A Bernard et à Césaire
se joignirent naturellement les premiers compagnons,
Léon, Egide, Ange, Masseo et quelques autres, parmi
lesquels fut peut-être André de Spello[2]. Ceci menaçait
l'unité de l'ordre, et si difficile qu'il pût être d'intervenir,
puisqu'il s'agissait des disciples les plus intimes du
maître, Elie ne pouvait laisser faire. Il s'adressa à
Grégoire IX qui, cette fois encore, lui donna raison. Le
pape renouvela, le 16 janvier et le 23 mars 1238, la bulle
que son prédécesseur avait promulguée le 22 sept.
1220 : Elie avait tout pouvoir pour punir les zélateurs.

Il le fit avec une énergie sans scrupule : son ancien ami
Césaire de Spire fut incarcéré et confié à la garde d'un
frère laïque, peut-être Jean de Laudibus[3], qui le haïssait
lui et ses amis. Le geôlier reçut l'ordre d'empêcher toute
tentative de fuite ou de relations avec le dehors. La déten-
tion se prolongea jusqu'en hiver : un jour, Césaire, trouvant la porte ouverte, sortit pour prendre l'air, mais son
gardien, supposant qu'il essayait de s'évader, le frappa de
son gourdin avec tant de violence qu'il mourut peu après.

---

1. Hist. VII Trib. (Döllinger, Sektengesch. II, 448 s.). Je ne doute
pas que le frère appelé *Quidam magnus magister in sanctâ theologiâ;
sanctus frater de Alemaniâ* ne soit précisément Césaire, car il est
dit de celui-ci (Ibid., p. 461) : *Cæsarius de Alemaniâ vir præclaræ
scientiæ et præcipuæ sanctitatis.*

2. Döllinger (Sektengesch. II, 461) et Acta SS. Junii, t. I, p. 365.
La notice des Acta SS., empruntée à un écrit composé en 1368, est, il
est vrai, suspecte : *A. D. 1231 [Andreas] fuit in carcerem conjectus a
fr. Heliâ cum aliis sociis sancti patris et liberatus a præfato Gregorio IX, instante sancto patre Antonio Patavino.* La date comme
le nom de S. Antoine de Padoue sont, nous le savons, erronés.

3. Ce Jean de Laudibus est loué dans le Speculum Perfectionis
(cap. 85) à cause de sa force corporelle et spirituelle. D'après les
Conformités (62 a; Cf. Anal. Franc. III, 225 s.), c'est lui qui avait pu
voir la plaie qu'avait S. François au côté, et qui par conséquent,
d'après Bonaventure (201, Acta SS. oct. t. II, p. 778), *Francisco sedule
ministrare solitus erat.* Dans le contrat conclu à Assise par Elie, le
26 mai 1239, au sujet de la fourniture de blocs de pierre, nous le

Elie fit aussi arracher l'habit franciscain à douze partisans de Césaire, les fit châtier d'une façon exemplaire en même temps que d'autres zélateurs, après quoi il les dispersa. Bernard de Quintavalle, qui réussit à s'enfuir, resta caché pendant deux ans, et n'osa reparaître qu'après la chute d'Elie[1]. D'autres, comme peut-être André de Spello, languirent en prison[2]; le pape les délivra après la déposition d'Elie.

Le parti de la stricte observance était vaincu : l'effroi et la terreur avaient fait le silence dans ses rangs. Elie put penser qu'il n'avait plus rien à craindre ; et il est probable en effet que les zélateurs n'auraient rien pu contre lui, car tout ce récit prouve, une fois de plus, qu'il ne s'agissait que d'un petit groupe resté fidèle à l'ancien idéal.

Mais Elie, depuis longtemps déjà, avait excité pour de tout autres motifs le mécontentement de beaucoup de frères qui pourtant appartenaient à la même tendance que lui. Que pouvaient-ils avoir à lui reprocher ? Voyons tout d'abord ce que dit Salimbene : celui-ci, malgré son amitié pour Bernard de Quintavalle, n'appartenait sûrement pas au parti de la stricte observance; il avait même des obligations envers Elie[3]; mais, malgré

---

trouvons au nombre des témoins (V. ci-après, p. 174), il faisait par conséquent partie de l'entourage d'Elie, et Salimbene dit (p. 410) : *Habuit Helias in societate suâ quemdam Johannem, qui dicebatur de Laudibus, qui frater laicus erat durus et acer et tortor et pessimus carnifex, dabat enim fratribus disciplinas sine misericordiâ ex præcepto Heliæ.* Quand, après avoir vu ces passages, on lit dans les Tribulations (p. 463 : *Mandat [Helias Cæsarium] cuidam fratri laico moribus et naturâ crudeli et ipsum fratrem Cæsarium et socios cordaliter odienti custodiam ipsius commisit,* on ne peut s'empêcher de penser qu'il s'agit de Jean de Laudibus.

1. Hist. VII Trib. (Döllinger, t. II, p. 461-466) ; Jourdain de Giano, cap. 61; et Azzoguidi, p. LXII. Depuis 1240, Bernard vécut à Sienne dans le couvent des frères Mineurs où était aussi Salimbene.

2. Voir plus haut, p. 113 n. 2.

3. Voir plus haut, p. 22 n. 2.

tout, trente ans après la mort de celui-ci, il écrivit encore tout exprès pour le condamner son « Liber de Prælato. » Il y entasse pêle-mêle tous les griefs imaginables contre celui qu'il détestait et énumère contre lui treize chefs d'accusation. Quand on parcourt ces pages, on a l'impression que son principal grief, c'est qu'Élie a rabaissé les clercs, ou plutôt qu'il ne les a pas favorisés. Il l'accuse d'avoir reçu le plus possible de laïques, parce qu'il lui était facile de dominer sur eux et d'en obtenir de l'argent. Il lui reproche d'avoir nommé des laïques comme gardiens, custodes ou ministres, alors qu'il y avait bien assez de clercs dans l'ordre. Ces laïques ont manqué aux convenances : il y en a eu qui demeuraient dans des ermitages, et parlaient par la fenêtre à des femmes ; d'autres portaient de longues barbes, ou n'avaient pas de corde. Souvent il y avait au chapitre plus de laïques que de clercs ; en Toscane, le nombre des laïques avait même été supérieur à celui des clercs, il y en avait quatre de plus ! Ils avaient voulu dominer sur les clercs : dans un ermitage on avait même exigé que le prêtre fît, comme les autres, la cuisine à son tour. A Pise, ils avaient émis la prétention que chaque fois qu'un clerc était reçu on reçût aussi un laïque. Et pourtant l'ordre n'avait nul besoin de ces laïques, qui étaient incapables de reconnaître l'honneur qu'on leur faisait en leur donnant l'habit [1].

Cette prétendue faveur accordée aux laïques avait réellement excité la jalousie des clercs, et était considérée par beaucoup comme une injustice. La preuve en est que, sous le généralat d'Aymon (1240-1244), les laïques furent exclus de toutes les fonctions [2] ; et, s'il faut en

____

1. Defectus 2, 3, 4, dans Salimbene, p. 403-405.
2. Anal. Franc., t. III, p. 251.

croire Salimbene, on fut même près de décider qu'à
l'avenir on n'en admettrait plus dans l'ordre[1].

Elie, qui était lui-même laïque, n'a en effet pas dû
faire de difficultés pour les recevoir dans l'ordre et leur
donner des charges ; mais il agissait en cela tout à fait
selon l'esprit de S. François, et même d'après la lettre de
la règle. Salimbene le sait bien, et ne trouve rien de
mieux à dire sinon que ces paragraphes ne devaient être
appliqués que les premiers temps, quand les clercs
étaient encore peu nombreux[2]. Les Franciscains n'avaient
pas été dès l'origine[3], comme les Dominicains, un ordre
de clercs ; ils ne le devinrent que sous le généralat
d'Aymon. On comprend le mécontentement des clercs,
à un moment où l'ordre comptait déjà des docteurs célè-
bres qui ne voulaient pas être les égaux de laïques
ignorants. C'était là l'orgueil de la science que François
avait tant redouté ! Pourtant il serait probablement
injuste de juger la masse de l'ordre d'après Salimbene :
elle ne devait pas encore être assez éloignée de l'esprit
du fondateur, pour que l'égalité des clercs et des laïques
fût une cause suffisante de la révolte contre Elie.

C'est l'absolutisme qui rendit le gouvernement d'Elie
impopulaire. En cela non plus, il n'était pas en contradic-
tion avec la lettre de règle ; les contemporains reconnais-
sent que ses prédécesseurs, S. François et Jean Parenti,
n'avaient pas administré autrement : un gouvernement
absolu a dû être une nécessité dans les premiers temps.
D'ailleurs il ne pouvait être douloureusement ressenti,
tant que l'ordre fut dirigé par des hommes aussi vrai-

---

1. Salimbene, p. 405 : *Ideo processu temporis merito ad nihilum
sunt redacti, quia eorum receptio quasi totaliter est prohibita.*

2. Ibid., p. 404.

3. De même Ehrle. Archiv, t. III, 556 s. ; 581. Dans son testament
encore François regarde évidemment en principe son ordre comme
un ordre laïque, et c'est pour cela qu'il insiste si fortement sur le
respect dû au clergé.

ment humbles, et n'ayant à aucun degré le don du commandement ; mais il devait en être tout autrement lorsqu'une personnalité énergique et puissante, comme Élie, imposa sa volonté et gouverna vigoureusement, en réprimant toute initiative [1]. Aussi les plaintes contre ce régime despotique furent-elles nombreuses.

La première c'est qu'Élie tant qu'il fut au pouvoir ne réunit aucun chapitre général. Ce reproche doit être fondé, bien qu'une bulle pontificale du 6 juillet 1233 fasse allusion à un chapitre général ; il ne s'agit peut-être que d'une réunion des provinces italiennes [2]. Élie était, quant à la lettre, absolument dans son droit : rien ne le forçait à réunir le chapitre ; mais on peut se demander quelles furent les raisons qui motivèrent sa conduite, car la réunion du chapitre était pourtant prévue par la règle. Pourquoi remplaça-t-il les chapitres généraux par des réunions partielles auxquelles étaient conviés les Italiens seuls [3] ? Ce fut en partie, sans doute, à cause des difficultés pratiques d'une pareille convocation : elles motivèrent plus tard la constitution d'après laquelle le chapitre devait se réunir tous les trois ans seulement. et tantôt en Italie, tantôt de l'autre côté des Alpes [4]. Pourtant ces raisons extérieures

---

1. Jourdain de Giano. cap. 61 : *Ipse enim habuit totum ordinem in suâ potestate, sicut ipsum habuit beatus Franciscus et frater Johannes Parens. qui ante ipsum fuerat.*— Bernard de Besse (Anal. Franc. III. 695) : *Hic missis visitatoribus suis fecit sub arctitudine magnâ provincias visitari tam in capite quam in membris. Tunc quidem generalis minister instituebat passim et destituebat provinciales ministros non expectato capitulo generali.* — Salimbene. p. 410 : *Violenter voluit tenere dominium ordinis.* Cf. Ehrle, dans Archiv für Litteratur und K. Gesch.. t. VI, 20 ss..

2. Cf. plus haut. p. 92 n. 2.

3. V. Ehrle, dans Archiv, t. VI, p. 18 n. 2.

4. Les constitutions générales de Narbonne disent : — *Statuimus de voluntate generalis ministri, ne ultra tres annos generale capitulum differatur, nisi generalis minister cum generali capitulo in proximo*

eussent difficilement retenu Élie, si, comme autrefois
François, il eût pensé que les chapitres généraux
étaient une institution bienfaisante entre toutes. Il est
vrai que ces réunions, telles que François les avait
rêvées et les avait autrefois tenues, étaient totalement
différentes de ce qu'elles furent plus tard : aux yeux
d'Élie ce n'était qu'une sorte de parlement qui eût pu
intervenir d'une façon désagréable dans son administration. Il voulait régner seul. De plus après ceux de
1227, 1230 et 1232, il ne devait attendre des chapitres
généraux rien de bien avantageux pour lui. Il n'avait
pas non plus besoin de constitutions générales, et pensait
arriver à l'uniformité par une voie bien plus courte[1] :
il donnait lui-même ses ordres, et des ministres provinciaux bien choisis devaient veiller à leur exécution[2]. Il
fallait donc naturellement qu'il eût tout à fait les ministres entre ses mains. Cela était relativement facile, car
ils avaient toujours été nommés et révoqués à volonté
par le général, et eux-mêmes pouvaient nommer et destituer les frères qui occupaient des charges inférieures.
Élie usa largement de ce droit : il déplaçait les provinciaux
suivant son bon plaisir, les envoyant tantôt ici et tantôt
là, les renouvelant souvent, et les choisissant le plus
possible parmi ses partisans ; il lui arriva aussi de

---

*precedenti capitulo pro manifesta necessitate duxerit prolungandum.
Item propter labores fratrum compatiendos ordinamus, quod generale
capitulum alternatim citra montes et ultra de cetero celebretur, in
quacumque provincia vel loco generalis minister duxerit ordinandum.*
Archiv, t. VI, 133 s..

1. Salimbene, p. 404, déplore que *toto tempore, quo fuit minister
non fuerunt generales constitutiones in ordine, ex quibus et regula
conservatur et regitur ordo et vivit uniformiter.*

2. Voir par exemple Eccleston (Anal. Franc. I, 236) : *Tempore
fratris Johannis mandavit frater Helias, ut fratres ipsi lavarent
femoralia sua ; laverunt ergo fratres administrationis Angliæ secundum quod mandatum fuerat.*

laisser vacants certains postes durant des années[1]. Enfin il subdivisa les anciennes provinces et en érigea jusqu'à 72, créant ainsi toute une armée de fonctionnaires qui dépendaient directement de lui[2].

On se rappelle qu'Elie s'était appuyé tout d'abord sur les ministres provinciaux et leur avait dû en partie

---

1. Bernard de Besse (Anal. Franc. III, 695) : *Tunc quidem generalis minister instituebat passim et destituebat provinciales ministros non expectato capitulo generali, sic et minister provincialis custodes et custos guardianum ut congruere videbat absolvens et de aliis providebat.* Ceci était primitivement toujours d'usage et de droit ; nous le voyons surtout par Jourdain de Giano (cap. 31 ; 52 ; 54 ; 57 ; 58 ; 61). Ce n'est qu'après la déposition d'Elie que ce droit du général et des dignitaires de l'ordre fut limité et en partie transféré au chapitre (V. Archiv. t. VI. 20 ss.; Anal. Franc. III, 246). Salimbene se plaint, il est vrai, d'Elie (p. 405) : *Deponebat enim eos [provinciales] ab officio ministerii etiam sine culpâ.* Et p. 410 : *Frequenter mutabat ministros, ne nimis radicati fortius insurgerent contra ipsum.... illos fratres faciebat ministros. quos reputabat amicos.* Pourtant lui-même dit (p. 407) que de fréquents changements peuvent seuls porter remède à l'arrogance des prélats ; et Thomas d'Eccleston (dans Anal. Fr. I. 243) rapporte : *Igitur ordinatio quæ facta fuerat de isto capitulo subditorum coram papâ in absolutione fratris Heliæ* [1239] *et de custodibus et guardianis eligendis canonice propter eorumdem subditorum insolentiam in capitulo proximo* [1244] *deleta est.* — Une chose qui montre combien frère Elie agissait en autocrate. c'est ce qui se passa à la mort du provincial d'Angleterre : Agnello de Pise qui occupait cette charge était mourant, et les frères. sur son conseil, envoyèrent Hugo de Wellys à Elie, pour lui proposer trois candidats. Elie apprenant la mort de ce provincial. fit briser son sceau *indigne ferens, quod fratres Angliæ ministrum sibi dari peterent aliquem nominatum. Unde fere per annum ministrum eis mittere distulit ; tandem revocato quodam, quem jam miserat. mandavit fr. Alberto Pisano..., ut proficisceretur in Angliam et ibidem fratribus ministraret* (Anal. Franc. I, 246). — On avait à se plaindre aussi des déplacements. aussi brusques que lointains : *Mittebat eos ab oriente in occidentem, id est a Siciliâ vel Apuliâ in Hispaniam vel Angliam et e converso* (Salimbene, p. 405 s.).

2. Eccleston (Anal. Franc. I, 235). Après sa déposition, le nombre des provinces fut réduit à 32. pour qu'il n'y eût pas trop de frères ayant droit de vote au chapitre général. Salimbene dit aussi (p. 406) : *Erant provincia minores, quam sint modo.*

son influence grandissante. Il se fit à cet égard un bien grand changement[1].

C'est précisément sur eux que son gouvernement arbitraire pesa le plus lourdement ; il ne cessait de leur demander de nouvelles contributions pour le sanctuaire d'Assise, et on finit par ne pas croire que toutes les ressources envoyées y fussent scrupuleusement consacrées ; on laissait entendre que le général pouvait bien y puiser pour lui ou pour son entourage ; les ministres en étaient venus à penser que les envois d'argent ou les présents étaient le seul moyen de rester bien en cour et de conserver leurs charges[2].

De plus en plus la vie privée d'Elie scandalisait les frères, non seulement les premiers compagnons, mais même ceux de la commune observance. Il avait fait remarquer, dès son élection, qu'à cause de sa faible santé, il ne pouvait observer la règle dans toute sa rigueur[3]. Mais il allait décidément trop loin. Il habitait en général Assise ou Cortone : dans cette dernière ville

---

1. Il en est ainsi notamment dans le Speculum Perf. (cap. 1 ; 2 ; 3 ; 11 ; 13 ; 65 ; etc.) Ceci est pour moi une forte preuve de l'antiquité du Speculum Perf., car plus tard il n'en était plus ainsi, comme nous le voyons par Jourdain, Thomas d'Eccleston et Salimbene.

2. Jourdain de Giano (cap. 61) : *Frater vero Helias factus generalis minister opus ad S. Franciscum, quod in Assisio inceperat, perficere volens fecit exactiones per totum ordinem ad inceptum consummandum.* — Salimbene (p. 406 s.) : *Helias.... mittebat visitatores...., qui sollicitarent provincias et m i n i s t r o s ad tributa solvenda et munera largienda.... Hinc est quod ministri provinciales tempore illo expensis suis fecerunt fieri apud Assisium pro ecclesiâ b. Francisci unam campanam grandem et pulchram atque sonoram.... Et* page 407 : *Item a tempore illo, p r o c u r a n t e m i n i s t r o, rex Hungariæ misit Assisium magnam cuppam auream in quâ caput* [Affò (p. 40 n. a) croit qu'il devrait y avoir « caputium »] *b. Francisci honorabiliter serraretur.* Les frères de Sienne burent alors dans la coupe d'or leur meilleur vin. — Ibid. p. 405 : *Ministros provinciales affligebat et vituperabat nisi redimerent vexationem suam tributa solvendo et sibi munera dando. Accipiebat enim ipse miser munera....*

3. Voir plus haut, p. 93.

il s'était fait bâtir une belle habitation. A Assise il vivait dans le superbe couvent attenant à la basilique, ou dans le grand appartement que Grégoire IX s'y était fait construire [1].

Les frères racontaient des merveilles de sa vie opulente : il ne manquait jamais d'argent, avait de superbes chevaux de selle dont il se servait même quand il ne s'agissait que de faire un demi-mille, pour aller d'une église à l'autre. Comme un prince ecclésiastique, il se faisait servir par des pages richement vêtus, mangeait rarement au réfectoire commun, et se faisait le plus souvent servir dans sa chambre, ayant, pour lui tout seul, un fameux cuisinier, frère Barthélemy de Padoue, qui lui apprêtait les mets les plus recherchés [2]. Le pire.... ce qu'on osait à peine dire, c'est que le méchant général s'occupait d'alchimie ! Dans l'appartement papal d'Assise, où des locaux lui avaient été réservés pour cela, il travaillait à la recherche de la pierre philosophale [3] !

---

1. D'après Salimbene (p. 409) les Celle, près de Cortone, étaient : *Locus pulcherrimus et delectabilis, quem in episcopatu Aretino fecit fieri de industriâ : aut enim inveniebatur ibi aut in conventu Assisinate. Et p. 411 : Undecimus defectus fratris Heliæ fuit quia infamatus fuit quod intromitteret se de alchimiâ. Revera ubicumque audiebat aliquos fratres esse in ordine, qui in sæculo aliquid de materiâ illâ, sive de artificio illo scirissent, mittebat pro eis et retinebat eos secum in palatio Gregoriano (fecerat enim papa Gregorius IX magnum palatium fieri in loco fr. Minorum de Assisio, tum propter honorem b. Francisci, tum etiam ut ibi habitaret quando veniret Assisium).*

Le monastère des Celle subsiste encore. Il est habité par les Capucins qui y ont installé un noviciat. Il se trouve à trois quarts d'heure de Cortone, dans une sorte de repli du mont S. Egidio. C'est, si l'on veut, une pittoresque solitude, mais il est parfaitement impossible de lui appliquer les paroles *locus pulcherrimus et delectabilis* de Salimbene. La cellule qui, d'après la tradition locale, a été habitée par fr. Elie n'a rien de spécial : c'est une chambrette de moins de deux mètres carrés, et qui est assignée maintenant au *frate cercatore*.

2. Salimbene, p. 410 ; Anal. Franc. III. 44 ; 229. Lib. Conform., 48 a.

3. Salimbene (p. 411) termine il est vrai, le récit qu'il en fait par : *Sibi imputetur viderit ipse.* Mais Angelo Clareno lui aussi l'appelle

Comment avec une pareille manière de vivre eût-il
pu avoir encore des entrailles pour les pauvres frères
Mineurs ?

Helias alchimista (Döllinger, Sektengesch. II, 455) : et on peut bien supposer qu'Elie s'adonna en effet à ces pratiques. Salimbene les place
sur la même ligne que la consultation d'une diseuse de bonne aventure ; les récits que fit Elie à Luc de Tuy (v. plus haut, p. 92 n. 1) nous
le montrent aussi très superstitieux, mais il ne faut pas oublier que
c'était alors le cas de bien des gens instruits et de beaucoup de
moines. Affò (Vita di frate Elia, Parma, 1819, p. 58) cite deux écrits
sur l'alchimie qui circulent sous le nom d'Elie et qui ont été vus par
lui, l'un le « Liber Patris Rev. Eliæ Generalis Ordinis Minorum ad
Fredericum Imperatorem » serait probablement l'œuvre d'un certain
Elia Canossa de Messine du XVᵉ siècle, l'autre contient des sonnets.
L'un de ceux-ci a été publié par Crescimbeni : l'écriture et la langue
en sont sans aucun doute modernes. Ces écrits, d'après Affò, sont
sûrement apocryphes.

M. Sabatier, a trouvé à la bibliothèque nationale de Florence, dans
un manuscrit qui provient de Santa Maria Novella — (Conventi sop-
pressi : Conv. 2 ; Ms. 567 ; 182 sur 212 mill. : sur papier ; d'écritures fort
diverses ; XVᵉ-XVIᵉ siècle ; 83 folios numérotés ; les marges criblées de
notes par ses divers lecteurs ; renferme une série de traités d'alchimie
et de secrets), — un traité qui commence : (Rub.) Incipit liber qui
Speculum nuncupatur vere et non sophisticus artis alkimie
sacri religiosi fratris Helye ordinis Minorum Sancti Francisci.
Qui ex dicta arte componi fecit seu fabricare ecclesiam Sancti
Francisci in Assisio.

*In nomine Domini. Amen. Ut ad perfectum magisterium pervenire
possimus primo oportet scire quod tres sunt lapides speciales et tres
sales sunt ex quibus nostrum opus totum perficitur. Et sunt tres
aquæ s. aqua mercurii, solis et lunæ. Et à la fin. fol. 29, il est dit : Fili
ergo doctrinæ perquirite et hoc excellentissimum Dei donum nobis serra-
tum invenietis. Filii insipientes cupiditatem et festinationem nequitiæ
et malivolæ pravitatis in mente habentes ab hac scientiâ fugite quia
vobis est inimica et adversaria. Et vos vestrosque hæredes in mise-
riam paupertatis constituet. Quoniam vobis penitus hoc donum Dei a
divinæ providentiæ judicio est occultum et denegatum omnino. Benedictus sit Jesus Christus. qui vivit et regnat per infinita sæcula sæculorum. Amen.*

(Rub.) Explicit vere speculum perfecti magisterii excellen-
tissime artis alkimie fratris Helye ordinis fratrum Minorum.

Je ne puis, d'après ces extraits qui m'ont été obligeamment commu-
niqués, décider si ce traité peut vraiment être l'œuvre d'Elie, et je ne
suis pas non plus capable de comprendre et de juger un traité
d'alchimie.

Il était l'ami du pape et de l'empereur. Un jour, à Crémone, où il se trouvait comme ambassadeur de Grégoire IX auprès de l'empereur, on put le voir, son bonnet arménien sur la tête, rester assis dans un fauteuil auprès de la magnifique cheminée, sans même daigner se lever quand parut le podestat de Parme [1]!

Voilà évidemment une vie bien extraordinaire pour un disciple de S. François; mais Elie allégua pour se justifier une excuse plus extraordinaire encore! Le général soutint qu'il n'était pas tenu d'observer la règle de son ordre! Il n'avait, disait-il, jamais promis d'obéir à la règle de 1223 [2]. Chose étonnante, on semble avoir attribué une certaine valeur à cet argument, car, après sa chute, on jugea nécessaire d'obliger à nouveau, d'une façon expresse, tous les membres de l'ordre à reconnaitre l'autorité de la règle de 1223.

Elie, au reste, n'était pas le seul à user de pareilles habiletés; il se trouva des frères Mineurs capables de soutenir qu'ils ne devaient pas l'obéissance aux gardiens, puisque le mot de gardien n'est pas dans la règle [3]. On voit combien les fils spirituels de François, pour lequel tout avait été esprit et vie, étaient tombés dans l'esclavage de la lettre! Il avait voulu observer et annoncer l'Evangile du Christ, et voilà que ses disciples se refusaient à tout renoncement qui dépassât la lettre de la règle!

---

1. Salimbene, p. 401 ; 402 ; 403.

2. Thomas d'Eccleston dans Anal. Franc. I, 243 ; et de même la Chronique des XXIV Généraux, ibid. III, 231.

3. L'Expositio IV Magistrorum, qui est en général un document tout à fait intéressant et caractéristique et nous atteste toute la décadence spirituelle de la communauté, dit au chap. VIII : *Nomen vero guardiani nunquam in regulâ invenitur: unde dicunt quidam, quod obedire guardianis ex regulâ non tenentur. Propterea expediret ut nomen guardiani tolleretur, et custodes sive ministri domûs convenientius dicerentur.* Firmamentum trium ordinum. Paris, 1512, P. IV, 20 b.

Malgré tout, la vie privée d'Elie n'eût pas suffi à le rendre impossible comme général; et cela surtout parce que dans les provinces éloignées on n'en savait pas grand' chose. Nous avons vu aussi que son gouvernement autocratique n'était pas une nouveauté, et il n'aurait pas été sans doute si insupportable aux frères sans un détail qui nous reste à examiner. Ce qui rendit la position intenable, et porta l'exaspération à son comble dans toutes les provinces, ce fut l'institution des visiteurs.

La visite des couvents était l'un des devoirs des ministres [1], et il semble qu'on doive entendre par là non seulement des provinciaux, mais aussi du général. On reprocha en effet à Elie de n'y avoir pas procédé lui-même, parce qu'il n'aimait pas à se déranger, et préférait rester chez lui [2]. Cependant l'ordre était trop étendu pour qu'il fût possible au général de faire toutes les visites personnellement. Les provinciaux non plus n'auraient pas pu y suffire : ils devaient recevoir eux-mêmes chaque nouveau frère, et être constamment à la disposition de ceux qui devaient avoir recours à eux pour des péchés réservés [3]; c'est à eux aussi qu'incombait le soin de faire parvenir en haut lieu les vœux ou les propositions des provinces. Dès 1229 nous voyons, une première fois, des visiteurs spéciaux chargés de parcourir les provinces [4], mais nous ne savons ni s'ils reçurent des instructions particulières, ni ce qu'elles étaient. A la fin de 1230, il est déjà question du second visiteur pour l'Angleterre, Jean Naverius [5].

---

1. Cap. X de la règle de 1223 : *Fratres, qui sunt ministri et servi aliorum fratrum, visitent et moneant fratres et humiliter et caritative corrigant ipsos.*

2. Salimbene, p. 405.

3. Cf. cap. II et VII de la règle de 1223.

4. Jourdain de Giano, cap. 55; Chronica Anonyma, dans Anal. Franc. I, 288.

5. Thomas d'Eccleston dans Anal. Franc. I, 233. Il emporta en Angleterre la bulle *Quo elongati* du 28 Sept. 1230.

Nous ignorons si ces visites continuèrent à être pratiquées. On serait plutôt tenté de croire qu'elles furent interrompues, puisqu'en 1237, lorsque de nouveaux visiteurs furent institués, la mesure parut toute nouvelle et très dure[1]. Il est vrai que cette fois les visiteurs arrivaient munis par Elie d'instructions sévères[2]. Chaque petite province eut le sien, qui allait de couvent en couvent, jouissait des pouvoirs les plus étendus et devait procéder à un examen détaillé. Ces visiteurs s'arrêtaient dans chaque couvent quinze jours, ou même un mois, suivant leur bon plaisir; ils écoutaient toutes les doléances, et quiconque leur cachait quelque chose encourait l'excommunication; ils pouvaient supprimer ou modifier toute disposition, même du ministre provincial, et pouvaient rapporter toute plainte au général. De mesquines délations réciproques et l'instabilité générale furent les résultats de ce système. Les supérieurs tremblaient, car les peines étaient sévères; et une fois accusés, ils arrivaient difficilement à se justifier[3]. L'ordre

---

1. Jourdain de Giano (cap. 62) : *A. D.* 1237, *frater Helias ad singulas provincias visitatores suo convenientes proposito destinavit, per quorum visitationes inordinatas fratres amplius quam prius contra ipsum exasperati sunt.* Thomas d'Eccl. d'accord avec lui mentionne (p. 233 s.) Johannes Naverius qui arriva en 1230 comme second visiteur, et ensuite, comme troisième, frère Wigmund, qui fut envoyé en Angleterre, pendant qu'Albert de Pise était provincial.

2. Eccleston (p. 234) : *Hic tam districtam formam et tam exquisitam a ministro generali acceperat et præcipue ut excommunicati essent de facto quicumque sibi quocumque modo celarent aliqua vel dicta revelarent.*

3. Les descriptions si frappantes que font du rôle joué par les visiteurs Thomas d'Eccleston (p. 234) et Salimbene (p. 405 et 406) sont indirectement, mais expressément, confirmées par les constitutions générales de Narbonne (1260). Toute l'organisation des visites est minutieusement réglée, évidemment pour éviter le retour d'abus qui s'étaient produits : «Les visiteurs, est-il dit, doivent être envoyés tous les trois ans dans une province par le chapitre général. Ils ne pourront séjourner plus de deux ou trois jours dans chaque couvent; ils ne doivent pas rechercher les secrets et les petits détails; ils ne peuvent réclamer aucune obéissance au delà de celle qui leur est due à

entier se trouvait sous la juridiction des visiteurs[1]. L'administration d'Elie apparut alors partout, comme une insupportable tyrannie. Un orage d'indignation gronda dans toutes les provinces ; la mesure était comble, et la résistance générale s'organisa.

On avait déjà commencé à la préparer avant l'apparition des visiteurs. Comme Elie se refusait à convoquer le chapitre général, et sévissait avec violence contre ses ennemis, une réunion eut lieu dans le but de préparer une action commune. Elle était dirigée par deux docteurs de Paris, Alexandre de Halès et Jean de La Rochelle ; mais il ne semble pas que rien de positif ait été arrêté ; on ne fit que se consulter[2]. Les visiteurs survinrent alors, et Aymon de Faversham en profita pour provoquer un grand mouvement.

Frère Aymon avait été sans doute un des amis d'Elie et partageait ses opinions. Professeur de l'université de Paris, il avait été reçu dans l'ordre, en 1225, par le provincial de France, Grégoire de Naples ; comme custode de Paris, il avait fait partie du chapitre de 1230, et avait été un des délégués chargés de demander à Grégoire IX

---

cause de leurs fonctions. Les plaintes doivent être prouvées, et à cette condition, le visiteur peut donner satisfaction au plaignant. Les doléances contre les provinciaux doivent être portées devant le chapitre provincial, et celles auxquelles pourraient donner lieu les visiteurs doivent être adressées au chapitre général. Archiv für Litteratur und K. Gesch. t. VI, p. 119 ss..

1. Jourdain de Giano, cap. 62 ; V. plus haut p. 125 n. 1 ; Bernard de Besse (Anal. Franc. III, 695) : *Hic, missis visitatoribus suis fecit sub arctitudine magnâ provincias visitari tam in capite quam in membris.* Salimbene (p. 405) : *Item supradictus Helias ministros provinciales ita tenebat sub baculo, quod tremebant eum sicut juncus tremit quum ab aquâ concutitur. P. 406 : Ista tria supradicta fiebant ministris provincialibus tempore fr. Heliæ : calumniabantur ; violenta judicia eis inferebantur et justitia in eorum provinciis subvertebatur.* — Speculum Vitæ, 168 a : *Et postmodum misit statim visitatores per totum ordinem, qui graves leges et iniquas fratribus imponebant et collectas pecuniarias fieri per loca faciebant.*

2. Jourdain de Giano, cap. 61.

une explication de la règle. Il était donc, à ce moment, pour les principes au moins, du côté d'Elie. En 1233, il fut chargé par le pape d'une ambassade très honorifique à Constantinople ; puis il fut successivement lecteur à Tours, à Bologne, et à Padoue. La reconnaissance ne l'empêcha pourtant pas de travailler contre Elie, ni plus tard, de faire incarcérer le provincial qui l'avait reçu dans l'ordre. C'était à coup sûr un de ces clercs qui, fiers de leur culture intellectuelle et du rang que leur assurait la prêtrise, ne pouvaient souffrir d'être régis par un laïque. Ce fut lui qui plus tard, par les constitutions dont nous avons déjà parlé, limita les pouvoirs du général et refoula l'élément laïque, réservant toutes les charges aux prêtres [1]. Pour le moment, nous le trouvons à la tête de la résistance contre Elie [2].

En Angleterre, dès que les visites furent terminées, un chapitre provincial fut réuni à Oxford. A l'unanimité, il y fut décidé de rédiger contre Elie une protestation motivée par ces visites. En Ecosse, on refusa même de reconnaître les visiteurs, en prétextant une décision du chapitre général qui n'accordait le droit de visite qu'au seul provincial d'Irlande [3]. Les frères de la Saxe, probablement poussés, eux aussi, par les maîtres de Paris, en appelèrent en 1238 à Elie lui-même contre ce genre de visites, mais leur appel n'eut aucun résultat [4].

Il se forma alors une véritable conspiration. Aymon réussit à réunir à Rome les délégués des provinces du

---

1. V. plus haut, p. 97, 104 et 115 (Eccleston, p. 239 s. ; et Anal. Franc. III, 246 ; 696).

2. Eccleston, p. 242 : *Postea quum* [Helias] *propter carnalitatem et crudelitatem suam totum turbaret ordinem, appellationem movit contra eum frater Haymo Parisius.* D'après Jourdain aussi (cap. 61) ce mouvement fut commencé dans la province de Saxe par des docteurs de Paris.

3. Eccleston, p. 234.

4. Jourdain de Giano, cap. 63.

Nord qui formèrent une sorte de chapitre général. Il s'agissait d'en appeler directement au pape [1]. Nous savons les noms de quelques-uns de ces envoyés : pour l'Angleterre, Aymon de Faversham ; pour la France, le célèbre lecteur Richard Rufus [2] ; pour l'Allemagne, le provincial Jourdain de Giano [3]. C'étaient tous des hommes remarquables ; ils n'ignoraient pas combien leur démarche était dangereuse et irrégulière, mais ils s'étaient assuré de puissants protecteurs. Robert Grosseté, qui avait jadis recherché avec tant d'insistance l'amitié d'Élie, avait donné aux délégués anglais des lettres de recommandation pour le pape et le cardinal protecteur Raynald d'Ostie : dans celles-ci, il commence par louer beaucoup l'activité et la conduite des frères Mineurs, puis exprime la crainte de voir tout l'ordre faire naufrage, ou du moins se trouver menacé dans son unité par l'obstination d'un seul homme, si le pape et le cardinal ne se hâtent d'intervenir [4]. Enfin, à la cour pontificale même, frère Arnulphe, pénitentier apostolique et vicaire de l'ordre, soutint les mécontents, et alla jusqu'à dire au pape que le diable lui-même, s'il prenait la forme humaine, ne pourrait inventer pour tromper les âmes, un piège plus astucieux et plus terrible que ces visites [5].

Élie de son côté, se prépara à la résistance : il se rendit en personne auprès du pape, déclara l'appel illé-

---

1. Eccleston, p. 242 : *Ipso (Heliá) invito ad celebrandum capitulum generale convenerunt multi ministri provinciales et fratres probatissimi Cismontani, procurante factum ordinis in curiá fratre Arnulfo* (Cf. p. 106 n. 1). Jourdain de Giano, cap. 63 : *Unde ad dominum papam coacti sunt appellare.*
2. Eccleston, p. 230.
3. Jourdain, cap. 63.
4. Roberti Grosseteste Epistolæ, ed. Luard, n. 58 et 59.
5. Eccleston, p. 234 et 242.

gal [1], excommunia les conjurés [2], et voulut les faire arrêter [3]. Ils purent pourtant arriver jusqu'à Rome, grâce
au vicaire de l'ordre, Arnulphe ; mais on eut beaucoup de
peine à décider Grégoire IX à les recevoir et à accepter
l'appel [4].

La discussion devant le pape fut très longue : les dé-
putés demandaient que les visites fussent organisées par
le chapitre général, ce qui fut en effet décidé plus tard [5].
Mais bientôt la majorité arriva à se convaincre qu'un
simple appel au sujet des visites ne mènerait à rien,
qu'il fallait prendre le mal à sa racine et attaquer
Elie lui-même [6]. Les appelants présentèrent donc au

---

1. Jourdain (cap. 63) fait dire à Grégoire IX : « *Scio quod appellastis ;
frater autem Helias veniens ad me, dixit vos per saltum appellasse.* »

2. D'après le Spec. Vitæ, 170 a, le pape dit : « *Licet sententia excommunicationis lata contra vos nullius sit vel fuerit firmitatis per Heliam propter appellationem, juste factam, de plenitudine potestatis
absolvo vos.* »

3. Spec. Vitæ, 168 b : *Tot gravamina ferre non valentes et ordinis
subversionem manifestam vocem appellationis ad Sedem Apostolicam
emiserunt. Statimque Helias volens eos capere protecti sunt a quodam
pænitentiario fratre confessore domini papæ.* Peut-être Grégoire de
Naples, comme provincial de France, fit-il faire alors les arrestations
qui plus tard lui valurent sa propre incarcération par ordre d'Aymon.
Eccleston, p. 230.

4. Jourdain, cap. 63.

5. Eccleston, p. 234.

6. Jourdain, cap. 63. Ici s'arrête brusquement le récit de Jourdain.
Les éditeurs (Anal. Fr. I, 19 n. 2) font remarquer que le manuscrit
n'a pas d'explicit, et que par conséquent la chronique ne peut être
complète. Mais il se trouve que Jean de Komorow (édité par Zeissberg dans l'Archiv für österr. Gesch. t. 49, p. II, Vienne, 1872, p. 299 ss.)
a copié Jourdain d'une façon textuelle précisément dans ces dernières
parties, et donne quelques phrases de plus. En second lieu, Glassberger contient, lui aussi (Anal. Franc. II, 59 ss.), la fin de la chronique
de Jourdain, avec la suite que donne Jean de Komorow ; seulement
ici (p. 59 dernière ligne, jusqu'à p. 60 avant dernier mot) sont intercalés une partie des événements du chapitre général de 1239. Ceci
prouve que cette fin appartient bien à Jourdain, en tout cas jusqu'à
duo subditi (Zeissberg, p. 319, 7 ; Glassberger, p. 61, 7).

Glassberger donne ensuite : 1. Une notice sur la nouvelle division

9

pape un réquisitoire contre Elie; ils y avaient réuni toutes celles de leurs accusations dont ils pouvaient fournir la preuve. La nouvelle discussion fut longue. Chacun des deux partis mit par écrit ses griefs et sa défense. Comme les adversaires d'Elie demandaient une réforme de l'ordre, le pape renvoya les délégués dans leurs provinces, et les chargea de faire élire une commission de vingt membres chargée de préparer leurs propositions [1].

D'après la règle, aucune délégation, si importante

---

provinciale. 2. La déposition d'Elie. 3. L'élection d'Albert. 4. Le changement de ministre pour la province de Saxe. 5. Pénitence d'Elie. 6. Nouveau changement en Saxe. 7. Mort d'Albert. 8. Réunion d'un chapitre pour la nouvelle élection. 9. Essai de réélection d'Elie. 10. Nomination d'Aymon. 11. Fixation du nombre des provinces. 12. Les attributions des ministres et des custodes sont limitées. Glassberger, en parlant du généralat d'Albert de Pise, dit expressément (p. 62, 20) qu'ici encore il a puisé dans la Chronique de Jourdain de Giano, mais il s'est aussi servi (par exemple pour l'indication donnée plus haut, sous n° 1) d'un remaniement de Jourdain, peut-être de la Chronica Anonyma (Anal. Franc. I, 290), et plus loin (pour 3 ; 7 ; 8 ; 10 ; 12) de Bernard de Besse (Anal. Franc. III, 696), et enfin (pour 5) du Speculum Vitæ, ou plutôt de la source de celui-ci.

Jean de Komorow après *duo subditi*, raconte : 1. La déposition d'Elie ; 2. L'élection d'Albert de Pise ; 3. Celle d'Aymon ; 4. La limitation par celui-ci du nombre des provinces ; 5. La limitation des attributions des ministres ; 6. L'abrogation de cette dernière constitution au chapitre de Montpellier. Après quoi ce chroniqueur passe au xv° siècle. Des numéros cités dans Glassberger, 2, 3 et 10 correspondent à Jean de Komorow 1, 2, 3, mais seulement d'une manière tout à fait générale. Par contre, Glassberger, 11 et 12 correspondent littéralement à Komorow 7 et 5. Enfin Komorow 5 et 6 se trouvent dans B. de Besse, (An. fr. III, p. 696). On peut conclure de tout cela que la Chronique de Jourdain allait en tout cas jusqu'à la déposition d'Elie, et qu'elle se retrouve dans Jean de Komorow et dans Glassberger. Pour les faits postérieurs, divers manuscrits de Jourdain pouvaient contenir des additions, mais ces fragments étaient de différentes mains et par conséquent variaient suivant les manuscrits.

1. Jean de Komorow, p. 318 : *Consedentes [factoque inter fratres qui convenerant (Glassberger, p. 59) scrutinio] conscripserunt omnia, quæ probare poterant contra Heliam, quibus articulis papæ recitatis*

fut-elle, ni aucun chapitre partiel ne pouvait déposer le général : ce droit était réservé au chapitre général [1].

Un chapitre général fut donc convoqué à Rome pour la Pentecôte (1239). La commission chargée de proposer les réformes devait se réunir quatre semaines auparavant. Elie semble avoir cherché, encore cette fois, à exercer une pression sur le chapitre en y convoquant ses partisans, mais Arnulphe les empêcha de se réunir [2].

Le chapitre fut solennellement ouvert, en présence de sept cardinaux, par une prédication du pape sur Daniel II, 29. Les propositions de la commission furent lues, et l'accusation contre Elie commença. La question des visites ne fut pas mise en avant. On s'était aperçu qu'on ne pouvait l'atteindre ainsi ; les attaques portèrent sur sa vie et son administration contraires à la règle. Il se défendit sans se troubler, disant qu'il avait déclaré dès son élection, ne pas pouvoir, par raison de santé, observer strictement la règle : on l'avait autorisé alors à avoir un cheval, on était allé jusqu'à dire qu'il pourrait « manger de l'or » si bon lui semblait ; la curie, du

---

factæ sunt coram papá disputationes, sed papa eos sic sedavit dicens : « Ite, disceptate inter vos et objectiones et responsiones conceptas nobis præsentate et ego judicabo. » Quibus auditis et perlectis diffinivit, ut fratres redirent ad suas provincias et ut maxime de iis, qui quæstionem de reformatione ordinis fecerant, mitterentur XX fratres maturi et discreti, qui quatuor septimanis ante capitulum generale Romæ convenirent et super statu ordinis ordinarent. — Eccleston, p. 242 : Igitur post diutinam concertationem electi sunt de universo ordine fratres, qui ordinis reformationem providerent. Quá provisá recitata fuit in capitulo generali coram papá...

1. Chap. VIII de la règle. Les prévoyants et minutieux règlements des constitutions générales de Narbonne sur le mode de procéder pour ce point délicat (Archiv für Litteratur und K. Gesch. VI, p. 135 s.) n'existaient pas encore alors.

2. Speculum Vitæ, 169 a ; Salimbene, p. 410. Il est vrai que ces renseignements ne sont pas absolument inattaquables.

reste. avait toujours été satisfaite de son gouvernement.
Après cette réponse, le pape ne voulait plus même accorder la parole à Aymon qui soutenait l'accusation : celui-ci pourtant riposta tout tremblant que la concession dont se prévalait Elie ne pouvait lui permettre d'amasser des trésors, d'avoir une écurie princière, de tenir une véritable cour, et par-dessus tout de spolier et de corrompre l'ordre !

Des explications orageuses s'ensuivirent, on en vint aux injures. Le pape alors déclara que tout cela était indigne d'un ordre religieux, et après avoir réclamé le silence, interrompit momentanément les débats. Le cardinal Raynald conseilla alors à Elie de donner lui-même sa démission, mais celui-ci refusa.

Grégoire IX, qui jusque-là avait fidèlement soutenu son ami, s'aperçut à ce moment que son maintien contre la volonté de la majorité devenait impossible.

Le pontife expliqua qu'il avait fait Elie général à cause de ses relations avec S. François : il avait cru répondre au désir de tout l'ordre en le nommant, mais puisque celui-ci déplaisait maintenant aux frères, il le relevait de sa charge.

Une joie irrésistible éclata à la nouvelle de la chute du tyran. On procéda aussitôt à une nouvelle élection [1]. Albert de Pise, provincial d'Angleterre, fut nommé [2].

---

1. Tout cela ressort d'Eccleston, p. 242, complété pourtant par Spec. Vitæ 169 s.. Il y a de grosses erreurs (Antoine de Padoue !), mais il y a pourtant aussi dans ce récit détaillé des données évidemment authentiques : lorsque, par exemple, parlant des plaintes portées contre Elie, il ne mentionne pas seulement son genre de vie, mais encore sa manière de diriger l'ordre, et aussi quand il dit qu'Elie s'appuya sur ses relations avec le pape et d'autres.

2. Il n'est pas facile de fixer le moment précis où fut tenu ce chapitre général, car la date exacte n'en est donnée nulle part. Celle de l'année (1239) peut être regardée comme certaine. La Chron. XXIV

Le chapitre promulgua immédiatement toute une série
de constitutions [1]. Elles montrent bien quels avaient été
les principaux griefs contre l'administration d'Elie, et
quelles étaient les réformes désirées [2]. Tout d'abord la
puissance du général fut limitée : le nombre des provinces, qu'Elie avait élevé à 72, fut réduit à 32, ce qui
contribuait à affaiblir l'influence du général en dimi-
nuant le nombre des fonctionnaires. Une décision bien
plus importante, dans le même ordre d'idées, c'est que
le général et les autres supérieurs ne purent plus choisir
ni destituer arbitrairement les frères qui occupaient des
charges inférieures ; toutes les nominations étaient ré-
servées au chapitre. Il est vrai que cette constitution,
au moins pour ce qui concerne les gardiens et les custodes, fut révoquée dès le chapitre suivant [3]. Pourtant

---

Gener. (dans Anal. Franc. III, 228 ; 233) dit 1238 ou 1239, mais le Cod.
Monach. (Monumenta Germaniæ Historica, Script., t. 13, p. 392) et
Salimbene (p. 50) disent 1239. La supposition d'après laquelle il
aurait eu lieu le jour de la Pentecôte (15 mai), n'est justifiée que par
le manque de toute donnée plus sûre, car les chapitres suivants
prouvent que ce terme de la Pentecôte n'avait plus rien d'absolu.
Une autre indication dont on pourrait tirer des conclusions est aussi
incertaine : Albert de Pise mourut le jour de Noël 1239, d'après la
Chronique des XXIV Généraux (p. 233) ; d'après d'autres, le jour de
la nativité de la Vierge (8 sept.. Anal. Franc. II, 62) ; d'après Glassberger, le 23 janv. 1240 (Anal. Franc. II, 62). Son généralat, d'après
une source (Anal. Franc. II, 62), dura trois mois ; d'après le Spec.
Vitæ (170 b), cinq mois ; d'après Jourdain, huit mois (Anal. Franc. II,
62). Salimbene aussi dit qu'Albert mourut en 1240 ; je ne sais pas, il
est vrai, à quel moment Salimbene fait commencer l'année. Je considère l'indication donnée par Jourdain, bien qu'elle ne nous soit
parvenue que par l'intermédiaire de Glassberger, comme étant la
plus digne de foi. et j'arrive ainsi à la date de la Pentecôte 1239 pour
la déposition d'Elie ; et à janvier 1240, pour la mort d'Albert de Pise.

1. Salimbene (p. 410) assure même qu'une *maxima multitudo constitutionum* furent alors promulguées.

2. Je renvoie ici aux minutieuses recherches d'Ehrle dans Archiv
t. VI, 20 ss..

3. *Propter insolentiam subditorum*, dit Eccleston, p. 243.

il ne fut plus possible au général de faire administrer toutes les provinces par ses partisans ou ses favoris, et ainsi la composition du chapitre général ne dépendit plus de lui seul. Enfin, à l'exemple des Dominicains, on institua un chapitre de définiteurs, c'est-à-dire une assemblée de délégués nommés exclusivement par les chapitres provinciaux, et qui se réunissaient indépendamment des supérieurs de l'ordre.

Le chapitre des définiteurs ne put pourtant se réunir qu'une seule fois, en 1241. Prenant exemple sur les Dominicains, ils ne voulurent admettre dans leur réunion ni le général, ni le provincial. Ils firent composer de leur propre autorité, par quatre docteurs de Paris, Alexandre de Halès, Jean de La Rochelle, Robert de Bastia et Richard Rufus, la célèbre explication de la règle, qui porte leur nom. C'en était trop pour les ministres, et les chapitres de définiteurs furent supprimés. Mais toutes ces constitutions et tous ces essais font voir combien on craignait encore le despotisme d'Elie, et quel soin on mettait à en prévenir le retour.

Le rôle prépondérant des docteurs de Paris ressort aussi clairement de tout cela. Ils poussèrent à la lutte et la dirigèrent. Aymon agissait aussi dans leurs vues, lorsqu'il fit presque disparaître de l'ordre l'élément laïque. En 1245, l'explication qu'Innocent IV donna de la règle suit celle des Quatre Maîtres, et adoucit la règle primitive encore plus que celle de Grégoire IX : ce serait là une nouvelle preuve — s'il en fallait encore une — que la chute d'Elie ne fut pas l'œuvre des zélateurs et que ce n'est pas eux qui recueillirent son héritage.

Nous pouvons ainsi, malgré la pauvreté de nos sources, nous faire une idée de la manière de gouverner d'Elie. Il arrive au pouvoir par opposition au parti de la stricte observance, et doit visiblement son élection à une pression exercée par Grégoire IX. Au commencement, les ministres et les lettrés de l'ordre, tous animés des mêmes principes que lui, sont les soutiens de son administration; il poursuit, avec une énergie infatigable et un plein succès, le but qu'il s'est tracé. Il a voulu l'ordre nombreux et puissant : la troupe toujours croissante des frères pénètre les pays lointains ; les grands de la terre recherchent son amitié ; il rend à Grégoire IX d'importants services; Frédéric II est en bonnes relations avec lui ; le grand évêque de Lincoln sollicite son appui ! Son intelligence et son habileté extraordinaires lui permettent de conserver l'amitié de deux puissances rivales !

Mais plus sa considération grandissait, plus son gouvernement devenait arbitraire, et moins il était disposé à demander un avis soit aux anciens compagnons, soit au chapitre général. La faveur du pape, sur laquelle il savait pouvoir compter, lui faisait mépriser toute résistance ; il écrasa le parti des zélateurs, sans même épargner un ancien ami. Les ministres et les autres fonctionnaires de l'ordre devaient, comme des soldats, obéir au moindre signe ; telle était sa volonté, et aussi, sans doute, celle du pape. A la fin, pour les maintenir dans une stricte obéissance, il leur envoya ses visiteurs. Mais, absorbé par les luttes politiques qui travaillaient l'Italie, il ne se rendit pas compte de l'importance que prenaient les maîtres et les professeurs de théologie dans les pays du Nord. Ceux-ci étaient entrés dans l'ordre en grand nombre; ils en étaient, dans ces contrées, la gloire et la parure, et s'introduisaient de plus en plus dans les cercles dirigeants de leurs pays respectifs. Ces hommes, que jadis Elie avait attirés de tout son pouvoir, et dont il eût alors voulu voir s'accroître l'influence, ne purent plus tard supporter

le pouvoir arrogant d'un laïque ; ils organisèrent
une puissante résistance contre le despote. La confiance qu'Elie avait dans l'appui du pape fut en fin
de compte trompeuse, et le général, débile de corps,
mais d'une indomptable énergie, finit par tomber victime de la révolte générale qu'avait causée sa tyrannie.

ÉLIE DE SA DÉPOSITION A SA MORT 1239-1253

Bien que les sources, ne mettent pas la vie et l'œuvre
d'Elie aussi en lumière que nous le voudrions, elles ont
pourtant pu nous guider jusqu'ici plus qu'elles ne le fe-
ront à l'avenir. A partir de sa chute, elles deviennent
si troubles, qu'on en est réduit, pour avancer à travers
tant d'obscurités et de contradictions, à des suppositions
plus ou moins risquées.

Elie déposé, ses ennemis de droite et de gauche triom-
phèrent. Les clercs de l'ordre entendaient pour la première fois, non sans satisfaction, la messe dite par leur
général[1]; et les zélateurs, eux aussi, considéraient l'avenir avec une joyeuse confiance.

Le pape avait complètement abandonné son ami. Jadis
François avait appris ce que pouvait être l'amitié de Grégoire IX; c'était au tour d'Elie d'en faire l'expérience :
le pape ne songeait qu'à sa politique; tout le reste devait
plier quand elle était en jeu.

Qu'allait faire Elie? Essayerait-il de reconquérir le
poste qu'il avait perdu? Une fois déjà, en 1227, il avait
éprouvé un échec devant le chapitre, et cela ne l'avait
pas empêché de remporter la victoire en 1232 ; il est
vrai qu'il avait alors toute la confiance du pape qui,

---

1. Eccl. 243 : *Igitur celebratâ missâ a ministro generali, dixit idem
fratribus qui non erant de capitulo : « Jam audistis primam missam,
quæ unquam celebrata fuerit in ordine isto a ministro generali.»*

cette fois, l'avait sacrifié. Mais il était bien facile de voir que Grégoire IX n'avait agi qu'à contre-cœur. Etait-ce chose impossible que de regagner toute sa faveur ; et puis, avec son aide, de reconquérir la puissance perdue ? Les premiers actes d'Elie après sa chute permettent, je crois, de lui attribuer des pensées de ce genre.

Il se rendit tout d'abord à Assise. Là se trouvait l'œuvre de sa vie, l'église et le couvent qui n'étaient pas encore achevés. Il ne pouvait plus guère, une fois tombé, conserver l'espoir de réunir les fonds nécessaires pour terminer le monument, mais il ne pouvait pas non plus l'abandonner. On continuait à bâtir : il semble qu'Elie ait voulu tout d'abord reprendre son rôle d'architecte, et amener la construction jusqu'à un certain degré d'achèvement. Les fameuses cloches furent fondues cette année-là. Puis, par un acte du 26 mai 1239, Elie en qualité de *dominus et custos ecclesiæ Sancti Francisci Assisinatis*, et Jacques de Bevagna, comme *syndicus et procurator dictæ ecclesiæ*, s'engagent à remplacer des blocs de travertin qu'on avait enlevés à une maison d'Assise pour les employer à la construction de l'église [1].

Ceci nous montre qu'on travaillait en toute hâte, puisqu'on ne se donnait même pas la peine d'aller chercher la pierre, et qu'on préférait l'emprunter toute taillée à des bâtiments voisins. La construction ne fut pourtant pas complètement terminée ; il est probable que les travaux furent interrompus quand Elie cessa de s'en occuper. Pendant les dix années suivantes, nous n'en trouvons aucune trace, sauf en 1243, à propos de la fonte de cloches plus petites, et en 1246, à propos des limites de la place qui s'étend devant l'église. Ce n'est qu'en 1252, après qu'In-

---

1. Voir Appendice III, 5, p. 173.

nocent IV eut fait un appel pour encourager les aumônes et les contributions en faveur de la construction, qu'on recommença à y travailler activement ; enfin, le 25 mai 1253, l'église supérieure put être solennellement consacrée [1].

Il est donc probable qu'Elie, à son retour de Rome, n'avait pas, en hâtant les travaux de la basilique, l'intention de les terminer ; il dut simplement vouloir prendre ses dispositions pour remettre la construction en d'autres mains [2], et je pense que les mots de « custode de l'église », dans le document cité plus haut, ne doivent pas signifier qu'Elie ait été nommé custode du couvent [3] : un ancien général ne se laisse pas facilement nommer préfet de couvent. Il fit sans doute comme Jean Parenti, qui, après son abdication, vécut en Corse, dans un exil volontaire. Lui se retira à Cortone pour y mener une vie de pénitence : on apprit alors avec étonnement que le terrible général était devenu un tout autre homme ; on ne le reconnaissait plus ; il se laissait pousser les cheveux et la barbe [4], portait les vêtements les plus humbles, et vivait

----

1. Thode, p. 203 s..

2. Le nom que donne le Speculum Vitæ est naturellement erroné, 170 b : *Recommandato etiam loco et basilicá Assisii et illo opere sumptuoso et illam fabricam papæ quam inceperat pro opere fratri Johanni, qui ante ipsum fuerat generalis, recommendando inde recessit...*, mais le récit lui-même ne me semble pourtant pas invraisemblable.

3. C'est l'opinion d'Azzoguidi, LIX, n. 6. Le supérieur du couvent d'Assise a le titre de custode, et non de gardien. Il en était ainsi déjà alors : voir Sbaralea, Bull. t. I, p. 288, bulle *Cupientes* du 13 déc. 1240.

4. Eccl. p. 243 ; Spec. Vitæ, 170 b ; Eccleston (p. 242) raconte la feinte pénitence d'Elie pendant laquelle celui-ci se laisse pousser la barbe et les cheveux, mais il la transporte aux années de 1230 à 1232. J'ai fait remarquer plus haut (appendice au ch. II, p. 96-100) que le récit d'Eccleston présente des difficultés. Du reste, Eccleston dit aussi (p. 243) qu'Elie, après sa déposition, se retira à Cortone ; il ne peut donc plus avoir travaillé que pendant peu de temps à la construction

dans la plus stricte pénitence. Le pape et beaucoup de frères étaient persuadés de sa conversion; et se prenaient même à regretter sa destitution [1].

Mais au moment même où un retour en sa faveur allait peut-être se produire, Elie se rendit auprès de l'empereur Frédéric II, déjà excommunié [2]. C'était perdre,

---

de l'église d'Assise. Pourquoi laissa-t-il l'édifice inachevé et se retira-t-il à Cortone ? Le récit de la pénitence en donne une explication naturelle. Il est vrai que les cheveux et la barbe qu'il laisse pousser en signe de pénitence donnent lieu à de nouvelles difficultés, car tous les portraits que nous avons d'Elie le représentent avec toute la barbe et une calotte arménienne sur la tête. L'un est à Cortone chez M. Bernard Venuti; j'en ai eu une photographie sous les yeux. Il en existe, à ce que m'a dit M. Sabatier, une sorte de réplique du XVIIe siècle au municipe d'Assise. On le trouve aussi gravé à la première page de la Vita di Fra Elia de l'Anonimo Cortonese (Livorno, 1763). Ces portraits, auxquels on pourrait ajouter la gravure insérée dans le S. François d'Assise, publié par les PP. Capucins (Paris, 1885, in-4° de XVI et 438 pages), p. 152, doivent tous s'inspirer plus ou moins directement de celui que Giunta Pisano avait peint, en 1236, au pied du crucifix dont nous avons déjà parlé (voir p. 89). Tous portent l'inscription : *Jesu Christe pie, miserere precantis Heliæ*. Elie, d'après eux, aurait porté déjà en 1236, c'est-à-dire au moment de sa plus grande puissance, cette barbe complète de modeste apparence. Ceci rend suspect le récit d'Eccleston ainsi que celui du Speculum Vitæ.

Il faut cependant ajouter que le mot de portrait est employé ici dans son sens le plus vague. Non seulement le petit tableau (28 × 38 centimètres) conservé chez le comte Venuti n'est pas, comme pourraient le faire supposer les paroles de Papini (Voir plus haut, p. 89, note 1), une épave fragmentaire du crucifix d'Assise, mais il est évident que, si l'auteur de cette peinture (XVIIe ou XVIIIe siècle) a tenté de reproduire l'œuvre du XIIIe siècle, il a été parfaitement incapable de faire une copie fidèle.

1. C'est du moins ce qu'affirme le Speculum Vitæ, 170 b.

2. Richard de S. Germano dit (Monumenta Germaniæ historica, Scriptorum t. XIX, p. 379 ; Muratori, Scr. Rer. It. VII, 1044) : *Mense Decembris* (1239) *imperator apud Pisas Natale Domini celebrat. Quidam frater Helias qui in ecclesiá S. Francisci apud Assisium magister ordinis fratrum Minorum extiterat, pro eo quod apud Gregorium papam delatus a fratribus quod male administrasset, eam ipse papa ab administratione removit, in odium papæ imperatori adhæsit.* — Quand Elie passa-t-il à l'empereur ? Encore dans

à coup sûr, toutes les sympathies que sa pénitence pouvait lui avoir reconquises. et s'attirer la haine irrémédiable du pape. On se demande ce qui put bien l'y décider.

Nous savons qu'Elie avait conservé des relations d'amitié avec les Clarisses [1]. La bulle *Quo elongati*, de 1230, avait interdit aux frères l'entrée des couvents de femmes, à moins d'une autorisation spéciale du pape. Sᵉ Claire avait réclamé si vivement que, peu après, la permission du général fut déclarée suffisante [2]. Elie put ainsi, tant qu'il fut général, communiquer librement avec les Clarisses. Il crut, après sa déposition, pouvoir continuer à agir comme par le passé, et visita les sœurs du couvent de Cortone. Albert de Pise, qui lui avait succédé, lui demanda compte des libertés qu'il avait prises et voulut l'obliger à demander une autorisation. Elie s'y refusa ; le pape lui donna tort et déclara qu'il devait. comme tous les autres frères. obéissance au général.

Mais Elie n'avait pas appris à obéir; le dépit le poussa à se rapprocher de Frédéric II : il tombait ainsi sous le coup de l'excommunication générale lancée par Grégoire IX contre tous les partisans de l'empereur. Le pape, d'ailleurs, l'excommunia encore d'une façon particulière. Tel est le récit de Thomas d'Eccleston [3].

---

le courant de l'année 1239. comme le prouvent non seulement le passage cité, mais encore l'Hist. VII Trib. (Döllinger, Sektengesch. II, 463), et enfin une lettre de l'empereur (Huillard-Bréholles. Hist. diplom. Frid. II, t. V, pars. 1, page 346), car, bien que la date donnée par Huillard-Bréholles. *circa julium ineuntem*. soit arbitraire et sans doute trop reculée. il ressort de la lettre elle-même que la déposition d'Elie était encore toute récente.

1. V. plus haut, p. 108-110.

2. Acta SS., Augusti t. II, p. 762 n. 37.

3. Eccl. 243. Il est vrai que le Speculum Vitæ n'en sait rien. Il fait rester Elie à Cortone simulant la pénitence jusqu'à la mort de Gré-

Cet événement fit une profonde impression sur les contemporains. Frère Égide, dont l'autorité morale était grande, et qui avait été l'un des premiers compagnons de François, apprenant la chute d'Élie, s'étendit la face contre terre, et s'écria : « Je veux descendre aussi bas que je le pourrai, puisqu'un homme aussi puissant a pu être si effroyablement précipité d'une pareille hauteur![1] » Les paysans eux-mêmes se moquaient des frères et chantaient le long des routes :

> Hor attorna fratt'Helya
> Ke pres'ha la mala via[2].

Quant à l'empereur, l'arrivée du célèbre frère Mineur, ancien familier du pape, devait être pour lui la bienvenue. Depuis des années déjà, il avait été en relations avec Élie[3]. En 1238, celui-ci avait fait à Crémone un long séjour à la cour impériale, comme envoyé du pape[4] ; il avait sans doute fait partie de l'ambassade chargée de profiter du moment où l'empereur était affaibli par l'inutile siège de Brescia, pour lui présenter toute une série de plaintes. Le pape travaillait alors déjà à amener une rupture ; l'empereur, à cause de sa fâcheuse position, cherchait à l'éviter et traita fort honorablement les ambassadeurs[5]. Le général des frères Mineurs, qui avait toute la confiance du pape, réussit à pénétrer aussi dans l'intimité de l'empereur. Il était donc tout désigné pour servir d'intermédiaire entre eux.

---

goire, et ne le fait excommunier que par Innocent IV. Mais la lettre de Frédéric II (Huillard-Bréholles V. 1. 346 s.) prouve qu'il passa à l'empereur peu après sa déposition, et le procès-verbal fait au sujet de son absolution dit qu'il fut excommunié non seulement par Innocent IV. mais déjà par Grégoire IX. Voir Appendice III. 8.

1. Lib. Conform., 54 a : Anal. Franc. III, 80 ; Spec. Vitæ, 172 a.

2. Salimbene. p. 411.

3. V. plus haut, p. 108 et 123.

4. Salimbene, p. 401 ; 403 ; 409.

5. Winkelmann. Gesch. Friedrich II, t. II, p. 100 ss. ; Schirrmacher, Kaiser Friedrich II, t. III, 1 p. 38 ss. et IV, 174 ss..

Frédéric II avait été excommunié, le dimanche des Rameaux 1239. D'amères polémiques commencèrent aussitôt; mais, malgré cela, des négociations et des essais de médiation furent encore tentés sur différentes bases et par diverses personnes. Elie, lui aussi, essaya de s'entremettre; le pape lui envoya un sauf-conduit pour venir à Rome comme négociateur ; mais, près de Viterbe, l'ancien général apprit que le pape l'attirait dans un guet-apens et voulait le faire arrêter. Il rebroussa chemin [1] et adressa pour justifier sa conduite une lettre à Grégoire IX ; celle-ci fut envoyée par l'intermédiaire du général Albert de Pise qui ne la remit point, peut-être parce qu'il mourut peu après. Les frères la trou-

---

1. Huillard-Bréholles, t. V, p. 346 ss.. Frédéric écrit : — *Quis enim non miretur et doleat audiendo Romanum principem.... ad capiendos et tradendos homines dolose sub verbo pacis et fiduciæ datæ procedere, litteras securitatis offerre, ut sub hac specie honestatis.... incautos offendat ?... Revera papa iste quemdam religiosum et timoratum fratrem Heliam, ministrum ordinis fratrum Minorum, ab ipso beato Francisco patre ordinis migrationis suæ tempore constitutum, pro eo quod.... pacem imperii promovens nomen nostrum, honorem et bonum pacis evidentibus indiciis proponebat, in odium nostrum a ministerio generali, reverentiâ Christi postpositâ et juris s. Francisci ordinatione contemptâ deposuit, divisionem in fratribus faciens et inordinationem et sectionem. Isto postmodum viro.... nostris honoribus adhæ-rente.... ab ipso dubitans tamquam suorum conscio secretorum.... consideravit, qualiter eum... interciperet et haberet. Misit itaque sibi suæ securitatis litteras de fratrum consilio et deliberatione compositas ut se conferret ad eum quasi pacis negotia tracta-turus. Quod quum idem frater ad nostram audientiam protulisset præstitæ sibi securitatis litteras assignando in nostrâ camerâ reser-vandas... nos ita sibi cum suâ securitate præstitimus, prout salubritati suæ expediens duximus.... Dumque vir iste.... apud Viterbium pro-cessisset.... præmisit ad Urbem duos de suis fratribus prænuntiantes ejus præsentiam et adventum. Quod quum ad papalem audientiam perveniret,.... de ipsius captione callide disponebat.... Quare inventus non exstitit....* Il faut, pour cette lettre, se rappeler que Frédéric II était peu au courant des affaires des frères Mineurs, et qu'il avait intérêt à faire aussi profonde que possible la rupture entre l'ancien général et le pape.

vèrent sur lui, mais ne se crurent pas tenus de la faire
parvenir à destination [1].

D'autre part, Frédéric II publia immédiatement un
manifeste, pour apprendre au monde entier comment le
pape avait injustement déposé Elie, qui avait été institué par S. François lui-même ministre général des frères
Mineurs. Grégoire IX, disait-il, avait voulu punir Elie
parce que celui-ci avait travaillé à rétablir la paix entre
l'empire et le S. Siège ; puis, pour se débarrasser d'un
témoin de toutes ses iniquités, il n'avait pas craint de
violer la parole donnée et de chercher à le faire disparaître ! De pareilles accusations rendaient toute réconciliation impossible.

L'empereur acheva d'attirer Elie dans son camp, et
le fit entrer dans son intimité. Aux sièges de Ravenne
et de Faenza (août 1240-avril 1241), Elie et ses partisans,
revêtus de l'habit de l'ordre, se trouvaient dans l'entourage de l'excommunié ; on disait même que l'empereur
se guidait d'après ses conseils [2]. Au même moment, le
pape convoquait, pour le 1er novembre 1240, un chapitre
général des frères Mineurs, où le principal adversaire
d'Elie, Aymon de Faversham, fut élu général [3]. Le pape
le combla aussitôt d'une foule de privilèges [4].

---

1. Hist. VII Trib. (Döllinger. Sektengesch. II. 463) : *Nam excommunicatus a præfato summo pontifice Gregorio propter sequelam
imperatoris quam videbatur habere in eadem decessit ex culpâ vel
negligentiâ sui successoris fratris Alberti, qui litteras excusationis et
satisfactionis ejusdem fratris Heliæ mittere distulit. videlicet frater
Albertus de Pisis obiit et in sacculo* (texte : *sæculo !*) *quem habebat in
tunicâ satisfactoriæ ad papam missæ inventæ sunt. Hoc modo retentæ
ad s. pontificem non venerunt.* — La Chronique des XXIV Généraux (Anal. Fr. III. 250) aussi parle d'une lettre interceptée : lettre
de citation du pape Innocent IV, adressée en 1244 à Elie, et dont la
suppression est encore bien plus invraisemblable.

2. Salimbene, p. 411.

3. Bernard de Besse dans les Anal. Franc. III, 696 ; Spec. Vitæ,
171 a. Ehrle dans la Ztschr. f. Kath. Theol., t. VII, p. 340, note c,
prouve cette date de 1240.

4. Sbaralea, Bull.t. I, p. 285 ss..

Vers le même temps, l'empereur, irrité de voir les moines mendiants exciter à la résistance le peuple de Faenza, alors assiégée, bannit de ses états les Franciscains et les Dominicains, dont il dénonçait l'effronterie avec violence ; il n'en laissa que deux dans chaque couvent, pour la célébration du service divin[1]. Bien des gens pensaient que tout ce que l'empereur publiait dans ses écrits et dans ses pamphlets sur les ruses déloyales du pape, lui avait été raconté par Elie, l'ancien ami de Grégoire IX[2]. S'il est vrai que les conseils d'Elie furent de tant de poids auprès de Frédéric II, ce n'étaient pas du moins de mauvais conseils, puisqu'à cette époque on voit l'empereur remporter coup sur coup de beaux succès.

Grégoire IX mourut le 21 août 1241; et après le très court pontificat de Célestin IV, le Siège Apostolique demeura vacant près de deux ans. Frédéric II employa ce temps

---

1. Schirrmacher, 3, 168 ss..

2. Matthieu Paris, dans Monumenta Germaniæ, Scriptores, 28,182 : *Illo [sc. Heliâ] enim summo procuratore machinante ecclesia Romana super usuris et simoniâ et rapinis rariis reddebatur infamis et filii in privignos convertebantur. Asserebat etiam ipse prædictus frater Helias dominum papam contra jura imperii debacchari, pecuniam tantummodo silire et rariis argumentis extorquere..., fraudem etiam facere de pecuniâ collectâ ad succursum terræ sanctæ, scripta etiam ad beneplacitum suum in camerâ suâ bullare clam et sine fratrum assensu, et etiam cedulas vacuas sed bullatas multas nuntiis suis traderet, ut in eis quod eis foret beneplacitum scriptitarent, quod erat horribile : et alia multa enormia imposuit domino papæ.* — Mais beaucoup de ces reproches avaient été déjà faits par l'empereur dans une lettre du 20 avril 1239 (Huillard-Bréholles, t. V, p. 295 ss.) à une époque où Elie n'était pas encore auprès de lui. En tout cas, l'attitude d'Elie dut profondément blesser Grégoire IX, car sa fureur déborde contre ce qu'a fait Frédéric, *Heliâ et Henrico quibusdam non prophetis, sed profanis apostatis testibus suæ perversitatis assumptis,* Huillard-Bréholles, t. V, p. 777. Mais le Speculum Vitæ (171 a) en disant : *Ad tantam enim gratiam prædicti imperatoris devenerat iste Helias ut suo in omnibus regeretur consilio,* va naturellement beaucoup trop loin.

à tâcher d'obtenir la nomination d'un pape avec lequel il lui fût possible de vivre en paix ; et quand, en juin 1243, Innocent IV fut élu, tous ses efforts tendirent d'abord à conclure la paix.

Pendant ces mêmes années, Elie fut envoyé en Orient chargé par l'empereur d'une mission très honorifique. Il s'agissait de négociations diplomatiques. Nous avons peu de données certaines sur ce voyage : Frédéric recommanda Elie au roi de Chypre, comme un homme dont il avait éprouvé la fidélité et les sages conseils, et qu'il envoyait outre-mer pour y remplir une mission délicate ; il prie le roi de le protéger et de l'appuyer dans ses desseins[1].

Il ne reste qu'une seule indication sur l'œuvre difficile dont Elie avait été chargé : c'est qu'il avait été envoyé à Constantinople pour tâcher de provoquer un arrangement entre deux empereurs, et avait reçu de l'empereur grec de nombreux présents[2]. Les deux empereurs dont il est question doivent être l'empereur latin Baudouin, et l'empereur grec Vatace. Baudouin, l'éternel prétendant au trône de Constantinople, était soutenu par le pape, mais il cherchait en vain à repren-

---

1. Huillard-Bréholles VI, 1, 147. Les expressions sont très flatteuses pour Elie : *Tanta est bonæ fidei et devotionis probatæ constantia, tantaque laudabilium efficacia meritorum, quam in provido viro fratre Heliâ dilecto familiari et fideli nostro, semper et utiliter invenisse meminimus, quod ipsum jam a fructibus agnoscentes personam suam domesticam nostris serviliis libenter admittimus, et suæ circumspectionis consiliis fiducialiter inhæremus. Quum igitur eumdem fratrem nuper ad partes transmarinas transfretare paratum pro quibusdam arduis excellentiæ nostræ serviliis... affinitatem vestram requisimus...*

2. Speculum Vitæ, 171 a. Anal. Franc. III, 249 ; d'après cette seconde source la paix devait être conclue *inter ipsos imperatores*, et les reliques ont été données à Elie par l'empereur de Constantinople ; mais le Speculum Vitæ est sans doute plus exact lorsqu'il dit que la paix devait être conclue *inter duos imperatores*, et quand il appelle l'empereur qui donna les reliques, *imperator Græcorum*.

dre possession de son empire, arrêté par Vatace, l'empereur grec de Nicée. Frédéric II essayait de s'entremettre. Il est possible aussi qu'il fût alors déjà en pourparlers avec Vatace qui, peu de temps après, épousa sa fille[1].

Nous ignorons le résultat des négociations d'Elie ; mais nous savons qu'il fut reçu avec beaucoup d'honneurs, et s'en retourna chargé de reliques qui constituaient un trésor de grande valeur, et parmi lesquelles se trouvait un morceau de la vraie croix[2].

Pendant qu'il était en Orient, Aymon de Faversham, son principal adversaire dans l'ordre, était mort (1244). Un certain nombre de frères, et non des moins influents, se mirent à travailler en sa faveur. Beaucoup disaient que sa déposition n'avait pas été régulière ; ou prenaient son parti pour des raisons de principe. On trouve même l'allégation, tout à fait insoutenable, que les deux tiers des Franciscains auraient été de son côté[3].

Comme les frères Mineurs devaient procéder à l'élection d'un général, le chapitre se réunit à Gênes[4],

---

1. Azzoguidi, LXIII-LXV ; Affò, Vita di Fra Elia, p. 71 : Schirrmacher, Kaiser Fried. II, t. IV, 67 ; 176.

2. Cette relique insigne est encore aujourd'hui conservée dans l'église des Conventuels de Cortone. Le reliquaire en ivoire où elle est renfermée est un des plus beaux monuments de l'art byzantin. On trouvera dans l'œuvre excellente du Prof. Girolamo Mancini (Cortona nel Medio Evo, Florence, 1897, p. 174), toutes les références bibliographiques nécessaires.

3. Speculum Vitæ, 171 a ; Anal. Franc. III, 250.

4. Innocent s'enfuit secrètement de Civita-Vecchia à Gênes. Aussi ne peut-il guère y avoir convoqué lui-même d'avance un chapitre général. Si le pape séjourna à Gênes, ou plutôt dans un couvent de Cisterciens aux environs, ce ne fut pas volontairement, mais forcé par une grave et pénible maladie. Il en repartit dès qu'il put être transporté (V. Schirrmacher, 4, 87 s.). Comment aurait-il pu avoir l'idée de convoquer un chapitre de frères Mineurs et d'instruire l'affaire d'Elie ? Et comment la réunion d'un chapitre général, qui demande à être préparée de longue main, aurait-elle pu être décidée

où séjournait le pape Innocent IV qui était en route
pour la France (juillet à octobre 1244). Le provincial
d'Irlande, Jean de Kethene, s'employa hardiment à
amener une réconciliation avec Elie : il obtint qu'un
avertissement, l'engageant à rentrer dans l'obéissance
de l'Eglise et de l'ordre, lui fût adressé [1]. Il semble en effet qu'Elie essaya encore une fois de se
rapprocher des frères. Il pouvait considérer la réconciliation comme possible : ses anciens ennemis étaient
morts ; le nouveau pape ne s'était pas encore prononcé
au sujet de Frédéric II ; un courant d'opinion se dessi-
nait en faveur de l'ancien général ; aucune procédure
strictement régulière n'avait eu lieu au moment de sa
déposition ; le pape l'avait, pour des raisons d'oppor-
tunité, sacrifié à la colère de ses adversaires, mais une

---

en vue d'un séjour forcé et occasionné par une maladie, dont on
ne pouvait pas par conséquent prévoir la durée ? Il faut donc rejeter
les renseignements du Spec. Vitæ et de la Chron. XXIV Gener.. Le
Spec. Vitæ (171 b) dit : *Quum [papa] pervenisset Jannam audiens
tantam ordinis divisionem et ordini compatiens resedit et præcepit
ibi congregari capitulum generale et citavit Heliam et omnes complices
ejus et sequaces.* La Chron. XXIV Gener. dit (Anal. Franc. III, 250) :
*Qui [papa] de Anagniá, ubi electus fuerat, Jannam veniens super
tanto malo ordini compatiens, anno Domini 1244, jussit ibidem generale capitulum congregari.* Salimbene pourrait faire penser (p. 412)
qu'il n'y eut pas à Gênes un véritable chapitre général, mais simplement une réunion, peut-être hâtivement rassemblée, des frères qui
n'étaient pas trop éloignés, à condition toutefois que les faits racontés
par Salimbene à propos du « 12ᵉ defectus » se soient effectivement
passés à Gênes : *Quâdam die venit ad quemdam locum fratrum Minorum et congregatis fratribus in capitulo cœpit velle ostendere inno-
centiam suam.* Mais le prologue des 3 Socii (Acta SS. Oct. II, 423), et
celui de la II Vie de Thomas de Celano parlent d'une manière tout à fait
précise d'un chapitre général, qui, étant donnée l'époque, ne peut avoir
été que celui de Gênes. 3 Socii : *Quum de mandato proximi præteriti
capituli generalis et vestro teneantur fratres....* 2 Cel. : *Placuit sanctæ
universitati olim capituli generalis et vobis, Reverendissime pater....*
Il faut donc admettre qu'un chapitre général des frères Mineurs a eu
lieu accidentellement à Gênes à ce moment-là.

1. Eccleston, p. 236.

insufficientia, telle que l'exigeait la règle, n'avait pas été canoniquement constatée ; en espérant une réintégration, il ne poursuivait donc rien qui fût impossible en soi.

Il voulait la réintégration, non la soumission, et arriva au chapitre accompagné de ses partisans, non dans l'attitude d'un pénitent, mais pour faire son apologie et prouver l'injustice de sa destitution. Un certain frère Bonaventure de Forli lui répondit par un torrent de reproches entremêlés d'injures. Les sentiments de la majorité n'étaient pas assez complètement changés, pour qu'on voulût simplement revenir en arrière et annuler ce qui avait été fait [1].

Elie repartit donc sans que la réconciliation eût eu lieu ; et Innocent IV excommunia de nouveau l'obstiné qu'il déclara au surplus indigne de porter l'habit de l'ordre [2]. Elie se rapprocha encore de l'empereur ; mais son parti alla s'affaiblissant, surtout lorsque le pape eut prononcé à Lyon une nouvelle excommunication contre l'empereur et l'eut déclaré déchu. Quelques frères pourtant — Salimbene dit douze ou quatorze — lui restèrent fidèles

---

1. Il est même risqué de retenir ces quelques indications, tant est grande l'obscurité des sources. Salimbene (p. 412) ne dit pas que ce fut à un chapitre *général* qu'Elie se présenta ainsi, et les renseignements du Spec. Vitæ, 171 b, et des Anal. Franc. III, 250 (Voir page 147, n. 4) sont suspects : ils parlent d'un privilège de Grégoire IX qui aurait permis à Elie de se retirer où il voudrait avec ses adhérents. La Chron. des XXIV Généraux parle encore d'une lettre de citation du pape qui aurait été interceptée (V. plus haut, page 144, n. 1). Il n'est plus possible d'éclaircir tout cela d'une manière certaine, aussi ne doit-on voir dans le récit proposé ici qu'une simple possibilité.

2. Le procès-verbal dressé pour constater l'admission d'Elie aux derniers sacrements, dit qu'il avait été excommunié par Innocent IV (V. Appendice III, 8). On voit par l'instrument de donation d'un terrain de construction à Cortone qu'Elie ne se regardait plus comme frère Mineur (V. Appendice III, 6); c'est pourquoi ce renseignement donné par le Speculum Vitæ, 171 b, paraît exact.

jusqu'à sa mort[1]. Entouré de cette « famille », il se rendit à Cortone et comme, paraît-il, il ne pouvait, ou ne voulait pas demeurer dans le couvent des frères Mineurs, il s'en alla probablement habiter une maison qui subsiste encore aujourd'hui et s'appelle « casa di frate Elia ». Ce qui en reste nous montre qu'elle était d'une architecture très simple, à la fois sobre et élégante, construite avec des matériaux de choix[2].

Elie avait donné à cette ville qu'il affectionnait, et qui à ce moment était bien disposée pour l'empereur, les reliques qu'il avait rapportées d'Orient[3]. Il s'était

---

1. Salimbene, p. 410.

2. Elle devint propriété des évêques d'Arezzo. V. Anonimo Cortonese, p. 31 et 32, note, où est cité un document de 1264. Cf. Affò. Vita di frate Elia, p. 79 n. a : Alberto della Cella, Cortona Antica (in-8° de VIII et 315 pages, Cortona, 1900), p. 94. Dans le procès-verbal d'absolution, il est dit aussi : *In domo quam idem Helias ædificavit.* V. ci-après, Appendice III, 8.

3. Speculum Vitæ, 171 a : *Ubi multa dona et reliquias plurimas ab imperatore Græcorum recepit.* De même Anal. Franc. III, 249. Dans la légende du b. Guido de Cortone (V. plus haut, p. 36, n. 3). Acta SS. Jun. III, p. 98, il est dit : *Frater Helias de Villà Ursariâ, qui postea Cortonam attulit sanctas reliquias a Friderico II imperatore acceptas :* et le Bollandiste ajoute, p. 101 : *Reliquiæ istæ sunt caput S. Emerentianæ Virg. et Martyris et frustum ex ligno S. Crucis, unum ex majoribus, quod in Italià sit. Additur etiam tunica S. Francisci et alia quædam.* Lipsin (Compendiosa historia Vitæ S. Francisci, Assisi, 1756, p. II, 105) dit : *Frater Helias quum ad imperatorem Fredericum se contulisset, ab eodem legatus missus est ad Johannem Lascaris imperatorem Orientis, a quo ob res bene gestas insignem crucem ex ligno sanctissimæ Crucis D. n. J. Christi confectam recepit, quam idem Helias, mortuo Frederico, Cortonam rediens, ecclesiæ fratrum Minorum a se ædificatæ una cum cœnobio donavit. In reliquiario in quo præfata crux servatur sequentia verba leguntur :* JESUS-CHRISTI FILII DEI SACROSANCTÆ CRUCIS CUJUS INSIGNE FRAGMENTUM FRATER HELIAS OLIM FRANCISCANI ORDINIS MODERATOR EX ORIENTIS LEGATIONE RETULIT AC PERENNIBUS MIRACULIS ILLUSTRATUM, IN TEMPLO A SE UNA CUM COENOBIO, IN HAC SUA PATRIA ÆDIFICATO REPOSUIT SACRÆ UNIONIS MAGISTRATUS ARAM SUO SUMPTU ET COLLATA PIORUM STIPE EREXIT ORNAVITQUE ANNO SALUTIS MDCXXXI. Ceci nous indique simplement l'opinion qu'on avait en 1631 sur

par là, et peut-être par d'autres services encore, acquis la reconnaissance de la cité qui lui donna, le 23 janvier 1245, un emplacement appelé « Balneum Reginæ » avec le terrain attenant, le tout en qualité de terrain à bâtir, pour qu'il pût s'y établir avec ses frères. Comme cela ne suffisait pas, le 7 janvier 1246 on y ajouta les maisons et les bâtisses voisines.

C'est là que fr. Elie fit construire une église, dédiée à S. François, et un couvent qui, sans pouvoir rivaliser avec le monument d'Assise [1], sont pourtant un des beaux spécimens de l'architecture franciscaine de l'Italie centrale [2].

Elie se regardait-il encore comme un frère Mineur ? Il est difficile de le dire : on le qualifie encore il est vrai, de « frère » dans l'instrument de donation, mais aussi de « seigneur », et il reçoit la donation en toute propriété [3]. Quant aux frères Mineurs, ils considérèrent

---

la provenance et l'histoire de cette parcelle de la Ste Croix. Cette inscription a disparu, mais il est à penser qu'elle se trouvait sur le grand reliquaire-chariot en argent et bronze doré, destiné à supporter le reliquaire d'ivoire. A la partie postérieure de ce chariot, se trouve en effet une place vide, où jadis sans doute, elle se lisait. Azzoguidi dit avec raison (LXV) que les morceaux de la Ste Croix étaient conservés dans un reliquaire précieux : *Vetustissimâ eidem insculptâ Græcâ inscriptione.* Venuti composa en 1751 un écrit spécial de Cruce Cortonensi (Livourne, in-4° de 35 p.). Voir ci-dessus, p. 147, n. 2.

1. A Cortone, comme à Assise, il y avait jadis deux églises superposées. L'église inférieure de Cortone fut comblée au XVI° siècle, lorsqu'on désira multiplier le nombre des tombeaux. On n'aperçoit plus que l'arcature de la porte.

2. Le chevalier Mancini, dans sa Cortona nel Medio Evo (p. 53), cite un testament prouvant que le 7 mai 1254, elle était ouverte au culte. On en trouve une bonne description dans la Cortona Antica de M. Alberto della Cella (p. 117-132).

3. Les actes de donation ont été publiés d'abord dans la Vita de l'Anonimo Cortonese (p. 29), puis moins incorrectement par Azzoguidi (LXV ss.) V. Appendice III, 6 et 7. Il y est dit : *Berardinus.... syndicus procurator et actor communis Cortonæ.... de voluntate et expresso consensu prædictæ potestatis et de consensu expresso totius*

en général Elie à partir de ce moment comme mort, et auraient bien voulu, par le silence, faire disparaître jusqu'à son souvenir.

Lorsque le chapitre de Gênes (1244) eut invité les frères qui avaient approché François à mettre leurs souvenirs par écrit, les Trois Compagnons dans leur Légende, et Thomas de Celano dans la Seconde Vie, supprimèrent jusqu'au nom d'Elie. On avait honte de l'excommunié, quoique l'ordre suivit la voie qu'il avait tracée, comme le prouve la nouvelle explication de la règle donnée par Innocent IV en 1245.

C'est pourtant alors que pour la première fois les partisans de la stricte observance arrivèrent à prendre la direction de l'ordre. Ce ne fut, il est vrai, que pour peu de temps : Jean de Parme fut général de 1247 à 1257. Il tenta un nouvel effort pour amener Elie à rentrer dans l'ordre. Il lui envoya un des plus anciens compagnons, Gérard de Modène, pour le décider à revenir, et lui promettre qu'on userait envers lui de toute la miséricorde possible. Elie ne pouvait mettre en doute la sincérité du général, mais il ne se fiait ni aux provinciaux, ni à la curie ; il craignait d'être incarcéré et ne voulait pas non plus renoncer à la faveur de Frédéric II, de sorte que Gérard, après avoir employé toute une journée à tâcher de le persuader, dut quitter Cortone sans avoir rien obtenu[1].

---

consilii et omnium prædictorum ex causá donationis inter vivos donavit tradidit cessit et concessit venerabili patri et domino fratri Helix tanquam benemerito stipulanti et recipienti pro se et suis fratribus quibus ipse dare et concedere vellet locum qui dicitur Balneum Reginæ et totum terrenum.... ut ab hodiernâ die.... dictus frater Helius et cui concesserit habeat teneat possideat utatur et faciat inde quicquid sibi et suis fratribus quibus ipse concedere placuerit jure proprio....

1. Salimbene, p. 412. Dans le procès-verbal dont il a été parlé, l'archiprêtre Bencius de Cortone dit aussi : *Quod etiam antequam*

Ah ! les choses eussent pu être bien différentes, si l'ordre eût encore conservé quelques traces de l'esprit qui animait François lorsqu'il écrivit à Elie pour lui recommander de n'imposer au pécheur repentant aucune autre pénitence que celle de l'Evangile : « Va et ne pèche plus » ! Mais n'était-ce pas Elie lui-même qui, tout le premier, n'avait tenu aucun compte de cet avertissement ? N'avait-il pas fait emprisonner et punir sans miséricorde les zélateurs ? Et voilà que maintenant il craignait des représailles, et n'osait tenter de rentrer dans la communion de ses frères. Il ne l'essaya pas même après la mort de Frédéric II et paraît être resté dans sa maison de Cortone, sans qu'on se soit plus occupé de lui.

En 1253, aux environs de Pâques, il tomba malade. Le prieur de l'abbaye de Ciglolo, Bonus, auquel il s'était déjà confessé précédemment, le pressa vivement de rentrer dans la paix de l'Eglise. Elie montra un sérieux repentir et se décida enfin à faire venir l'archiprêtre de Cortone, Bencius, pour lui demander l'absolution. Celui-ci vit que la mort était proche, et devant les signes manifestes de repentance que donnait le malade, ne crut pas pouvoir la lui refuser ; mais il lui fit jurer qu'il se reconnaissait coupable devant Dieu et devant l'Eglise, pour avoir pris le parti de l'empereur Frédéric II, malgré les censures ecclésiastiques, et pour n'avoir pas rempli les devoirs de son ordre. Elie s'engageait, s'il venait à recouvrer la santé, à se rendre en personne auprès du pape ou à lui envoyer un messager, et à faire

---

infirmaretur audivit ipsum Heliam pluries dixisse, quod libenter vellet ire ad dominum papam pro absolutione petendā nisi quia timebat incarcerari. Cette crainte d'Elie d'être incarcéré n'était pas tout à fait sans motif, comme le prouvent l'incarcération de Grégoire de Naples par Aymon. (Eccleston, p. 230), et la manière d'agir de S. Bonaventure vis-à-vis de Jean de Parme (Döllinger, Sektengesch. II, 479 s.).

tout ce que le pontife exigerait, pour être relevé de la double excommunication qui pesait sur lui. Il ne promit pourtant pas de se soumettre au général des frères Mineurs. L'absolution lui fut donnée le samedi de la semaine sainte, parce qu'il était près de mourir, et il chargea un de ses disciples d'obtenir encore pour lui la communion et l'extrème-onction. Le lundi de Pàques, en présence d'une dame appelée Sibilia, peut-être sa parente, et de beaucoup d'autres personnes, au milieu de beaucoup de larmes et de signes de pénitence, il fut admis à recevoir la communion de la main d'un prètre de l'ordre, nommé Deotefece, mais il ne put recevoir l'extrème-onction, les saintes huiles n'ayant pas encore été apportées d'Arezzo. Il mourut le lendemain, mardi de Pâques, 22 avril 1253[1].

Un mois plus tard, le 25 mai 1253, Innocent IV consacrait lui-mème en grande pompe l'église supérieure d'Assise, et le 10 juillet de la même année, il autorisait, contre le désir du général Jean de Parme, les frères Mineurs à recevoir en faveur de la basilique des offrandes en argent[2]. Le pape eut-il alors une pensée pour celui

---

1. Le pape fit faire une enquète sur ces événements, la même année du 2 au 6 mai, par un envoyé particulier, frère Valascus. Le document détaillé qui renferme les rapports des témoins assermentés, l'archiprètre Bencius, le prètre Deotefece, le prieur Bonus, le compagnon laïque Jannesboninus et le prètre Hugo (V. Appendice III, 8) a été publié par Azzoguidi, LXVIII-LXXIII, et plus récemment dans les Studi storici, Periodico trimestrale di Amedeo Crivellucci et Ettore Pais, Vol. IV, fasc. 1, p. 41-54 (Turin, 1895). — Il rend superflus tous les autres récits sur la mort d'Elie et en contredit plusieurs : Anal. Franc. III, 250 ; 695 ; Lib. Conform., 104 a ; 201 b ; Salimbene, p. 412 ; Speculum Vitæ, 171 b s..

2. Sbaralea I, 666 n. 489 : *Contrariis ejusdem ordinis statutis et inhibitionibus generalis seu provincialis ministrorum aut custodis vel guardiani loci seu aliorum fratrum ipsius ordinis nequaquam obstantibus.*

sans lequel ce gigantesque monument n'eût certainement pas été bâti ?

Parmi les frères Mineurs, la haine contre le défunt ne s'éteignit pas de longtemps. Salimbene nous raconte, comme une chose naturelle, et sans la moindre marque de désapprobation, qu'un custode fit plus tard déterrer le cadavre d'Elie, et fit jeter ses restes à la voirie [1].

On n'hésitait pas à poursuivre l'apostat même mort. Voilà ce qu'étaient devenus les disciples de François !

Il existe dans l'histoire bien peu de contrastes plus frappants que celui de S. François et d'Elie de Cortone ; François, le génie tout religieux, le troubadour de la pauvreté joyeuse qui se sent riche en Dieu, et Elie, l'habile organisateur, le politique soucieux des réalités.

François avait voulu annoncer l'Evangile de Jésus : par sa parole, par son exemple et par celui de ses frères, il voulait entrainer le monde à la suite du Christ. C'était là une périlleuse entreprise : l'Eglise prenait pour modèle le prince des apôtres, auquel ont été confiés les deux glaives, le temporel et le spirituel. Le gouvernement hiérarchique du monde, tel était le but poursuivi par la papauté à travers des luttes gigantesques, et pour lequel elle se servait d'armes essentiellement politiques. Mais la chrétienté, depuis un siècle déjà était travaillée comme par un levain de réforme ; on commençait à opposer, avec une force croissante, l'exemple et les préceptes apostoliques au désir de domination politique de l'Eglise ; souvent ces efforts n'avaient servi qu'à grossir le

---

1. Salimbene, p. 413.

nombre des sectes. François avait donné, sans le savoir, leur expression classique à ces aspirations ; de là son immense succès ; de là aussi, pour l'Eglise, un grave danger, si elle ne réussissait pas à faire servir le mouvement franciscain à sa puissance. La curie jugea donc nécessaire de le faire dévier et d'en faire un ordre de moines. Une organisation rigide préviendrait tout danger ; l'influence de la hiérarchie suffirait à elle seule à faire prévaloir l'idée ecclésiastique — principat au lieu d'apostolat — comme avait dit S. Bernard de Clairvaux. Pour opérer cette transformation, la curie avait besoin de trouver, dans la confraternité même, un homme assez habile et assez énergique pour se substituer petit à petit à François dans la direction de l'ordre, quelqu'un qui pût greffer les desseins de l'Eglise sur le tronc vigoureux de la jeune association.

Elie de Cortone fut celui qui rendit ce service à l'Eglise ; et s'il étouffa en germe l'œuvre à laquelle son maître avait consacré sa vie, c'est la curie qui l'avait conduit et dirigé.

Il y a quelque chose de particulièrement tragique dans le sort de ces deux hommes : Elie, par son intelligence pratique et sa force de volonté, remporta la victoire. Seul, un tout petit groupe de frères, resta fidèle à l'idéal du fondateur ; les zélateurs ne purent le faire qu'au prix de persécutions sans nombre. Ils furent même accusés d'hérésie. La grande masse de l'ordre suivait les voies d'Elie, et arriva ainsi à la gloire et aux honneurs.

Mais, malgré tout, François a rempli d'amour et d'admiration ceux mêmes qui au fond étaient ses adversaires. L'influence de son exemple, son souvenir, tel qu'il vivait dans la mémoire du peuple, et tel que le montrent les

Fioretti, plus encore que la vénération pour sa sainteté, ont exercé à travers les siècles une influence bénie. Elie, au contraire, fut en fin de compte victime de sa politique même ; la haine de ses frères a poursuivi sa mémoire pendant bien des années. Il a canalisé au profit de la papauté le mouvement de réforme qui menaçait l'Eglise, et lui a par là rendu un immense service ; mais il fit ainsi échouer cette réforme ; le peuple remarqua bien vite que les frères n'étaient plus les imitateurs des apôtres ; les plaintes s'élevèrent de toutes parts contre ces mendiants importuns dont la prétendue pauvreté ne trompait personne, et avec plus d'amertume encore qu'auparavant, on cria à l'Eglise qu'elle avait besoin de se réformer dans sa tête et dans ses membres.

François n'a pas eu d'égal de son temps ; il n'a eu que des disciples et des successeurs. Elie, avec son intelligence politique, son ambition, sa ténacité, ses succès, et aussi son effroyable manque de scrupules, est un homme comme ce siècle de luttes passionnées en produisit beaucoup, et qui tous dans leur sphère accomplirent de grandes choses : Ezzelin, Frédéric II, Innocent III, Grégoire IX et bien d'autres encore.

C'était un esprit remarquable qui était arrivé à force d'énergie à s'élever lui-même. Il aurait réussi dans n'importe quelle position. L'estime de Grégoire IX et de Frédéric II, comme aussi la peur pleine de lâcheté qu'il inspira longtemps encore après sa mort, sont une preuve de sa valeur personnelle.

Nous sommes trop peu au courant de sa vie intérieure pour oser en juger ; mais, là encore, il dut valoir mieux que sa réputation, puisqu'il put être l'ami d'un François d'Assise.

Dans le seul écrit sorti de sa plume qui nous soit

parvenu, il s'est appelé lui-même « le pécheur Elie »; lorsqu'il reçut la dernière communion il demanda qu'on lui lut les psaumes de la pénitence et s'écria : « Seigneur. ayez pitié de moi, car je suis pécheur ! » Enfin le portrait où Giunta Pisano le représente au pied du crucifix portait cette prière :

Jesu Christe pie
Miserere precantis Heliæ.

APPENDICE

I

LETTRE DE S. FRANÇOIS A FR. ELIE

Il y a quelques années Sabatier avait déjà trouvé une traduction italienne de cette pièce, portant le nom d'Elie (V. Collection de documents t. I, p. CLXXI), puis il en découvrit le texte latin dans un manuscrit du couvent Ognissanti à Florence[1].

Je suis persuadé que nous avons là le texte original, bien que la rédaction donnée par Wadding (Opuscula B. Francisci, Anvers, 1623, p. 23-26, Epistola VIII) ainsi que par les 3 Socii (éd. Marcellino da Civezza et Teofilo Domenichelli, p. 202 s.) ait pour elle le livre des Conformités. Ce dernier texte présente en effet une correction évidente. Dans la phrase : *et non velis quod sint meliores christiani*, il supprime le *non*, qui est choquant à première vue, mais qui caractérise bien la manière de penser de François. De plus, toutes les allusions au chapitre de Pentecôte, qui allait se réunir, ainsi qu'à la règle de l'ordre, sont laissées de côté ; elles

---

1. Bien que le texte ait été publié par Sabatier (Collection de Documents, t. II, p. 113 ss.) je le reproduis ici pour la commodité des lecteurs, mais je les renvoie tout spécialement à l'étude consacrée aussi par Sabatier à cette lettre.

donnent, à vrai dire, lieu à bien des difficultés, mais ne peuvent, pour cette raison même, avoir été ajoutées après coup.

Si cette épître, telle que nous la donnons ici, est authentique, il faut rechercher quel est le chapitre de Pentecôte auquel elle fait allusion ? Comme il est question de gardiens et de custodes, nous ne pouvons songer à celui de 1221 (Voir Karl Müller, Anfänge, p. 85 s.) ; après celui-ci, nous ne connaissons plus que deux chapitres tenus du vivant de François : l'un en 1223 (Jourd. cap. 31), et l'autre après l'approbation de la règle (1224 ?)[1]. A celui de 1223, la règle fut sûrement examinée par les ministres, avant d'être présentée à l'approbation de la curie. François a donc très bien pu communiquer d'avance à Elie un chapitre destiné à être ajouté à la règle. En comparant le texte proposé par François avec les chapitres 5 ; 11 ; 13 ; 19 ; 20 ; 22 de l'ancienne règle, et avec le chapitre 7 de la nouvelle, on remarque qu'à part le passage biblique Luc V, 31, l'ancienne ne contient pour ainsi dire pas de recommandations analogues, tandis que la nouvelle commence par les paroles mêmes de la lettre ; il est vrai que la suite du chapitre présente des différences bien caractéristiques, mais les rapports entre les deux documents ne cessent pas d'être sensibles. C'est pourquoi je vois dans la règle telle qu'elle est devenue le résultat d'un compromis entre Elie et François.

Une autre interprétation serait pourtant possible : le chapitre 7 de la règle de 1223 dit : *Pro illis peccatis de quibus ordinatum fuerit inter fratres ut recur-*

---

1. Nous n'avons au sujet de ce chapitre qu'un seul renseignement indirect. Il est dit dans la bulle *Quo elongati* [du 28 sept. 1228 (Spec. Perf. p. 322.] : *Intellectus hujusmodi per constitutionem quamdam tempore datæ regulæ vivente adhuc B. Francisco, per provinciales ministros fuisse credatur in generali capitulo declaratus.* Il semblerait que, même ici, le *fuisse credatur* indiquerait un peu d'incertitude dans cette indication.

ratur ad solos ministros provinciales... La règle elle-même prévoit donc que de nouveaux règlements devront être faits par les frères, afin de décider quels sont les péchés mortels dont s'occupe la règle. Il se pourrait donc que François, en faisant sa proposition ait eu en vue seulement les additions prévues par la règle. Il s'agirait alors dans cette lettre du chapitre de Pentecôte tenu après 1223.

Mais comme la lettre parle clairement d'un nouveau chapitre de la règle elle-même, non d'explications ou de nouvelles constitutions, et que les prescriptions de la lettre ne sont pas entièrement d'accord avec celles de la règle de 1223, et n'auraient pas pu y être simplement ajoutées, je pense que les choses ont dû se passer comme je l'ai indiqué dans le texte (chap. I, p. 50-51) et je me rattache par là à la manière de voir de Sabatier (Collection t. II, p. 124-127).

Littera quam misit beatus Franciscus N. Generali Ministro de modo servandi circa fratres subditos peccantes mortaliter.

Fratri N. ministro. Dominus te benedicat. Dico tibi sicut possum
de facto animæ tuæ, quod ea quæ te impediunt amare Dominum Deum,
et quicumque tibi impedimentum fecerint, sive fratres, sive alii, etiam
si te verberaverint omnia debes habere pro gratiâ, et ita velis et non
aliud. Et hoc sit tibi per veram obedientiam Domini et meam, quia
firmiter scio quod ista est vera obedientia, et dilige eos qui ista faciunt
tibi et non velis aliud de eis nisi quantum Dominus dederit tibi. Et in
hoc dilige eos et non velis quod sint meliores christiani, et istud sit
tibi plus quam meritorium. Et in hoc volo cognoscere si diligis Dominum et me servum suum et tuum, si feceris istud : quod non sit aliquis
frater in mundo qui peccaverit quantumcumque potuerit peccare qui
postquam viderit oculos tuos unquam recedat sine misericordiâ tuâ,
si quærit misericordiam. Et si non quæreret misericordiam, tu quæras
ab eo si vult misericordiam. Et si millies postea appareret coram
oculis, dilige eum plus quam me ad hoc ut trahas eum ad Dominum, et
semper misccaris talibus.

11

Et istud denunties guardiano quando poteris quod per te ita firment se facere.

De omnibus autem capitulis quæ sunt in regulâ quæ loquuntur de mortalibus peccatis, Domino adjuvante, in capitulo Pentecostes cum consilio fratrum faciemus istud tale capitulum : « Si quis fratrum, instigante inimico, mortaliter peccaverit, per obedientiam teneatur recurrere ad guardianum suum. Et omnes fratres qui scirent eum peccasse non faciant ei verecundiam nec detractionem, sed magnam misericordiam habeant circa ipsum et teneant multum privatum pec. catum fratris sui, quia non est opus sanis medicus sed male habentibus. Similiter per obedientiam teneantur eum mittere custodi suo cum socio, ipse custos misericorditer provideat ei sicut ipse vellet provideri sibi si in simili casu esset. Et si in alio peccato veniali ceciderit confiteatur fratri suo sacerdoti, et si non fuerit ibi sacerdos confiteatur fratri suo donec habebit sacerdotem qui eum absolvat canonice, sicut dictum est. Et isti penitus non habeant potestatem injungendi aliam pænitentiam nisi istam : « Vade et amplius noli peccare. »

Hoc scriptum ut melius debeat observari habeas tecum usque ad Pentecosten. Ibi eris cum fratribus tuis, et ista et omnia alia quæ minus sunt in regulâ, Domino Deo adjuvante, procurabis adimplere.

II

FRAGMENT DU SPECULUM VITÆ CONCERNANT ELIE [1]

[Speculum Vitæ, ed. 1509, 167 a-172 b]

[167 a] Qualiter frater Helias fuit generalis minister. Post mortem
beati Francisci et ejus obitum gloriosum legitur reliquisse ordinem
sub manu fratris Heliæ. Frater iste Helias statim post mortem
beati Francisci incepit ædificare miræ magnitudinis ecclesiam [2]
juxta Assisium in quadam voragine quæ collis Inferni dicebatur. Postmodum a bonæ memoriæ Gregorio papâ nono ibidem primarium lapidem pro structurâ ecclesiæ beati Francisci jaciente collis
Paradisi vocata est. Ex tunc pro illâ fabricâ idem frater Helias variis
modis cœpit extorquere pecuniam, et quamdam concham marmoream
ante fabricam collocari præcepit, in quâ venientes projicerent pecuniam pro ecclesiâ. Quidam vero fratres miræ sanctitatis et puritatis
hoc videntes, iverunt Perusium, ad consulendum fratrem Ægidium
virum sanctum et bonum, quid super fabricâ tam excessivâ et modo
colligendi pecuniam sibi videretur, quum expresse contra regulam
facere videbatur, quibus frater Ægidius respondit : « Et si usque
Assisium fuerit longa domus illa, sufficit mihi unus angulus ad morandum ! » Quumque quærerent quid de illâ conchâ, conversus ad
fratrem Leonem, dixit : « Si mortuus es, vade et frange, et si non vis,
dimitte, nam persecutiones hujus fratris Heliæ non poteris sustinere.»
Audiens hæc frater Leo ivit cum sociis suis, et fregit concham illam
totaliter. Frater vero Helias hoc audiens fecit eos per famulos fortiter
verberari et expelli de Assisio cum magnâ confusione. Quo facto
magna confusio est orta inter fratres.

Convenientibus autem fratribus ad capitulum generale, tum propter
excessus præ-[167 b]dictos, tum quia frater Helias maximam destructionem regulæ prætendebat, fratres ipsum ab officio deposuerunt et

---

1. Voir plus haut, p. 25 ss. et à la table alphabétique l'article VIE DE FR.
ELIE.

2. Le texte du Spec. Vitæ porte *erigere* au lieu de *ecclesiam*.

fratrem Johannem de Florentiâ concorditer elegerunt. Ipso igitur regente ordinem et fratre Heliâ suspensum illud ædificium pomposum ecclesiæ et loci Assisii viriliter prosequente, ad sequens capitulum generale de toto ordine suos fautores ut convenirent vocavit ipse frater Helias. Si quidem omni anno quicumque volebat, et omnes fratres quasi communiter poterant convenire, eo quod nulla forma data erat [1] de modo conveniendi ad capitulum generale.

Incluso generali ministro præfato cum ministris et custodibus in conclavi supervenere fautores Heliæ, et fracto ostio cubiculi, Heliam portantes in manibus, ipsum in sede generalis ministri posuerunt, clamantes voce magnâ : « Heliam generalem ministrum esse debere acclamamus quia b. Franciscus ipsum ordinis ordinaverat generalem etiam ante mortem ! » Quod videns prædictus generalis frater Johannes surrexit in medio fratrum plorans, et coram omnibus habitu se nudans prostratus in terrâ cum lacrymis renuntiavit officio generalatùs, se asserens indignum tanto officio, et etiam assumpto habitu egressus est capitulum.

Tunc Helias electus est in generalem non canonice sed impetuose et tumultuose Heliam acclamantes generalem.

Tunc Helias cœpit se mendaciter excusare et dolose, dicens :«Fratres mei, non imponatis mihi hoc onus, quia sum impotens ad ambulandum, nec possum peditare, nec vitam sequi communem ; detis alteri hoc officium. » Tunc omnes ipso præordinante clamavere quod haberet equum et comederet aurum, dummodo regeret ordinem quem sibi b. Franciscus recommendaverat ante.

Turbato autem capitulo generali propter hoc quia quidam præfatum Johannem volebant, multitudo Heliam, antequam fratres recederent de capitulo, ipso ordinante, missa est relatio ad dominum papam Gregorium nonum, qui tunc [168 a] prope Assisium morabatur, et suggestum est papæ in dolo quomodo licet pauci vellent Johannem pro generali, communitas tamen ordinis Heliam petit qui nullo modo vult assentire nec officium recipere, imo ostendit magnum dolorem quando fratres fecerunt ipsum generalem et cogere eum. Tunc papa credens, statim declinavit ad partem Heliæ et ipsum in officio confirmavit. Quo facto fautores Heliæ exaltati sunt et graves persecutiones aliis inferebant. Soluto igitur capitulo Helias ad papam se contulit, et multas eleemosynas et privilegia impetravit pro ecclesiâ et loco Assisii, et maxime quod posset recipere pecuniam per interpositam personam. Et postmodum misit statim visitatores per totum ordinem, qui graves leges et iniquas fratribus imponebant, et collectas pecuniarias fieri per loca faciebant, et cogebant fratres pecuniam solvere et tribuere pro collectis undecumque possent habere. Helias vero

---

1. Dans le texte du *Spec. Vitæ*, il y a un point ici, et l'espace d'une lettre en blanc, ce qui fait que la fin de cette ligne a l'aspect d'un titre. L'*I* de *Incluso* est d'ailleurs une majuscule comme celles qui dans le reste du livre se trouvent au début des chapitres.

thesaurizare cœpit, equos habere et domicellos, et tenere vitam altis-
simam, sicut unus magnus princeps, ordinem in servitutem redigens
contra monita beati Francisci et statuta faciens totum ordinem et
religionem moribus impudicis maculabat.

5   [Anno igitur MCCXXX, convenientibus fratribus ad capitulum generale, aliquibus diebus antequam convenirent fratres qui volebant et
desiderabant interesse translationi corporis beati Francisci singulariter de toto ordine, mandaverat enim papa Gregorius nonus illud
capitulum congregari et velle personaliter interesse illi capitulo
10 quamvis postea negotiis esset impeditus et se excusaverit per litteras
apostolicas toti capitulo quod non poterat interesse. Fecit igitur fieri
translationem illam Helias antequam fratres convenirent, humano
timore ductus, propter quam causam [168 b] turbati sunt omnes
fratres capituli, inter quos erat frater Johannes de Florentiâ, sanctus
15 Antonius, frater Albertus Pisanus, et multi alii solemnes viri.

Turbato igitur capitulo et pene omnibus fratribus quia quod desiderabant videre non poterant, scilicet beati Francisci sacri corporis
translationem, volens igitur frater Helias mitigare fratres turbatos
capituli multas gratias apostolicas quas ordini et fratribus impetra-
20 verat in capitulo coram ipsis publicavit, et multas dispensationes contra
regulam, et specialiter quod possint recipere pecuniam per interpositam personam suadebat pulchris et coloratis rationibus ut prædicto
privilegio consentirent. Cumque multis inductionibus, terroribus,
minis, consensum capituli extorsit. Nam quidam timore, quidam ex
25 simplicitate et ignorantiâ consenserant].

¯Isti vero duo fratres, videlicet sanctus Antonius et frater Adam,
viriliter Heliæ generali in faciem restiterunt, asserentes in iis privi-
legiis maximam subversionem regulæ et destructionem evangelici
status vel apostolici quem statum noverant observare.

30 Quibus constanter Heliæ resistentibus cœpere quidam, resumpto
spiritu, viriliter adhærere eis, quibus fratres timore Heliæ non aude-
bant loqui. Nam ipse sicut tyrannus contradicentes sibi graviter puni-
ebat. Quumque persecutiones personales per complices Heliæ et
tumultus graves manifeste paratos viderent, et derisores ordinis
35 vocarent qui in veritate erant ordinis defensores et columnæ immobiles,
tot gravamina ferre non volentes et ordinis subversionem manifestam,
vocem appellationis ad Sedem Apostolicam emiserunt.

Statimque Helias volens eos capere protecti sunt a quodam pænitentiario fratre, confessore domini papæ, cujus auxilio et protectione
40 sunt liberati, et venerunt cum pænitentiario prædicto ad romanam
curiam. Helias vero videns eos de Assisio recessisse timore territus
litteras et nun-[169 a]tios misit hinc et inde post ipsos ut caperentur,
tanquam scismatici et sui ordinis derisores; sed Deo adjuvante et cus-
todiente, pervenerunt ad dominum papam Gregorium nonum qui
45 benigne eos recipiens et causas ipsorum adventûs audiens statim
citare fecit coram se omnes fratres capituli generalis. Quibus summâ
cum festinatione convenientibus coram summo pontifice et partibus

hinc et inde dispositis, sanctus Antonius et frater Adam cœperunt
causas appellationis exponere et qualiter fugerant ad Sedem Apostolicam et appellaverant : « Graves injurias et persecutiones personales non valentes sustinere, ruinam et subversionem ordinis manifestam et professionis nostræ pati similiter non valentes, ad hanc
sedem recursum habuimus non credentes isti generali Heliæ sanctis-
simum papam talia privilegia concessisse in destructionem evangelicæ
vitæ, nisi forte mendaciis et surreptionibus Heliæ caute circumventum
fuisse. Et accusamus insuper istum generalem Heliam Vestræ Sanctitati equos multos tenere, domicellos nutrire, contributiones pecu-
niaras a fratribus exigere violenter, et cogere fratres pœnis gravibus
procurare pecunias, et thesauros magnos congregare, et de regulâ
nihil curare ; imo ad destructionem tendere magis videtur suæ regulæ
et contra mentem beati Francisci talia privilegia procurare, qui
expresse mandavit prophetando in morte, ne fratres dicerent sic debet
intelligi regula, ut dicit iste frater Helias, expositionem novam
faciendo, quam dicit se habuisse a beato Francisco, et litteras apostolicas impetravit contra expressum mandatum prædicti beati patris
Francisci. Quare, Pater Sancte, quum iste non sit pastor sed des-
tructor sui ordinis, non potuimus ejus nequitias sustinere, et ad hanc
sanctam matrem Ecclesiam pro remedio opportuno recursum habuimus, ut dictum est Vestræ [169 b] Sanctitati reverenter. »

Quibus silentibus et pene omnibus tacentibus, respondit Helias :
« Pater Sancte, quando fratres voluerunt me facere generalem, excusabam me eis nec volui assentire, quia sum debilis corpore nec valeo
peditare, nec asperitates ordinis sustinere. Tunc communi assensu
capitulum generale concessit mihi aurum comedere, dummodo ordinem regerem, et equum habere. Equus enim requirit famulum et
expensas pecuniarias sine quibus necessaria haberi non possunt ; et
ut cum bonâ conscientiâ hoc facerem, habui recursum ad istam Sanctam Sedem vestram, ut secundum intentionem beati Francisci quam
in secreto didici, et vos, Sanctissime Pater, scitis in parte, possem illi
basilicæ vestræ et fratrum indigentiis providere. »

Et sic per singula apparenter se excusabat in tantum ut videretur
ab omnibus cum facundiâ suæ eloquentiæ cunctis mirantibus illos
conclusisse. Tunc sanctus Antonius respondit : « Sanctissime Pater,
si fuit sibi concessum aurum comedere in necessitate et in modo
loquendi, non fuit sibi concessum nec concedi potuit congregare
thesaurum. Et si concessum fuit sibi habere equum pro necessitate,
non fuit sibi concessum quod nutriret pallifridos, et quod totum
ordinem suum spoliaret, et quod cogeret fratres contra regulam agere,
et pecunias quærere pro suis collectis, et tenere in cibis et mensis et
vasis et domicellis, vitam non fratris Minoris sed unius magni prin-
cipis sæcularis, sine aliquâ regulari disciplinâ in scandalum ordinis
et professionis evangelicæ vitæ. Talis est vita istius, Sanctissime
Pater. »

Tunc Helias qui usque nunc humilitatem simulaverat, intumescens

et irascens, respondit coram omnibus : « Tu mentiris, et non dicis
verum ! »

De tantâ igitur præsumptione papa turbatus, imperavit omnibus
silentium quasi per dimidiam horam. Silentibus igitur omnibus et
tacentibus, post longa suspiria et sublevationem oculorum in cælum,
quasi cum lacrymis, papa prorupit in hæc verba : « Tu rex cogitare
cœpisti in stratu tuo [170 a] quid esset futurum post hæc, et videbas
ante te statuam cujus caput aureum. » Et sic totam figuram pulcher-
rime exponens pro statu ordinis beati Francisci, dicens : « Rex iste
est Christus, in stratu suo id est in cruce ; statua, ordo Minorum; caput
aureum, beati Francisci. » Et sic complevit exponendo usque ad pedes,
et post multa, dixit : « Istum feceramus generalem, credentes quia
placeret toto ordini, et propter familiaritatem quam habuit cum
beato Francisco, sed videmus nunc quod turbat ordinem et destruit
manifeste. Auctoritate igitur nostrâ, ipsum absolvimus ab officio et
denuntiamus esse absolutum. Et volumus quod procedatur statim
(Texte : *sanctitati*) ad electionem alterius coram nobis. »

Et statim electus est frater Albertus Pisanus in generalem, qui erat
minister provinciæ Angliæ, et papa ipsum in suâ præsentiâ confirmavit. Et convertens se papa ad sanctum Antonium et ad fratres qui
secum erant, dixit : « Licet sententia excommunicationis lata contra
vos nullius sit vel fuerit firmitatis per Heliam propter appellationem
juste factam, de plenitudine potestatis absolvo vos, et regratior vobis
de constantiâ et fervore religionis.

[Et tu, Antoni, arca testamenti novi et veteris, in quo tabulæ legis et
thesauri sapientiæ requiescunt. Et ab omni gravamine ordinis te
eximo et exemplum denuntio omnibus fratribus tui ordinis præsentibus
et futuris, rogans te in caritate ut soli contemplationi vaces et compi-
lationi sermonum et ad morandum mecum te clementer invito. » Qui
humiliter declinans honorem romapæ curiæ ut fructum animarum faceret locum Alvernæ sibi elegit apostolicâ benedictione demissum. Qui
aliquibus temporibus ibi moram trahens in laboribus prædicationibus
et pænitentiâ multâ sic permanens, videns Dei servus laboris fructum
propter corpulentiam non posse portare, inde discessit versus Paduam
et infra annum [170 b] migravit ad Dominum. Cujus transitum papa
idem et pastor audiens ex visis et cognitis clamantibus linguis miracu-
lorum et operum ad canonizandum ipsum viriliter se accinxit. Et post
paucos dies apud Spoletum catalogo sanctorum eum adscripsit].

In electione vero generalis coram papâ coactus fuit Helias regulam bullatam quam habebat ostendere, volens sic excusare legitimâ
excusatione de receptione pecuniæ de quâ coram papâ fuerat convictus,
asserens se nunquam paupertatem vovisse nec eam professum fuisse.
Completis igitur coram papâ et fratribus cum gaudio recedentibus ad
suas provincias, frater Helias maximam humilitatem finxit tam papæ
quam fratribus, ut quasi videretur in alium virum esse transformatus;
et dimisit barbam crescere et pilos capitis, assumensque despectum
habitum, recommendato etiam loco et basilicâ Assisii et illo opere

sumptuoso et illam fabricam papæ quam inceperat pro opere fratri
Johanni qui ante ipsum fuerat generalis recommendando, inde recessit
volens in eremitoriis vitam eremiticam ducere cum volentibus ipsum
sequi. Et papa videns et credens ipsum esse veraciter conversum, et
fratres alii similiter hoc putantes liberaliter sibi omnia concesserunt.   5
Nam dicebat ipse Helias : « Volo amodo pænitentiam facere secundum
voluntatem beati Francisci. » Et sic elegit et ivit Cortonium (Texte :
thortonium) maximamque ibi finxit sanctitatem et simulans in tantum
ut papa iterum esset ad eum conversus audiens ejus sanctitatem ut
quasi de ejus depositione doleret et multas ei gratias faceret et   10
concederet.

Frater igitur Albertus generalis effectus infra quinque menses ab
hac luce recessit et defunctus est. Tunc idem papa Gregorius nonus,
non patiens ordinem esse sine generali, vocavit coram se. in proximo
festo omnium sanctorum, capitulum [171 a] generale ipso personaliter   15
vota fratrum eligentium audiente. Quidam vero fautores Heliæ ipsum .
pro generali adhuc volentes, sed ordinante Deo, frater Aymo Anglicus
minister provinciæ Angliæ electus est et a summo pontifice confir-
matus est.

Postmodum papà Gregorio defuncto, stante discordià inter ipsum   20
et imperatorem Fridericum, cui imperatori Helias factus erat multum
familiaris in tantum ut suo consilio uteretur sive regeretur. Papà
igitur mortuo et ecclesià vacante, frater Helias non sufferens plus
suam fictam humilitatem de loco Cortonii (texte : *thortoni*) prorupit
cum multis fratribus associatus vigore impetrati privilegii, scilicet ut   25
qui vellent eum sequi possent de fratribus. Ad tantam enim gratiam
prædicti imperatoris devenerat iste Helias ut suo in omnibus regeretur consilio. Misit igitur eum ambasiatorem Constantinopolim ad
pacem tractandam inter duos imperatores, ubi multa dona et reliquias
plurimas ab imperatore Græcorum recepit. Et sic iterum facta est   30
plaga insanabilis ordini, nam favore imperatoris Helias ductus et ejus
cautelis maxima multitudo cœpit Heliæ cœpit de fratribus ordinis
adhærere. Quidam fratres dicebant eum non fuisse canonice absolutum ab officio generalatùs: quidam autem dicebant contrarium, et
sic ordini tantam fecit scissuram et scisma, ut quod de divisione ordinis   35
inter partes fuerat prophetatum per beatum Franciscum hoc in tempore Heliæ videretur impletum esse. Nam quasi duæ partes ordinis
sequebantur Heliam, quia mundum et temporalia diligebat. Et ideo
fratres qui volebant redire ad vomitum, pecuniam possidere, et per
interpositam personam recipere, sequebantur omnes Heliam.   40

Inter hæc dominus papa Innocentius electus et creatus est in ecclesià
Dei. [171 b] Qui primo consilio Heliæ cum imperatore visus concordiam
facere, sed perturbatà concordià volens idem papa ire in Franciam
ad habendum consilium, quum pervenisset Januam, audiens tantam
ordinis divisionem et ordini compatiens resedit, et præcepit ibi con-   45
gregari capitulum generale et citavit Heliam, et omnes complices ejus
et sequaces. Helias autem credens habere gratiam ex iis quæ pro

honore Ecclesiæ visus fuerat cum imperatore tractasse, ivit illuc cum
maximâ fratrum comitivâ, ut turbatio ex hoc fieret inter fratres. Cognoscens igitur papa fraudulentiam Heliæ ipsum autem statim omni
gratiâ et privilegio impetrato privavit et privatum denuntiare fecit,
et quod nullus frater eum de cetero sequeretur.

Videns igitur Helias se confusum, iterum ad imperatorem se contulit
fugiens a facie summi pontificis. Quem imperator recipiens omnibus
suis amicis et fidelibus imperialibus litteris tanquam personam pro-
priam commendavit.

Papa igitur hoc audiens Heliam anathematis vinculo et excommunicationis sententiâ innodavit. Et sic per aliquot tempus cum prædicto imperatore discurrens, postquam idem imperator per ecclesiam
fuit condemnatus cum omnibus qui sibi auxilium et consilium præ-
bebant. Tunc frater Helias factus est rebellis sanctæ matris Ecclesiæ
et apostata ordinis, et insuper papa ipsum habitu suæ religionis privavit.

Et sic postmodum infirmatus est Helias usque ad mortem. Quum
igitur hæc audisset quidam germanus fratris Heliæ laicus bonæ vitæ
et sanctæ conversationis in ordine ivit ad visitandum eum, et inter
alia dixit ei : « Frater carissime, multum doleo quod es excommunicatus
et sine habitu extra ordinem et in tam gravi infirmitate. Si videres
viam aliquam per quam te possem de tanto periculo [172 a] liberare
libentissime laborarem. » Cui frater Helias ait : « Frater mi carissime, ego aliam viam non video nisi quod vadas ad papam et roga
ipsum quod amore Dei et beati Francisci cujus monitis sæculum dere-
liqui et istum ordinem sanctum intravi ut me ab excommunicatione
absolvat, et habitum religionis mihi restituat. Festinus igitur pergens
germanus suus ad papam et divinâ gratiâ favente et oratione beati
Francisci juvante, dominus papa libenter fratri prædicto concessit
quod si inveniret eum vivum ab excommunicatione ipsum Heliam
absolveret et habitum sibi religionis restitueret ex parte suâ. Frater
vero, festinus et gaudens, ad fratrem Heliam inventâ sibi absolutione
redibat, quem vivum quasi in extremis invenit sicut reliquerat et absolutione papali receptâ, et habitu restituto, migravit in pace.

Delictum hoc legitur frater Helias multis lacrymis expiasse et me-
ruisse meritis et precibus beati Francisci quia ipse in eo multum
confidebat in vitâ et post mortem hoc impetrare.

Hic Helias vir adeo sapientiâ etiam humanâ famosus ut raros sibi
pares Italia putaretur habere.

Quando frater Ægidius audivit quod frater Helias generalis
minister egressus erat ordinem prostravit se totum in terrâ et strin-
gens se cum terrâ osculabatur eam. Fratres vero sibi dicebant :
« Quare sic facis, frater Ægidi ? » Et ille respondit : « Volo descen-
dere quantum possum ad terram, quia ille sic cecidit miserabiliter,
quum esset sapiens nimis et generalis minister et in tantum pericli-
tatus est. »

III

INSTRUMENTS [1]

————

1. Donation de l'emplacement de la basilique [2]
(29 mars 1228)

In Dei nomine. Amen. Millesimo CC XX VIII°, indictione primâ. IV kalendas aprilis. Gregorio papâ IX et Frederico imperatore existentibus, dedit, tradidit, cessit, delegavit et donavit simpliciter et irrevocabiliter inter vivos Simon Puzarelli fratri Heliæ recipienti pro domino Gregorio papâ IX petiam unam terræ positam in vocabulo collis Inferni in comitatu Assisiensi cui I et II via, III ecclesia Sanctæ Agathæ, IV filiorum Bononi, vel si qui alii sunt confines, cum introitu et exitu suo et cum omnibus quæ supra se et infra se habet in integrum et cum omni jure et actione usu seu requisitione sibi de ipsâ re competenti, ad habendum, tenendum, possidendum, faciendum omnes utilitates et usus fratrum in eâ, videlicet locum oratorium vel ecclesiam pro beatissimo corpore sancti Francisci vel quicquid ei de ipsâ re placuerit et in perpetuum: quam rem se suo nomine constituit possidere donec corporaliter intraverit possessionem, in quam intrandi licentiam suâ auctoritate concessit promittens non dedisse jus vel actionem de eâ alicui. Quod si apparuerit eum dedisse promisit defendere suis pignoribus et expensis renuntiando juri patronatûs

————

1. Quelques personnes s'étonneront peut-être que pour les documents 1, 5, 6, 7 et 8 nous n'ayons tenu aucun compte des textes déjà publiés. La raison en est bien simple : les variantes n'ont de valeur que lorsque les originaux ont été perdus, ou si ces originaux présentent des difficultés de lecture permettant des interprétations diverses.

Heureusement ce n'est pas ici le cas. Encombrer le bas des pages de variantes n'aurait donc été en somme que collectionner les erreurs et les lacunes de nos prédécesseurs. Nous avons jugé cette besogne tout à fait superflue.

2. Ce texte a été déjà publié entre autres par Azzoguidi (S. Antonii Sermones in psalmos) p. LIII n. 2; par Carlo Fea, Descrizione... della basilica di S. Francesco, p. 25, et par H. Thode, Franz von Assisi, p. 539. Cf. Papini, Notizie sicure p. 186; Sbaralea, Bullarium, t. I, p. 60, note C. Celui qui est donné ci-dessus a été collationné avec soin sur le document original qui se trouve encore aujourd'hui aux archives du Sacro Convento d'Assise : Instrumenta diversa ad S. C. pertinentia : Recueil n° II, document 1.

omnique auxilio legum ipsi competenti vel competituro. Et promisit
per se et suos hæredes dicto fratri Heliæ recipienti pro domino papâ
nono Gregorio contra non facere vel fecisse, sed defendere dictam
rem ab omni litigante personâ omni tempore suis pignoribus et
expensis in curiâ vel extra sub pœnâ dupli ipsius rei habitâ compen-
satione meliorationis et extimationis quâ solutâ vel non hoc totum
semper sit firmum.

Factum in domo dicti Simonis præsentibus et ,vocatis testibus
domino Guidone judice communis Assisiensis, Petro Tebaldi, Sommo
Gregorii, Petro Capitaniæ, Tiberio Petri Andreæ Agrestoli, Jacobo
Bartholi.

Ego Paulus notarius rogatus his interfui et subscripsi et authenticavi.

2. Pacte conclu entre Spolète et Cerreto [1]

(10 août 1233)

In Dei nomine. Amen. Hæc sunt præcepta atque mandata quæ
Michael ordinis fratrum Minorum una cum fratre Thomâ de consilio
mandato et voluntate fratris Heliæ ministri ordinis fratrum Minorum,
inter commune Spoleti ex unâ parte, et commune castri Cerreti ex
alterâ, fecit atque præcepit hinc inde inviolabiliter observari sub
pœnâ quingentarum marcarum argenti, inter Massaronem Jacobi
notarium syndicum communis Spoleti et Transaricum Oguicionis
syndicum communis Cerreti stipulata et compromissa. Imprimis Deum
præ oculis habendo præcepit atque mandavit ut commune et homines
Cerreti fossata castri Cerreti explanent et adæquare debeant et pec-
toralia muri cum sex filis muri grossi et arcus exteriores portarum
Cerreti quantum tenent super cardines portarum destruant omnino,
et portæ Cerreti et claves honore communis Spoleti portentur a Cerretanis apud Spoletum. Item ut Cerretani faciant et ædificent in
civitate Spoleti hinc ad festum Sanctæ Mariæ de augusto ad unum
annum completum XII domos, quarum omnium pretium sit mille
librarum lucensium. Et iis omnibus peractis reddantur obsides Cerretani a Spoletanis quos ipsi habent et omnes pœnæ et banna remit-
tantur Cerretanis quæ fuerunt eis a Spoletanis injuncta sive imposita.
Item præcepit et mandavit ut pax et concordia sit inter commune
Cerreti et commune Spoleti inviolabiliter observata salvis omnibus

---

1. Nous donnons ce texte d'après les Documenti storici inediti in sussidio allo
studio delle Memorie Umbre, raccolti et pubblicati per cura di Achille Sansi,
1879, Foligno, n. XXXIII, p. 263. Cf. Achille Sansi, Storia del Comune di Spoleto
(2 vol. in-8°, Foligno, 1879 et 1884), t. I, p. 57 s..

conventionibus et statutis antiquitus habitis et debitis inter commune
Cerreti et commune Spoleti. Quæ omnia dictus frater Michael pronun-
ciavit, præcepit atque mandavit præfato syndico Cerreti et communi
Cerreti et præfato syndico Spoleti et communi Spoleti inviolabiliter
observari, sub pœnà quingentarum marcarum argenti; quam pœnam
si qua partium non servaret, componat observare volenti arbitrio
sive laudo sive præcepto ipsius fratris Michaelis rato manente.

Actum est hoc in Spoleto in ecclesià Sanctæ Mariæ, præsentibus
Jacobo Paganelli, Petrono Stephani, Bonizello Corvi, Johanne Tran-
sarici, domino Berardo Berardi, Petro Johannis Coderonis, domino
Isnardo et domino Leopardo judicibus et aliis pluribus testibus.

Anno Domini M CC XXXIII die X intrante mense augusti, indictione VI, tempore dominorum Gregorii papæ noni et Frederici imperatoris.

Et ego Bonincuntrus imperialis majestatis auctoritate notarius his
omnibus interfui rogatus et de mandato et auctoritate dicti fratris
Michaelis et fratris Thomæ scripsi et publicavi.

3. Délégation donnée par Elie à fr. Bonus [1]

(29 mai 1237)

In Dei nomine. Amen. Frater Helias fratrum Minorum generalis
minister, dedit licentiam et potestatem fratri Bono de eodem ordine
recipiendi ipse compromissum de quæstione quæ vertebatur vel
verti posset inter commune Assisii ex parte unà, et priorem et
capitulum Sancti Rufini ex alià, de quibusdam possessionibus in
monte sub Asio positis et quibusdam aliis aliis (sic) rebus et finiendi
et terminandi omnem litem et quæstionem quæ vertitur vel verti
posset inter prædictos de prædictis rebus vel earum occasione,
committendo et delegando eidem fratri Bono omnem vicem et
jurisdictionem si quam prænominatus frater Helias haberet vel
habere posset.

Actum apud ecclesiam Sancti Francisci in camerà prædicti fratris
Heliæ sub anno Domini MCCXXXVII quarto Kalendas junii, Indic-
tione X, pontificatús domini Gregorii papæ noni, coram domino
Bernardo Johannis, fratre Illuminato, et fratre Bartholomæo testibus.

Ego Bonaventura notarius his interfui rogatus subscripsi et
authenticavi.

---

1. Ce document n'a encore jamais été publié. Nous l'empruntons aux archives
municipales de la ville d'Assise, où il porte la cote Série II. B. fascicolo 1. B. 2, et
adressons à cette occasion nos meilleurs remerciements à Monsieur Emanuele Illu-
minati, secrétaire communal, pour la façon si obligeante dont il a secondé nos recherches.

4. Autorisation donnée à fr. Illuminé [1]

(15 octobre 1238)

In Dei nomine. Amen. Anno Domini MCCXXXVIII, tempore
domini Gregorii papæ noni et domini Frederici secundi Romanorum
imperatoris, indictione undecimâ, et die quintâ decimâ int. octob.,
apud montem Sancti Heliæ, in camerâ fratrum Minorum hoc siquidem
tempore, ego frater Helias rector ac administrator ordinis et religionis
fratrum Minorum, do et concedo tibi fratri Alluminato, qui olim in
sæculo vocaberis Accarinus de Roccâ, liberam et plenam potestatem
et licentiam faciendi in omnibus et disponendi quidquid volueris ad
tuum arbitrium et voluntatem de parte Rocchæ Accarini quam tenuit
olim Henricus filius tuus de omnibus bonis mobilibus et immobilibus
quondam dicti Henrici, promittens me pro me et conventu et ordine
fratrum Minorum habere firmum et ratum quidquid tu frater Allumi-
natus de prædictis feceris.

Et hæc acta sunt in dicto loco in præsentiâ domini Ægidii Raynaldi
Giliberti, domini Jacobi Petri Corbi, domini Nicolai Arturi et domini
Philippi Ægidii testium rogatorum.

Ego Angelus Ægidii notarius his omnibus interfui et mandato et
parabolâ dicti fratris Heliæ hæc omnia scripsi et publicavi [2].

5. Convention pour les pierres de construction [3]

(26 mai 1239)

In Dei nomine. Amen. Anno Domini MCCXXXIX, indictione XII,
tempore dominorum Gregorii papæ noni et Frederici Romanorum imperatoris, die V exeunte mense maio, frater Helias dominus et custos

---

1. Nous en empruntons le texte à l'ouvrage de Sansi déjà cité plus haut (V. p. 171
n. 4) n. XXXV p. 269. Sur fr. Illuminé, V. Sabatier, Speculum Perfectionis. p. 306
note 3.

2. Le même jour, fr. Illuminé, de concert avec son cohéritier Ottonello, donna à
la ville de Spolète la Rocca Accarini et ses dépendances, qui avaient été ci-devant
propriété de son fils défunt. — Quelques restes du couvent du mont Sant'Elia, à
Spolète, s'aperçoivent encore encastrés dans les vieux murs de la caserne du château.
V. A. Sansi, Storia del Comune di Spoleto. t. I, p. 62 et 160.

3. Ce document a été déjà publié par Azzoguidi, S. Antonii Sermones in psalmos.
p. LX ; par Carlo Fea, Descrizione ... della basilica, p. 25, et H. Thode, Franz
von Assisi, p. 540. Le texte donné ici a été soigneusement revu sur l'original qui est
conservé aux archives du Sacro Convento d'Assise : Instrumenta diversa Recueil II
n° 3.

ecclesiæ Sancti Francisci Assisinatis et frater Jacobus de Mevaniâ
syndicus et procurator dictæ ecclesiæ et conventûs ipsius præsentibus
consentientibus et volentibus fratribus dicti conventûs nomine ipsius
ecclesiæ et conventûs pro seipsis et eorum successoribus convenerunt
et promiserunt Sanguonio et Thomæ filiis olim domini Ufreducii
Sanguonis stipulantibus pro seipsis et suis hæredibus reficere et
refici facere omnibus sumptibus et pecuniâ ipsius ecclesiæ et conventûs tantumdem murum ad arenam et calcem et lapides in domo
prædictorum fratrum positâ in civitate Assisii quantus fuit ille murus
unde accepti et remoti fuerunt tribertini magni et ad illum modum
et paraginum reducere ipsum murum quantus fuit ille de dictis tribertinis. Quos quidem tribertinos fuerunt confessi et asseruerunt coram
me notario et testibus subscriptis recepisse et habuisse a dictis fratribus Sanguonio et Thomasse pro opere et muris dictæ ecclesiæ.
Renuntiantes exceptioni tribertinorum non receptorum et non habi-
torum, pro quibus tribertinis promiserunt sæpedictis Sanguonio et
Thomæ reficere et refici facere dictum murum de bono opere et
legale sumptibus dictæ ecclesiæ ut dictum est supra omni conditione et exceptione remotis et damna et expensas reficere pro
prædictis exigendis sub obligatione bonorum dictæ ecclesiæ et pœnâ
dupli extimati dicti operis et pœnâ solutâ vel non hæc sint omnia
rata. Latera dictæ domûs I et II via, III et IV hæredes Rufini
Panzi.

Actum apud dictam ecclesiam Sancti Francisci in quâdam camerâ
ipsius ecclesiæ præsentibus ad hoc vocatis testibus magistro Paulo
Luprandi, domino Leonardo Marangonis, et fratre Janne de Laudis
et aliis pluribus.

Ego Petrus imperiali auctoritate notarius iis interfui et rogatus ut
supra legitur scripsi et authenticavi.

6. Donation à fr. Elie du terrain « Balneum Reginæ » à Cortone

(23 janvier 1245)[1]

In nomine Dei Amen. Hoc est exemplum cujusdam publici instrumenti scripti manu Ranerii notarii cujus tenor talis est : In nomine
sanctæ et individuæ Trinitatis. Anno Domini MCCXLV. decimo kalen-

---

1. Ce document a été déjà publié par Azzoguidi (S. Antonii Sermones in psalmos)
note 24, p. LXV. Nous le reproduisons ici soigneusement revu sur l'original qui se
trouve à Cortone aux archives municipales de cette ville, pièce n° 45 du recueil
appelé Registro Vecchio.

das februarii, domino Frederico imperatore imperante, indictione
tertiâ, Berardinus quondam Porci syndicus, procurator et actor communis Cortonæ ad infrascriptam donationem faciendam ut patet de
ipso syndicatu hodie facto manu mei Ranerii notarii infrascripti
scripturâ publicâ [1], in consilio coadunato in palatio communis Cortonæ
ad sonum campanæ more solito per dominum Philippum Jacobi de
Spoleto imperiali mandato potestatem Cortonæ, capitaneo communis,
consulibus societatum et decem bonis hominibus per portas ibidem
vocatis per Righettum præconem communis ad sonum tubæ et voce
præconiâ, plano animo et sponte et certus de omni jure suo et jure
dicti communis de voluntate et expresso consensu prædictæ potestatis
et de consensu expresso totius consilii et omnium prædictorum, ex
causâ donationis inter vivos donavit, tradidit, cessit et concessit venerabili patri et domino fratri Heliæ tanquam bene merito, stipulanti
et recipienti pro se et suis fratribus quibus ipse dare et concedere
vellet, locum qui dicitur Balneum Reginæ et totum terrenum quod
est circa ipsum Balneum cum arboribus ædificio et omnibus quæ
supra se sub se et infra se continent et cum omni jure et actione suâ
et cum ingressu et egressu viarum suarum quod balneum et terrenum
sunt posita in Cortonâ in portâ Sancti Christophori juxta vias publicas
communis a tribus partibus et domum olim Borgetti, domum Bencii
et domum Comandi Stramaduræ, domum Brendali et domum Bar-
tholomæi de Fertione, domum Petri Majoris et domum Bianchi Clari
et si qui alii sunt ejus fines ut ab hodiernâ die in antea dictus frater
Helias et cui concesserit habeat, teneat, possideat, utatur et faciat inde
quicquid sibi et suis fratribus quibus ipse concedere placuerit jure
proprio sine omni suâ et communis Cortonæ vel alterius molestiâ et
litis contradictione; præterea dictus Berardinus syndicus ex dictâ
causâ donationis inter vivos donavit, cessit, concessit et mandavit ipsi
fratri Heliæ omne jus et actiones utiles et directas, reales et personales
quæ et quas ipse syndicus et dictum commune habent in dictis Balneo
et terreno vel pro eis, et petitionem et persecutionem ut possit idem
frater Helias in judicio et extra jure proprio agere, stare, experiri,
excipere, replicare; et eum procuratorem fecit inde ut in rem suam
quam rem ejus nomine se et dictum commune possidere constituit
donec inde in possessionem intraverit corporaliter; in quam intrandi
licentiam eidem fratri suâ concessit auctoritate et nihilominus vacuam
et expeditam possessionem eidem vice et nomine communis Cortonæ
tradere et dare promisit. Et promisit et convenit dictus Berardinus
syndicus eidem fratri Heliæ quod nec ipse nec commune Cortonæ dedit,
nec fecit, nec faciet in futurum aliquid prædictis nocivum, imo prædic-

---

1. Il est fait allusion ici à la procuration notariée qui se trouve, elle aussi, dans
le Registro Vecchio de Cortone, sous le n° 44. et par laquelle de pleins pouvoirs
sont donnés à Berardinus pour céder le Balneum Reginæ à fr. Elie au nom de la
commune.

tum Balneum et terrenum vice et nomine communis Cortonæ legitime
quietare, defendere, auctorizare et disbrigare promisit ipsi domino
fratri Heliæ expensis et pignoribus communis Cortonæ in curià et
extra curiam statim ipsi fratri mota controversia quoties ipsi syndico et communi Cortonæ denuntiatum fuerit et ipsum fratrem Heliam   5
semper inde indemnem conservare promisit sicut suo verbo interesse et expensas declararet. Pro quà quidem donatione, cessione et
concessione confessus fuit dictus syndicus se tanquam syndicum et
commune Cortonæ meritum ab eodem domino fratre Heliá secundum legem recipisse, confessus fuit quia donationem et omnia quæ   10
supra leguntur omni tempore firma et rata habere et tenere pro se et
communi Cortonæ promisit eidem domino fratri Heliæ et nullà occasione vel exceptione juris vel facti contravenire. Quæ omnia et singula
si non faceret dictum commune vel si contra prædicta vel aliquod
prædictorum faceret vel veniret ipsum vel dictum commune promisit   15
nomine dicti communis Cortonæ solvere et dare eidem domino fratri
Heliæ et suis fratribus quibus ipse concederet duplum pœnæ nomine
dictarum rerum earumdem bonitatis et extimationis habilà ratione
meliorationis omneque damnum litis ve (sic) et expensas restituere et
post pœnam solutam et omne damnum et expensas restitutas vel   20
non istum contractum semper firmum et ratum habere et tenere promisit. Renuntians in hoc facto omni legum auxilio privilegio fori et
conditioni sine causà et in factum et doli et causæ ingratitudinis et
meriti non recepti exceptioni et omnibus exceptionibus competentibus
rei vel personæ et juri si quod est quod ipsum syndicum vel commune   25
Cortonæ a pœnà liberaret in totum vel in parte (sic).

Actum in palatio communis Cortonæ. Interfuerunt dominus Bandus
judex communis Cortonæ, dominus Aghinettus judex communis prædicti, Ranaldus Bonamici notarius, Junta de Alietto notarius, Ilde-
brandus Deotavive Ghirarducii, Guido Ranaldi Prioris et Bencevenne   30
Petenario et hujus rei rogati sunt testes.

Et ego Ranarius nunc communis Cortonæ notarius prædictis
interfui et ut supra legitur de mandato dictorum syndici, potestatis,
capitanei consulum et totius consilii subscripsi et complevi.

Et ego Cortonensis Bonaventuræ imperiali auctoritate judex ordi-   35
narius et notarius constitutus prædictum exemplum et originale exem-
plar scriptum manu dicti Ranerii notarii per ordinem exemplavi et
subscripsi et publicavi.

7. Donation à fr. Elie d'un terrain et de constructions à Cortone [1].

(7 janvier 1246)

In nomine Domini. Amen. Hoc est exemplum cujusdam instrumenti scripti manu Ranerii notarii, cujus tenor talis est : In nomine sanctæ et individuæ Trinitatis. Anno Domini MCCXLVI, septimo idus januarii, domino Frederico imperatore imperante, indictione quartâ. Bernardus quondam Arnolfini syndicus actor et procurator communis Cortonæ ad infrascriptam donationem faciendam ut patet de ipso syndicatu hodie facto manu mei Ranerii notarii infrascripti scripturâ publicâ in consilio coadunato in palatio communis ad sonum campanæ more solito per dominum Bartholomæum Gangi de Lucâ imperiali mandato potestas Cortonæ, coram capitaneo communis, consulibus societatum et decem bonis hominibus per portas ibidem vocatis per Radelezzum præconem communis ad sonum tubæ et voce præconiâ, plano animo et sponte et certus de omni jure suo et jure dicti communis et expresso consensu prædictæ potestatis et consensu expresso totius consilii et omnium prædictorum, ex causâ donationis inter vivos, donavit, tradidit, cessit et concessit venerabili patri et domino fratri Heliæ tanquam bene merito stipulanti et recipienti pro se et fratribus suis quibus ipse frater Helias dare et concedere voluerit jure proprio in perpetuum solide domos et casalinum simul continua ut continentur et sunt in Cortonâ in portâ Sancti Christophori intra hos fines : videlicet juxta viam ante et juxta terrenum ipsius fratris Heliæ a II partibus et juxta domum Bencii a parte inferiori et si qui alii sunt eis fines, cum solo et ædificio eorum et cum omnibus quæ supra se sub se et infra se continent et cum omni jure et actione eorum et cum ingressu et egressu viarum suarum ut ab hodiernâ die in antea habeat, teneat, possideat, utatur et faciat inde jure proprio quicquid eidem fratri Heliæ placuerit sine ipsius syndici et communis Cortonæ contradictione atque molestiâ, præterea dictus Bernardus syndicus ex dictâ causâ donationis inter vivos cessit, concessit atque mandavit ipsi domino fratri Heliæ omne jus, actiones utiles et directas, reales et personales, quæ et quas ipse syndicus sive commune Cortonæ habet in dictis domibus et casalino vel pro eis et petitionem et persecutionem ut possit idem fr. Helias in judicio et stare jure proprio, stare, agere et experiri, excipere et replicare, et inde procuratorem fecit ut in

---

1. Document déjà publié par Azzoguidi, note 26, fol. LXVI. Donné ici d'après la pièce 46 du Registro Vecchio des Archives municipales de Cortone.

rem suam, quam rem dictus syndicus se et dictum commune nomine
ejusdem fratris constituit possidere donec inde in possessionem intraverit corporaliter in quam intrandi licentiam eidem fratri Heliæ ejus
auctoritate concessit. Et nihilominus vacuam et expeditam possessionem nomine et vice communis Cortonæ ipsi fratri dare et tradere   5
promisit, et promisit et convenit dictus Bernardus syndicus eidem fratri
Heliæ quod nec ipse nec dictum commune Cortonæ dedit nec fecit nec
faciet in futurum aliquid prædictis nocivum et imo prædictas domos
et casalinum donata vice et nomine communis Cortonæ ab omni personâ legitime quietare defendere auctorizare promisit ipsi domino   10
fratri Heliæ expensis pignoribus et advocatis communis Cortonæ in
curiâ et extra curiam statim ipsi fratri mota controversia quoties ipsi
syndico vel communi Cortonæ fuerit denuntiatum, et ex inde ipsum
fratrem Heliam indemnem inde conservare promisit sicut idem frater
suo simplici verbo interesse et expensas declaraverit. Pro quâ quidem   15
donatione cessione et concessione confessus fuit dictus syndicus se
tanquam syndicum et commune Cortonæ meritum ab eodem domino
fratre Heliâ recepisse secundum legem. Quam donationem et omnia
infrascripta et inferius dicenda omni tempore firma et rata habere et
tenere pro se et dicto communi Cortonæ promisit eidem domino fratri   20
Heliæ et nullâ occasione vel exceptione juris vel facti contravenire.
Quæ omnia et singula si idem syndicus et dictum commune Cortonæ
non faceret et non observaret vel contra prædicta vel aliquod prædictorum faceret vel veniret ipse syndicus vel dictum commune promisit
nomine communis Cortonæ solvere et dare eidem fratri Heliæ et suis   25
fratribus quibus frater concederet duplum pœnæ nomine dictarum
domorum et casalini earumdem bonitatis et extimationis habitâ
ratione meliorationis omneque damnum litis ve et expensas restituere
et post pœnam solutam et omne damnum et expensas restitutas vel
non istum contractum semper firmum et ratum habere et tenere pro-   30
misit cum obligatione pœnæ et omnium prædictorum, renuntians in
hoc facto omni legum auxilio privilegio fori conditioni sine causâ et
in factum et doli causæ ingratitudinis et meriti non habiti et non
recepti et omnibus exceptionibus competentibus rei vel personæ et
juri si quod est quod ipsum syndicum vel commune Cortonæ a pœnâ   35
liberaret in totum vel in partem.

Actum in palatio communis Cortonæ. Interfuerunt Ranaldus Bonamici notarius, Bonromeus notarius, dominus Castellanus judex communis Cortonæ, dominus Guido de Casali et Redelezzo præco et hujus
rei rogati sunt testes.   40

Et ego Ranerius nunc communis Cortonæ notarius prædictis interfui
et ut supra legitur de mandato dictorum potestatis, syndici, capitanei,
consulum et totius consilii scripsi et complevi.

Et ego Cortonensis Bonaventuræ imperiali auctoritate judex ordi-
narius et notarius constitutus prædictum exemplum ad authenticum   45
scriptum manu dicti Ranerii notarii per ordinem exemplavi et subscripsi et publicavi.

8. Procès-verbal de l'absolution
donnée à frère Elie [1].

(2-6 mai 1253)

In nomine Domini. Amen. Anno ejusdem MCCLIII, indictione decimâ primâ, die secundâ intrante mense Maii, tempore domini Innocentii papæ quarti, frater Valascus de ordine fratrum Minorum, veniens Cortonium de mandato domini papæ ad inquisitionem faciendam super absolutionem Heliæ quondam de ordine fratrum Minorum et de signis contritionis ejus, qui illis diebus decesserat in castro prædicto, sequenti die, scilicet tertiâ die intrante Madio, vocato archipresbytero Cortoniensi et quibusdam aliis clericis per quos melius de prædictis scire poterat veritatem, legit eis litteras apostolicas, et recepto a singulis juramento, recepit eorum testimonium sub hac formâ.

Bencius archipresbyter Cortoniensis, juratus et interrogatus a fratre Valasco de ordine fratrum Minorum de speciali mandato domini papæ si manifesta contritionis signa ostendit Helias, qui fuit quondam de ordine fratrum Minorum in mortis articulo respondit quod sic. Interrogatus quæ signa et quibus indiciis vel modis manifestavit suam contritionem, respondit quod hæc signa contritionis ostendit, videlicet quod in vigiliâ Paschæ proxime præteritâ, quartâ die ante mortem Heliæ prædicti, misit pro eo et petivit absolutionem a vinculis excommunicationum quibus erat ligatus et quod fuit confessus. Item, interrogatus a quo tempore ostendit ista signa contritionis, respondit a die prædictâ. Addidit tamen quod etiam antequam infirmaretur audivit ipsum Heliam pluries dixisse quod libenter vellet ire ad dominum papam pro absolutione petendâ, nisi quia timebat incarcerari. Item interrogatus si vidisset eum flentem vel gementem pro peccatis vel consimilia facientem tempore confessionis vel absolutionis, respondit quod vidit eum percutere pectus suum, et videtur ei quod suspirabat, sed non vidit eum flentem vel gementem. Item, interrogatus si audivisset, vel vidisset aliquos qui vidissent eum, gemere vel plorare pro peccatis illo tempore, respondit quod sic ; audivit enim quod in receptione eucharistiæ multum ploravit. Interrogatus

---

1. Nous reproduisons ce document d'après l'exemplaire original conservé aux archives du Sacro Convento d'Assise, Pièce IX du IIᵉ Recueil des Instrumenta diversa ad S. Conventum pertinentia. C'est un grand parchemin de 38 sur 73 centimètres, admirablement bien conservé, d'une écriture fine et serrée mais très soignée. Il a été publié par Azzoguidi (S. Antonii Sermones in psalmos) fol. LXVIII ss. qui l'a enrichi d'une foule de notes fort importantes. Il a reparu récemment dans les Studi Storici, dirigés par MM. Amedeo Crivellucci et Ettore Pais, t. IV, p. 41-54 (Turin, 1895) sur une copie fournie à ce recueil par le prof. Giustino Cristofani.

quomodo sciret quod ipse esset contritus, respondit quod quidam.... [1]
ut supra dictum est. Item, interrogatus si idem Helias ad mandata
Ecclesiæ rediit ante mortem et si juravit stare mandatis Ecclesiæ,
respondit quod sic, quia in supradictà vigilià Paschæ misit idem Helias
pro ipso archipresbytero et dixit quod volebat in manibus ejus jurare   5
stare mandatis sanctæ Ecclesiæ ; et quum non videretur ipsi archipresbytero hoc juramentum sufficiens, dixit ei : « Tu jurabis stare
mandatis Sanctæ Romanæ Ecclesiæ et specialiter mandatis domini
papæ et si contigerit te evadere istam ægritudinem incontinenti
quam citius poteris, per te vel per alium, adibis dominum papam   10
recepturus et observaturus mandatum vel mandata ipsius. » Et secundum istam formam idem Helias juravit ; et idem archipresbyter post
tale juramentum eum absolvit. Item, interrogatus si absolute vel con-
ditionaliter juravit, respondit quod absolute et nullam interposuit
conditionem. Item, interrogatus si juravit stare mandatis generalis   15
ministri ordinis fratrum Minorum unde exierat, respondit quod non,
nisi hoc modo, quod juravit stare mandatis domini papæ pro omnibus
excommunicationibus latis in eum per dominum Gregorium et dominum Innocentium quartum ex eo quod adhæserat Frederico, vel
dimiserat ordinem fratrum Minorum, vel pro quacumque alià causà   20
fuisset excommunicatus. Item interrogatus si exclusit aliquod mandatum quod non faceret vel si interposuit aliquam conditionem, dixit quod
non. Item, interrogatus quà die, quo loco, et coram quibus personis,
fecit hoc juramentum respondit in vigilià Resurrectionis prædictà et
in domo quam idem Helias ædificavit, præsentibus tribus notariis   25
publicis, scilicet Cambio, Brunamonte, Hugone Ranaldi, quos de hoc
idem archipresbyter dixit se rogasse ut inde facerent publica instrumenta et præsentibus etiam quinque sacerdotibus, scilicet priore Ci-
gloli, presbytero Hugone Sancti Christophori, presbytero Junctà Sancti
Georgii, presbytero Nercone, qui moratur ad Sanctum Marcum, pres-   30
bytero Venturà Sancti Angeli de Sukio, et quibusdam aliis laicis. Item,
interrogatus sub quà formà verborum juravit, respondit quod secundum formam supradictam. Item, interrogatus si idem Helias erat
paratus satisfacere, respondit quod juravit secundum mandata
domini papæ satisfacere. Interrogatus quomodo sciret quod vellet   35
parere mandatis domini papæ et satisfacere, respondit quod credit,
pro eo quod ipse juravit et dixit prout superius dictum est. Item,
interrogatus si in manibus alicujus alterius personæ juravit vel per
aliquem alium fuit absolutus nisi per eum, respondit quod non, quod
ipse sciret, vel audivisset. Item, interrogatus si absolvit eum juxta   40
formam Ecclesiæ, respondit quod sic, secundum quod possibile erat
tunc. Item, interrogatus quam formam tenuerat in ipsà absolutione,
respondit quod primo recepit ab eo juramentum tactis sacrosantis

---

1. Place de trois ou quatre mots qui ont été effacés par l'usure des plis du parchemin.   45

ovangeliis, et fecit eum facere generalem confessionem videlicet, *Confiteor Deo*, et postmodum absolvit eum, dicendo hæc verba : « Absolvo te ab omni excommunicatione quâ teneris ad honorem Dei et Sanctæ Romanæ Ecclesiæ et domini papæ. » Item, interrogatus coram quibus absolvit eum et de tempore et loco, respondit in supradictâ die et loco et supradictis testibus. Item, interrogatus si quando juravit et absolutus est. esset compos mentis suæ, an privatus usu rationis,.respondit quod bene erat compos mentis suæ. prout in dictis et factis ejus apparebat. Item, interrogatus si prius quam decederet petiit et recepit pœnitentiam et alia ecclesiastica sacramenta, respondit quod sic. Interrogatus a quibus sacerdotibus recepisset, respondit quod ab ipso petiit et recepit pœnitentiam et audivit quod eucharistiam recepit a quodam sacerdote ordinis fratrum Minorum nomine fratris Deolefece, et extremam unctionem petiit, prout audivit dici. sed utrum receperit ignorat. Item interrogatus per quot dies, antequam decederet. recepit pœnitentiam, respondit quod per duos dies ante, prout sibi videtur. Item interrogatus si quando recepit pœnitentiam. erat compos mentis, respondit quod sic, sicut superius dixit. Item, interrogatus si tantum fecit confessionem generalem, videlicet illam generalem quæ dicitur in ecclesiâ scilicet, *Confiteor Deo*. an aliam confessionem specificando singula peccata, respondit quod fecit generalem et privatam, et etiam dixit culpam suam præsente domino Bono priore de Ciglolo de eo quod adhæserat Frederico et erat extra obedientiam ordinis et etiam coram eis renuntiavit propriis Item interrogatus quomodo sciret quod recepisset ecclesiastica sacramenta, respondit de pœnitentiâ quod ipse dedit sibi et de eucharistiâ et de extremâ unctione audivit dici prout superius dictum est. Item, interrogatus dictus archipresbyter si esset sacerdos, respondit quod sic. Item interrogatus si tunc quando absolvit eum a sententiâ excommunicationis et audivit ejus confessionem esset idem archipresbyter excommunicatus vel interdictus, respondit quod non, quod ipse sciret aliquo modo.

Die quartâ intrante mense prædicto.

Frater Deolefece sacerdos de ordine fratrum Minorum, juratus et interrogatus si Helias manifesta contritionis signa ostendit in mortis articulo respondit quod sic. Interrogatus quæ signa fuerunt et quibus indiciis manifestavit suam contritionem. respondit quod suspiravit et gemuit et magnam contritionem ostendit elevatis brachiis et oculis in altum, et dicebat : « Domine, parce mihi peccatori », vel, « Adjuva me peccatorem. » Non tamen recolit bene quod horum dicebat. Et etiam quod recitavit psalmum *Miserere mei, Deus*, elevatis brachiis et oculis in altum, ut dictum est. Item. interrogatus si ploravit tunc, respondit quod credit. Non tamen vidit eum, quia non respiciebat eum in faciem. Interrogatus quo tempore habuit istam contritionem, respondit quod unâ die ante mortem suam. Interrogatus si ante istud

tempus vidisset eum contritum, respondit quod duobus diebus ante
mortem vidit eum dolorosum et tristem, non tamen sciebat si ex
contritione peccatorum, an ex angustiâ suæ infirmitatis sibi proveniret.
Interrogatus in quo loco et coram quibus personis hujusmodi contritionem ostendit, respondit quod in domo ejusdem Heliæ, præsen-   5
tibus fratre Mansueto de ordine fratrum Minorum, qui secum venerat,
et fratre Angelo socio ejusdem Heliæ, et Boniohanne serviente ejusdem Heliæ. Interrogatus quomodo sciret, respondit quod gemitus et
suspiria et verba sive orationes ipse audivit, quia præsens erat, sed
de fletu credit. Interrogatus si esset in plenâ memoriâ quando hæc   10
fuerunt, respondit quod sic, quia bene cognoscebat et sapienter
loquebatur. Item, interrogatus frater prædictus si idem Helias ad
mandata Ecclesiæ rediit ante mortem et si juravit stare mandatis
Ecclesiæ, respondit quod audivit quod sic. Interrogatus in cujus vel
quorum manibus juravit, respondit quod in manibus archipresbyteri   15
de Cortonio. Interrogatus qualiter sciebat hoc, respondit quod audiverat dici. Interrogatus a quibus audivisset, respondit a priore de
Ciglolo, et ab uno ex sociis ejusdem Heliæ. Item, interrogatus si fuit
absolutus juxta formam Ecclesiæ et a quo fuerat absolutus a sententiâ excommunicationis, respondit ut supra de juramento. Interrogatus   20
si prius quam idem Helias decederet petiit et recepit pænitentiam et
alia ecclesiastica sacramenta. respondit quod eucharistiam recepit ab
ipso et pænitentiam ab archipresbytero. ut supra dictum est, et extremam unctionem petiit sed non fuit ei data. Interrogatus quomodo
sciret quod ipse petivisset, respondit quod audivit dici a quodam   25
fratre Angelo qui eidem Heliæ serviebat. Item, interrogatus si recepisset reverenter et cum devotione Corpus Domini quod ipse sibi minis-
travit, respondit quod cum gemitu et suspiriis et magnâ contritione,
et recitando *Miserere mei, Deus, et Domine, non sum dignus* et cet., recepit. Item interrogatus si fuit sibi confessus tunc vel in illâ infirmitate,   30
respondit quod non. Item, interrogatus quare ipse ministrabat ei
hujusmodi sacramentum antequam reciperet pænitentiam, respondit
quod audiverat dici quod absolutus erat a sententiâ excommunicationis et quod pænitentiam receperat ab archipresbytero supradicto
et mandata Ecclesiæ juraverat in manibus ejus. Item interrogatus a   35
quo audivisset quod recepisset pænitentiam et cetera hujusmodi,
respondit quod a prædicto fratre Angelo. Item, interrogatus quo die
et loco et quibus personis præsentibus Corpus Domini recepisset,
respondit secundâ feriâ proximâ post Pascha. scilicet unâ die ante
mortem suam, in domo prædictâ. præsentibus ipso fratre Deolefece   40
et fratre Mansueto præfato socio ejus et dicto Angelo socio ejusdem
Heliæ et Boniohanne serviente ipsius. Item, interrogatus si alicui alii
quam archipresbytero fuisset confessus respondit quod nesciebat, sed
audiverat dici quod cuidam alii presbytero, qui vocabatur Ventura,
fuisset confessus in illâ infirmitate. Interrogatus a quo audivisset dixit   45
quod a quadam muliere. Item, interrogatus si archipresbyter, qui
absolvit eum et audivit confessionem ejus esset sacerdos, respondit

quod sic. Interrogatus quomodo sciret, respondit quod multis annis
audiverat quod celebraverat missam. Interrogatus si idem archi-
presbiter, qui absolvit Heliam tunc temporis esset excommunicatus
vel interdictus, respondit quod nesciebat.

Die quintâ intrante mense Maii.

Dominus Bonus prior abbatiæ de Ciglolo, juratus et interrogatus si
Helias in mortis articulo manifesta contritionis signa ostendit, respondit quod sic. Interrogatus quæ signa fuerunt et quibus indiciis
vel modis manifestavit suam contritionem, respondit quod ante
mortem petivit pænitentiam et pluries in infirmitate suâ gemebat et
dolebat et percutiendo pectus suum dicebat : « Eu mihi quam peccator
fui et sum, et quam vanus et gloriosus [une tache sur ce mot qui est dou-
teux]! Domine, parce mihi, et non intres in judicium mecum. » Interrogatus quo tempore habuisset istam contritionem, respondit quod
illis diebus quibus fuit infirmus pro majori parte ; adjiciens quod per
octo dies ante mortem fere qualibet die quando idem prior loquebatur cum eo et confortabat eum et invitabat ad pænitentiam habuit
istam contritionem. Interrogatus quomodo sciret supradicta, respondit
quod ipse vidit et audivit. Interrogatus in quo loco et coram quibus
personis vidit et audivit supradicta, respondit quod in domo ipsius
Heliæ et præsentibus aliquando fratre Angelo, aliquando fratre
Jannebonino, aliquando domina Sibiliâ, aliquando aliis personis de
quibus non recolit. Item, interrogatus si ad mandata Ecclesiæ rediit
ante mortem et si juravit stare mandatis domini papæ, respondit quod
sic. Interrogatus in cujus manibus juravit stare mandatis domini
papæ, respondit quod in manibus Bencii archipresbyteri Cortoniensis.
Interrogatus si juravit parere mandatis domini papæ precise et absolute, an conditione aliquâ interjectâ, respondit quod absolute et sine
aliquâ conditione. Interrogatus sub quâ formâ verborum juravit,
respondit quod juravit obedire et facere præcepta Ecclesiæ Romanæ
et domini papæ super hoc quod iverat cum Frederico quondam imperatore et adhæserat ei et super hoc pro quo dominus papa Gregorius
et dominus Innocentius quartus excommunicaverant eum et etiam si
offendisset contra ordinem suum sive pro quacumque re fuisset
excommunicatus et quam cito posset recuperare sanitatem præsentare
personaliter vel per nuntium idoneum coram domino papâ ad obe-
diendum sibi et faciendum ejus præceptum. Interrogatus si exclusit
aliquod mandatum quod non faceret, respondit quod nullum exclusit.
Interrogatus quomodo sciret hæc, respondit quod ipse interfuit et
vidit et audivit. Interrogatus quo die, quo loco et quibus præsentibus
juravit, respondit quod in vigiliâ Paschæ et in camerâ suâ super lectum
suum et præsentibus ipso priore et archipresbytero in cujus manibus
juravit et Hugone presbytero Sancti Christophori et Venturâ presbytero
ecclesiæ Sancti Angeli, Iuncta presbytero Sancti Georgii, Nercone
presbytero Sancti Sylvestri et pluribus aliis clericis et laicis et tribus
notariis publicis quibus præceptum fuit ut facerent inde publica instrumenta. Item, interrogatus si fuit absolutus juxta formam Ecclesiæ

a vinculo excommunicationis respondit quod sic. Interrogatus sub
quâ formâ verborum fuit absolutus, respondit quod archipresbyter
sic eum absolvit, dicens : « Pro eo quod video te in articulo mortis et
medici dicunt quod non poteris evadere mortem ego te absolvo, auctoritate Dei et beati Petri et auctoritate quam habeo ab Ecclesiá ab
omni vinculo excommunicationis et reconcilio te Sanctæ Ecclesiæ
quod anima tua non possit habere pœnam in die judicii. » Interrogatus si fuit prius absolutus ante quam juraret vel post, respondit
quod primo juravit et postea fuit absolutus. Interrogatus quomodo
sciret, respondit quod ipse interfuit et vidit et audivit et de ejus
consilio factum fuit. Interrogatus de die et loco et coram quibus,
respondit ut supra de juramento. Interrogatus si quando juravit et
fuit absolutus, esset compos mentis suæ, respondit quod sic. Interrogatus quomodo sciret, respondit quod sapienter vidit eum tunc
loquentem et facientem facta sua. Interrogatus si priusquam decederet petiit et recepit pænitentiam et alia ecclesiastica sacramenta,
respondit quod sic. Interrogatus a quibus sacerdotibus petiit et
recepit, respondit quod ab archipresbytero petiit et recepit pænitentiam, Corpus Domini et extremam unctionem petiit ab eo per
fratrem Angelum socium ipsius Heliæ et Deotefece de ordine
fratrum Minorum sacerdotem, cui fratri Deotefece tradidit ipse prior
Corpus Domini in calice ut portaret ad communicandum eum, et fuit
cum eis usque ad domum et communicavit, sed extremam unctionem,
licet petiverint illi pro Heliá prior non potuit eis dare, quia oleum
infirmorum non habebat. Interrogatus quo die recepit pænitentiam,
respondit quod in die Paschæ proxime præteritâ et Corpus Domini
secundâ feriâ sequenti, ut sibi videtur. Interrogatus quomodo sciret,
respondit quod ipse vidit et interfuit quando recepit pænitentiam,
addens quod coram ipso priore et quibusdam aliis idem Helias dixit
hæc verba ipsi archipresbytero: « Reddo me culpabilem Deo et vobis
quia adhæsii Frederico contra mandatum Ecclesiæ et quia non portavi
ordinem meum sicut debui, et peto ut injungatis mihi de his et de
aliis pænitentiam sicut placet vobis. » Quod archipresbyter fecit.
Similiter ipse vidit quando eucharistiam tenebat in ore et sumebat et
tergebat oculos suos quia multum ploraverat. Interrogatus qui erant
præsentes quando ipse recepit pænitentiam, respondit quod idem
prior et domina Sibilia et notarii quidam et multi alii et archipresbyter, cui confitebatur, erant præsentes. Interrogatus de loco, respondit ut supra. Interrogatus si alicui alii fuisset, respondit quod
sibi fuerat confessus pluries antequam esset infirmus ; de aliis nesciebat. Interrogatus si archipresbyter qui dedit ei pænitentiam et
absolvit eum et frater Deotefece qui dedit ei Corpus Domini essent
sacerdotes, respondit quod sic. Interrogatus quomodo sciret, respondit quia pluries audiverat et viderat eos celebrantes. Interrogatus si essent excommunicati vel interdicti, respondit quod nunquam audiverat nec sciebat eos tunc excommunicatos vel interdictos
esse.

Die prædictâ.

Jannes Boninus, laicus familiaris et socius Heliæ, juratus et interrogatus si idem Helias manifesta contritionis signa ostendit in mortis
articulo, respondit quod sic. Interrogatus quæ signa fuerunt et qualiter ostendit, respondit quod ploravit tempore quo recipiebat Corpus
Domini et dolebat et elevabat manus et oculos versus cælum et
dicebat : « Domine, miserere mei, quia peccator sum, » et recitabat
psalmum : *Miserere mei, Deus.* Item, interrogatus quo tempore habuit
dictam contritionem, respondit quod die Paschæ vel secundâ feriâ
post Pascha, non recolit tamen quo istorum dierum fuerit. Item interrogatus si alio tempore habuisset contritionem, respondit quod sic.
Interrogatus quomodo sciret. respondit quod ipse vidit tam prædictis
diebus quam aliis temporibus pluries cum habere contritionem.
Interrogatus quo loco et coram quibus personis habuit hujusmodi
contritionem, respondit quod in domo suâ. scilicet in lecto suo, die
prædictâ, quando communicabat, et aliis temporibus in cellâ quæ
est in silvâ et præsentibus ipso Janne Bonino et aliquando fratre
Angelo et fratre Deotefece tempore communionis et aliis pluribus.
Interrogatus si juravit ante mortem precise parere mandatis Ecclesiæ,
respondit quod sic. Interrogatus sub quâ formâ verborum juravit, respondit quod sub tali formâ : Juravit enim appositis manibus super
librum quod faceret mandatum Ecclesiæ Romanæ et domini papæ et
quamcitius posset personaliter vel per nuntium præsentaret se
domino papæ ad faciendum mandatum ejus. Interrogatus in cujus
manibus juravit. respondit quod in manibus archipresbyteri Cortoniensis. Interrogatus si absolute juravit mandatum domini papæ an
cum aliquâ conditione, excludendo aliquod mandatum quod non
faceret, respondit quod absolute juravit et sine aliquâ conditione
quod omnia mandata ejus faceret. Interrogatus coram quibus personis
juravit, respondit quod præsentibus priore de Ciglolo et ipso archipresbytero, in cujus manibus juravit, Hugone presbytero Sancti Christophori et Junctâ presbytero Sancti Georgii et domino Guidone milite et
multis aliis clericis et laicis. Interrogatus quo die et in quo loco
juravit, respondit quod in vigiliâ Paschæ et in domo suâ. Interrogatus
quomodo sciret, respondit quod ipse interfuit et vidit et audivit supradicta. Interrogatus si absolutus fuisset a sententiâ excommunicationis
juxta formam Ecclesiæ, respondit quod sic. Interrogatus si ante
juramentum vel postea, respondit quod post juramentum. Interrogatus secundum quam formam fuit absolutus. respondit quod archipresbyter dixit : « Helie, absolvo te a sententiâ excommunicationis
quia fuisti cum imperatore et ab omni aliâ excommunicatione. » De
aliis verbis non recolit. Interrogatus de die et loco et coram quibus
personis. respondit ut supra de juramento. Interrogatus quomodo
sciret, respondit similiter ut supra de juramento. Interrogatus si ante
mortem petiit et recepit pænitentiam et alia sacramenta, respondit
quod sic. Interrogatus a quibus sacerdotibus recepit, respondit quod
pænitentiam recepit ab archipresbytero Cortoniensi, Corpus Domini
a fratre Deotefece de ordine fratrum Minorum, de extremâ unctione

nescit si petivit vel recepit. Interrogatus de die quando recepit
pænitentiam et eucharistiam, respondit quod in vigiliâ Paschæ recepit
pænitentiam, et eucharistiam secundâ feriâ post Pascha. Interrogatus
coram quibus personis recepit pænitentiam, respondit quod non
recolit nisi de archipresbytero tantum. Interrogatus quomodo sciret
quod ipse recepisset pænitentiam et Corpus Domini, respondit quod ipse
erat in domo et vidit. Interrogatus si quando juravit stare mandatis
ecclesiæ et recepit pænitentiam, esset compos mentis suæ, an potius
alienatus a mente, respondit quod erat in plenâ memoriâ. Interrogatus
quomodo sciret, respondit quod sana verba loquebatur usque ad horam
mortis suæ. Interrogatus si archipresbyter qui absolvit eum et dedit
ei pænitentiam et frater Deotefece qui dedit ei eucharistiam tunc temporis essent excommunicati vel interdicti, respondit quod non credebat. Interrogatus quomodo sciret, respondit quia non audiverat aliquem eorum excommunicatum vel interdictum esse et etiam quod
quilibet eorum fere qualibet die celebrabat missam.

Die sextâ intrante mense Maii.

Hugo presbyter Sancti Christophori, juratus et interrogatus si Helias rediit ad mandatum Ecclesiæ et juravit stare precise mandatis domini papæ ante mortem, respondit quod sic. Interrogatus in cujus
manibus juravit, respondit quod in manibus archipresbyteri Cortoniensis. Interrogatus sub quá formâ verborum juravit, respondit quod
juravit facere mandata domini papæ super hoc quod dominus Gregorius papa vel dominus Innocentius vel quicumque alius excommunicasset eum quia fuerat cum Frederico, pro omnibus aliis excessibus
pro quibus esset excommunicatus, et etiam si minister fratrum Minorum excommunicasset eum quod non credebat, pro omnibus juravit
facere mandata domini papæ et quam citius esset sanus iret ad pedes
domini papæ et faceret mandatum ejus. Item, interrogatus si fuisset
absolutus a vinculo excommunicationis secundum formam Ecclesiæ,
dixit quod sic. Interrogatus sub quá formâ verborum fuit absolutus,
respondit quod archipresbyter, qui absolvit eum dixit sic : « Auctoritate quâ fungor absolvo te ab omni excommunicatione et reconcilio
te Sanctæ matri Ecclesiæ. » Item, interrogatus si fuit absolutus
prius ante quam jurasset vel post, respondit quod primo juravit et
postea fuit absolutus. Interrogatus quomodo sciret hæc, respondit
quod ipse erat præsens et vidit et audivit. Interrogatus de die et loco
et coram quibus personis juravit et absolutus fuit, respondit quod in
vigiliâ Paschæ et in domo suâ ubi jacebat infirmus, præsentibus priore
de Ciglolo et archipresbytero in cujus manibus juravit, Venturâ
presbytero Sancti Angeli et ipso Hugone et multis aliis. Interrogatus
si archipresbyter qui absolvit eum tunc esset excommunicatus vel
interdictus, respondit quod non. Interrogatus quomodo sciret, respondit [deux mots effacés] die fere celebrabat missam illo tempore
et non audivit quod esset excommunicatus vel interdictus. Interrogatus si prius quam decederet Helias petivit et recepit pænitentiam
et alia ecclesiastica sacramenta respondit quod sic. Interrogatus a

quibus recepit, respondit quod nesciebat : audiverat tamen dici
quod recepisset. Interrogatus a quibus audivisset, respondit quod
ab archipresbytero Cortoniensi et priore de Celliola et aliis pluribus.

Et ego Benvenisse auctoritate imperiali notarius receptioni prædictorum testium interfui et eorum dicta ut superius continentur
subscripsi et publicavi de mandato fratris Valasci de ordine fratrum
Minorum qui supradictos testes recepit et examinavit.

TABLE ALPHABÉTIQUE

1224. Été. François se retire à l'Alverne, 63.

1224. François et Elie à Foligno, 63.

1225. Entrée dans l'ordre de fr. Aymon de Faversham, 126.

1226. Printemps. Elie va des Celle di Cortona à Sienne chercher S. François, 64.

1226. 3 octobre. Mort de S. François. V. MORT.

1227. 19 mars. Exaltation du card. Hugolin au trône pontifical. V. GRÉGOIRE IX.

1227. 11 mai. Fr. Léon termine le Speculum Perfectionis. V. SPECULUM PERFECTIONIS.

1227. 30 mai. Chapitre général à la Portioncule. Election de Jean Parenti. V. CHAPITRES.

1227. 26 juillet. Bulle *Ita vobis*. V. BULLES.

1227. 10 octobre. Martyre de fr. Daniel et de ses compagnons au Maroc. V. DANIEL.

1227. 27 octobre. A Bassano les frères acceptent des propriétés. V. PROPRIÉTÉS.

1228. 29 mars. Donation de l'emplacement de la basilique d'Assise. V. INSTRUMENTS.

1228. 29 avril. Bulle *Recolentes qualiter*. V. BULLES.

1228. 7 mai. Bulle *Ascendit ad nos*. V. BULLES.

1228. 11 juin. Grégoire IX consacre le maître-autel de Saint Rufin cathédrale d'Assise. V. SAINT RUFIN.

1228. 16 juillet. Canonisation de S. François. V. CANONISATION.

1228. 17 juillet. Pose de la première pierre de la basilique, 81 n. 3.

1228. 22 octobre. Bulle *Recolentes qualiter*. V. BULLES.

1228. 20 novembre. Donation de terrains au couvent de Monticelli, 109 n. 1.

1229-1230. Premières indications touchant les visiteurs. V. VISITEURS.

1229. 25 février. Grégoire IX donne son approbation à la première vie de S. François par Celano. V. CELANO.

1230. 22 avril. Bulle consistoriale en faveur de la basilique d'Assise déclarée caput et mater ordinis, *Is qui Ecclesiam*. V. BULLES.

1230. 16 mai. Bulle *Mirificans*. V. BULLES.

1230. 25 mai. Date fixée pour la translation de S. François, 85.

1230. 26 mai, Pentecôte. Chapitre à la Portioncule. V. CHAPITRES.

1230. 16 juin. Bulle *Speravimus hactenus*. V. BULLES.

1230. 28 septembre. Bulle *Quo elongati*. V. EXPOSITIONS DE LA RÈGLE.

1230. 3 décembre. Jean Parenti envoyé par le pape aux Florentins, 90 n. 3.

1231. Grégoire IX prend des mesures pour protéger les moines mendiants, les frères Mineurs en particulier, contre les vexations du clergé paroissial, 91.

1232. Chapitre où fr. Elie est élu général. V. CHAPITRES.

1233. Fr. Gérard assassiné en Allemagne, 102 n. 3.

1233. Départ d'une importante mission franciscaine pour l'Orient, 103 s..

1233. 9 mars. Bulle *Ita vobis*. V. BULLES.

1233. 10 mars. Bulle *Devotionis vestræ*. V. BULLES.

de définiteurs, 134. Cf. MENDIANTS (MOINES).

Dominus. Ce titre interdit aux frères Mineurs par le chapitre de 1230, 78 n. 2.

Eccleston (frère Thomas d'), auteur du De adventu Minorum in Angliam. (V. ANALECTA FRANCISCANA t. I). Valeur de cette chronique, 21 s.. Nomme Antoine de Padoue parmi les adversaires d'Elie en 1230, 27 n. 1. Son récit des événements de 1230 tissu d'invraisemblances, 87; 96 ss.. D'après lui les rapports de fr. Elie avec les Clarisses de Cortone auraient hâté son excommunication de 1239, 141. Pour les rapports entre la Chronique d'Eccleston et la Vie de fr. Elie insérée dans le Speculum Vitæ. V. VIE DE FR. ELIE. Citations du De adventu Minorum, 37 n. 3 et 4; 42 n. 5; 47 n. 1; 55 n. 2; 75 n. 2; 87 n. 1; 92 n. 2; 105 n. 2; 118 n. 2; 119 n. 1 et 2; 123 n. 2; 124 n. 5; 125 n. 1-3; 127 n. 1-3; 128 n. 1, 2 et 5; 129 n. 5; 130 n. 1; 133 n. 3; 137 n. 1; 148 n. 1.

Ecosse. Accueil que firent les frères Mineurs de cette province au visiteur, 127.

Egide (fr.). Quand alla-t-il à Tunis, 39 n. 1; assista à la bénédiction de fr. Bernard, 66 n. 3; conseil qu'il donna à fr. Léon à propos du tronc, 25; 76; 163. Sa répartie aux frères du Sacro Convento quand on lui fit admirer le couvent, 90. Se sépara avec quelques autres de la commune observance, 113. Impression que lui fit la chute d'Elie, 25; 142; 169. Ses rapports avec Angelo Clareno, 111 n. 2. Sa légende par fr. Léon, 27 n. 3; 76 n. 2. Fragments de sa légende dans le Speculum Vitæ, 25; 27.

Eglise grecque. Efforts en vue de sa réconciliation avec Rome, 104.

Eglise romaine. Sa politique au XIII° siècle, 155 ss..

Eglise Saint François à Assise. V. BASILIQUE.

Egypte. François y séjourne, 40.

Ehrle (P. Franz) S. J. Die Spiritualen, ihr Verhältniss zum Franciscanerorden und zu den Fraticellen — (Etudes qui ont paru dans l'Archiv für Litteratur und Kirchengeschichte des Mittel Alters et dans lesquelles est incorporée la majeure partie de la Chronique des Tribulations, t. I [1885], p. 509-569; t. II [1886], p. 106-164; ibid. p. 249-336; t. III [1887], p. 553-623; t. IV [1888], 1-64; ibid. p. 64-190), — 23 n. 1; 105 n. 1; 111 n. 2. Cf. TRIBULATIONS.

Die ältesten Redactionen der General Constitutionen des Franziskanerordens — (Cette étude a paru dans l'Archiv, t. VI [1892], p. 1-138) — 133 n. 2. Cf. CONSTITUTIONS.

Zur Quellenkunde der älteren Franziskanergeschichte. Der Catalogus Ministrorum Generalium des Bernhard von Bessa, mitgetheilt nach der Turiner Handschrift und erläutert — (Etude qui a paru dans la Zeitschrift für Katholische Theologie des PP. Wieser et Grisar Soc. Jesu, t. VII [1883], p. 323-352) — 24 n. 1; 144 n. 3. Cf. CATALOGUS.

Elie (fr.). Pénurie de renseignements sur lui, 11; 35.

[11..-1226]. Sa naissance, sa vie avant son entrée dans l'ordre, 36 s.. Sa science extraordinaire, 37 n. 4; il devient provincial de Syrie, 39; 60. Clef de toute son histoire, 44. Source de son influence à la curie, 45. Devient général ou vicaire, 46; 56 ss.. Sa situation par rapport à la règle de 1223, 48 ss.; 75. N'est pas seul responsable de la transformation de l'ordre, 42 ss.; 59; 94. Ses rapports avec Hugolin-Grégoire IX, 44 ss.; 80 ss.; 92; 94 s.;

à 72 ; conséquences de cette mesure, 119 ; leur nombre réduit à 32, 119 n. 2 ; 129 n. 6 ; 133.

Provinciaux (ministres). Leur institution en 1219, 41 ; ce qu'étaient leurs fonctions à l'origine, 46 n. 5 ; formaient du vivant de S. François le parti à la tête duquel était fr. Elie, 97 ; leur attitude en 1221, 47 ; en 1223, 49 ; auraient eu un rôle spécial en 1224 et expliqué un chapitre de la règle, 52 ; 160 n. 1. Leur attitude en 1230, 96 s.; en 1232. 94. Par qui ils furent nommés jusqu'en 1239, 117 n. 1 ; comment fr. Elie les tyrannisa, 118-120. Transformation de leurs relations avec Elie, ils deviennent peu à peu ses adversaires. 119 ss.; 125 ss.. L'attitude que leur attribue le Speculum Perfectionis est une preuve de son antiquité, 120 n. 1.

Psautier du novice, 61.

Puzarelli (Simon) donne à fr. Elie l'emplacement de la basilique, 170.

Quatre Maîtres. Leur déclaration de la règle. V. EXPOSITIONS.

Radelezzus seu Redelezzus, præco communis Cortonæ, 177 s..

Ranaldi Prioris (Guido), 176.

Ranaldus Bonamici, notaire de Cortone. V. BONAMICI.

Ranerius notaire de Cortone, 174 s.; 176 ss..

Ravenne, assiégée, 144.

Raynald d'Ostie (cardinal). Robert Grossetête lui recommande les frères révoltés contre Elie. 128 ; conseille à Elie de donner sa démission, 132.

Recursus fratrum ad ministros. Le chapitre de la règle le concernant est supprimé par le pape, 53.

Réforme de l'ordre des frères Mineurs, réclamée dès 1239, 130.

Réginald, cardinal. V. RAYNALD.

RÈGLES DES FRÈRES MINEURS.

Règle primitive. Son renouvellement devenu nécessaire, 43.. Transformations par lesquelles elle passa, 48. Modifications qui lui furent faites en 1221, 54.

Règle de 1223. Des études et compromis qui marquèrent la rédaction du chapitre concernant les péchés des frères, 50 s.. Elle marque un grand pas vers la centralisation, 51 s.. Suppressions faites à la règle malgré S. François, 52 ; disparition du chapitre *de recursu ad ministros*, 53. Comment elle fut préparée. Propositions faites à cet égard par S. François, 159 s.. Le premier exemplaire perdu ou dérobé par Elie. 48 n. 4. De la rédaction d'un second exemplaire, 49 ss.. Que fr. Elie prétendit ne pas être tenu à l'observer, 123 ; 167. Citations (II) 53 n. 2 ; 124 n. 3 : (III) 53 n. 2 : (VII) 124 n, 3 ; 160 ; (VIII) 131 n. 1 : (X) 124 n. 1. V. EXPOSITIONS. OBSERVATION.

Reliquaire pour la tête de S. François, envoyé par le roi de Hongrie, 120 n. 2.

Reliques. Passion du Moyen âge pour elles, 64 ; 74. Reliques de S. François, 87. Reliques de la vraie croix apportées de Constantinople par fr. Elie. 147 ; 150.

Repentir d'Elie. V. PÉNITENCE. ABSOLUTION.

Richard de San Germano, 140 n. 2.

Richard Rufus, lecteur de théologie. L'un des quatre docteurs qui rédigèrent l'explication de la règle (1241), 134.

Rieti. Séjour de la curie en 1225, 63. Grégoire IX y passe en venant canoniser S. François, 81. Le chapitre de 1232 y aurait été tenu, V. CHAPITRES.

Righettus præco Cortonensis, 175.

81. Bulle *Speravimus hactenus* adressée à l'évêque de Spolète, 84. Pacte conclu entre Spolète et Cerreto, V. INSTRUMENTS. Son couvent du Monte Sant'Helia, 173 n. 2.

Statistique. V. NOMBRE DES FRÈRES.

Stephani (Petronus), 172.

Stigmates. Fr. Elie les annonce aux frères, 63; 71-73. Ne peuvent être une supercherie d'Elie, 73 n. 1; 86. Données fournies par les principaux témoignages. Difficultés pour les faire concorder, 73 n. 1; 217 ss..

Stramaduræ Comandus, 175.

Stricte observance. V. ZÉLATEURS.

Studi storici di Amedeo Crivellucci et Ettore Pais, 154 n. 1; 179 n. 1.

Subasio. V. MONTE SUBASIO.

Sultan, 104.

Supérieurs de l'ordre. V. HIÉRARCHIE.

Suyskens, Bollandiste, auteur du travail sur S. François des Acta Sanctorum (octobris t. II), 55 n. 2; 72 n. 1; 81 n. 2; 84 n. 1.

Syrie. S. François voulut s'y rendre en 1212. 39 n. 1; fr. Elie provincial, 39.

Tebaldi (Petrus) d'Assise, 171.

Teofilo Domenichelli (P.), collaborateur du P. Marcellino da Civezza. V. ce nom.

Tertius ordo. V. TIERS ORDRE

Testament de S. François. A propos duquel Grégoire IX définit clairement la situation juridique du saint après son abdication, 56. Ce que nous dit ce document sur les rapports de François et d'Elie, 62. Erreur de François sur ses résultats 62 n. 4. François y considère en principe son ordre comme un ordre laïque, 116 n. 3.

Theologische Studien aus Württemberg, où a paru un article du D' Lempp. V. ce nom.

Thode (H.). Franz von Assisi und die Kunst der Renaissance in Italien, 78 n. 5 et 6; 79 n. 1; 80 n. 1 et 2; 89 n. 1; 90 n. 1; 139 n. 1; 170 n. 2; 173 n. 3.

Thomas (fr.), un des deux arbitres désignés par fr. Elie pour la réconciliation de Spolète et de Cerreto, 171.

Thomas de Celano. V. CELANO.

Thomas d'Eccleston. V. ECCLESTON.

Tiers ordre. Processus par lequel il se constitua, 41. Intervention d'Hugolin dans ses origines, 42 s.. Il se constitue à part, 43. V. MANDONNET. ORDRES FRANCISCAINS.

Tours. Fr. Aymon y est lecteur, 127.

Transarici (Johannes). 172.

Transformation graduelle de la confraternité franciscaine, 41; 48; 56; 59; 90. Rôle de la curie pontificale. V. CURIE. La bulle *Quo elongati* marque une étape, 88. Développement de l'ordre durant le généralat d'Elie, 104 s.. Rôle des docteurs. V. DOCTEURS.

Translation du corps de S. François. Elle est racontée par le Speculum Vitæ, 25; 165; comment elle eut lieu, 82 ss.. Désordres qui la marquèrent, 84. Supériorité du récit de la Vie d'Elie (Spec. Vitæ) sur celui d'Eccleston, 96-100. V. BULLES *Mirificans* et *Speravimus hactenus*. CHAPITRES (de 1230).

Tres Socii. V. TROIS COMPAGNONS.

Tribulations (Chronique des). Indications bibliographiques, 23 n. 1. Caractères de cette œuvre, 23. Confond Antoine de Padoue avec Aymon, 23; 26. Cherche à fondre les deux récits de la bénédiction donnée par S. François mourant, 66 n. 4; origine d'une partie de ses récits, 111 n. 2; son récit des persécutions endurées par Césaire de Spire, 113 n. 1, 2 et

ADDITIONS

——

Les publications sur François d'Assise se succèdent avec tant de
rapidité qu'il faut à chaque instant prendre en considération de
nouveaux travaux.

I

Une étude dont je n'ai pas eu connaissance à temps est celle du
P. van Ortroy dans les Analecta Bollandiana (t. XVIII, 1899, p. 81-
176). C'est la publication d'un Traité des miracles provenant d'un
manuscrit qui se trouve aujourd'hui à Marseille. Le P. van Ortroy
pense que nous avons là le Traité des miracles par Thomas de Celano
dont parle la Chronique des XXIV Généraux (An. Franc. III, 276).
C'est très vraisemblable, bien que le prologue *Religiosa nostra solli-
citudo* y manque. Ce manuscrit contient aussi la Seconde Vie de
Celano, mais sous une forme assez différente de celle que nous pos-
sédions. L'argumentation du P. van Ortroy paraît prouver que c'est
une nouvelle rédaction de 2 Cel. et qu'elle serait l'œuvre de l'auteur
lui-même. Si nous acceptons cette manière de voir, deux points
importants pour notre étude en découlent :

1° Thomas de Celano affirme avoir vu les stigmates dès avant la
mort du Saint, ce qui ne fut accordé qu'à très peu de frères et seulement dans les derniers temps ; il aurait donc, vers la fin de la vie de
François, fait partie de son entourage immédiat, ce qui fait que pour
ses travaux il n'aurait pas été réduit aux seuls renseignements d'Elie :
il devient ainsi personnellement responsable de ce qu'il dit dans la
I⁰ et dans la II⁰ vie. On n'en est que plus en droit de lui reprocher
un manque de véracité, lorsqu'on compare la scène de la bénédiction
dans 1 Cel. 108 avec 2 Cel. 3, 139 et 2 Cel. 3, 93. Et, s'il a plus tard
(Ms. de Marseille, f° 38 f et 28 a) laissé tomber les deux passages
Nullus sibi hanc benedictionem usurpet — detorquendum et *Ubi sunt
qui suâ benedictione felices — damnationis æternæ* il n'a pas par là
amélioré sa position. Si Thomas de Celano a été présent nous n'avons
plus à nous demander qui a raison de Léon ou d'Elie, mais bien qui
a menti de 1 Cel. ou de 2 Cel.

2° Le passage du Ms. de Marseille où sont décrits les stigmates est

aussi fort intéressant car on s'aperçoit aisément que Celano a en vue
la lettre d'Elie (V. plus haut p. 70 s.) et qu'il polémise contre elle. Je
cite les deux passages :

<table>
<tr><td>2 Cel. 39ᵇ.</td><td>Lettre d'Elie.</td></tr>
</table>

2 Cel. 39ᵇ.	Lettre d'Elie.
Lamentabantur filii tanto patre orbati et pium cordis affectum lacrymis et suspiriis ostendebant. Verumtamen miraculi novitas planctum vertit in jubilum et luctum in jubilationem. Cernebat (!) corpus beati patris Christi stigmatibus decoratum, in medio videlicet manuum et pedum ipsius non clavorum quidem puncturas, sed ipsos clavos ex ejus carne compositos imo carni eidem innatos ferri retentâ nigridine ac dexterum latus sanguine rubricatum. Caro ejus naturaliter nigra prius candore nimio renitescens beatæ resurrectionis præmia promittebat. Membra denique ipsius ductilia et mollia sunt effecta non rigida ut mortuorum solent conversa in similitudinem puerilis ætatis.	*pupilli sumus absque patre et orbati lumine oculorum nostrorum.* . . . . *Et his dictis annuntio vobis gaudium magnum et miraculi novitatem. A sæculo non est auditum tale signum præterquam in filio Dei, qui est Christus Deus. Non diu ante mortem frater et pater noster apparuit crucifixus, quinque plagas quæ vere sunt stigmata Christi portans in corpore suo, nam manus ejus et pedes quasi puncturas clavorum habuerunt ex utraque parte confixas, reservantes cicatrices et clavorum nigredinem ostendentes. latus vero ejus lanceatum apparuit et sæpe sanguinem evaporavit. Dum adhuc vivebat spiritus ejus in corpore, non erat in eo aspectus, sed despectus vultus ejus et nullum membrum in eo remansit absque nimiâ passione. Ex contractione nervorum membra ejus rigida erant sicut solent esse hominis mortui, sed post mortem ejus pulcherrimus aspectus est miro candore rutilans, lætificans videntes. Et membra quæ prius rigida erant, facta sunt mollia nimis, sese vertentia huc atque illuc secundum positionem suam tanquam pueri delicati.*

Celano est en désaccord avec Elie sur les deux points, que nous
avons déjà discutés plus haut (p. 73 n. 1) : Elie dit que les stigmates
sont devenus visibles peu avant la mort. Celano relève aussi la

novitas miraculi qui attira une foule de gens d'Assise après la mort de François (Voir en particulier Traité des miracles n. 5 Anal. Boll. XVIII, 116), mais il répète que les stigmates sont apparus deux ans avant la mort et se donne une peine évidente pour montrer avec quel soin François les avait tenus cachés et expliquer ainsi la *miraculi novitas* après la mort.

Quant à la description des stigmates, il est fort intéressant de constater la polémique ouverte entre deux témoins oculaires. Qui devons-nous croire? Elie qui a sûrement vu bien des fois les plaies (1 Cel. 95) et les a décrites tout de suite après la mort, ou Thomas de Celano qui lui aussi les a vues souvent et touchées de ses mains et qui les a décrites trente ans plus tard (An. Boll. XVIII, 116 n. 5)? Ce qui est certain c'est qu'il ne peut être question d'une fraude d'Elie après la mort. Celano affirme que plus de cinquante frères et une quantité de laïques ont vu les stigmates après la mort de François.

II

Je ne puis aussi qu'indiquer le nouveau travail de don Salvatore Minocchi : La « legenda trium Sociorum » Nuovi Studi sulle fonti biografiche di San Francesco d'Assisi. Estratto dall'Archivio Storico Italiano, Serie V, t. XXIV [1899] t. XXVI, [1900] Firenze, Tipografia Galileana, 1900, qui m'est parvenu trop tard pour que je puisse l'étudier ici.

III

Le P. Ferdinand Marie d'Araules Ord. Min. a prouvé dans sa Vie de Saint Antoine de Padoue par Jean Rigauld (Bordeaux, 1899, p. 161 ss.) que la légende insérée dans le Commentarius prævius de Suyskens (Acta SS. Oct. II, p. 548 ss.) n'est pas de Jean de Ceperano, mais de Julien de Spire. Il faut remarquer que cette légende a par conséquent été écrite aux environs de 1235, encore sous le généralat d'Elie (Cf. Minocchi p. 100). Sous ce rapport ce qu'elle dit d'Elie est intéressant, soit qu'elle confirme simplement 1 Cel., soit qu'elle le retouche légèrement.

Je me contenterai de renvoyer à ces passages en y ajoutant l'indication des pages du présent ouvrage qu'ils concernent.

a) Voir ci-dessus p. 73 n. 1. Julien (A. SS. loc. cit. p. 649, n. 543 et 544) concorde tout à fait avec Celano.

b) Voir ci-dessus p. 58 n. 1. Julien dit encore avec plus de précision que 1 Cel. (A. SS. p. 659, n. 596) *Helias quem veluti loco matris elegerat et adhuc vivens gregi suo pastorem præfecerat....*

c) Voir ci-dessus p. 65 ss. La description résumée de la bénédiction dans Julien n'est pas sans intérêt (A. SS. p. 663 n. 620): *Quumque caligantibus oculis videre non posset, sicut quondam patriarcha Jacob manibus cancellatis, dexteram patri fratri qui a sinistris ejus sedebat, imposuit; interrogansque quis esset et intelligens fratrem esse Heliam, quem, ut dictum est, substituerat loco sui, sic velle respondit. Primum igitur illi ac deinceps universis in ejus personâ fratribus benedixit, et bona illi plurima imprecatus benedictiones in eo multimodas confirmavit. Quibus completis adjecit. « Valete filii... »* ..... Cette description commence déjà à se rapprocher un peu de celle que fera plus tard 2 Cel.

CORRECTIONS

Page 38 n. 3 ligne 3, au lieu de p. 36 n. 4, lire : 36 n. 3.

P. 66 n. 4, au lieu de fratrum, lire : fratrem.

P. 83 n. 4, au lieu de p. 66, lire : 96.

P. 87 n. 3, ajouter : Voir aussi 2 Cel. 2, 11.

P. 111 ligne 10, lire : elle fut encore répétée solennellement le 16 janvier et le 23 mars.

P. 164 ligne 5, au lieu de Si quidem, lire : Siquidem.

FIN

VALENCE. — IMPRIMERIE A. DUCROS, 41, RUE DU TUNNEL

www.ingramcontent.com/pod-product-compliance
Ingram Content Group UK Ltd.
Pitfield, Milton Keynes, MK11 3LW, UK
UKHW022335090726
13658UKWH00001B/276